Ondernemen en innoveren in zorg en welzijn

Ondernemen en innoveren in zorg en welzijn

Van signaal naar succesverhaal

Petra Verhagen
m.m.v. Charlotte Haarsma-den Dekker

Tweede, herziene druk

uitgeverij
coutinho | c

bussum 2016

www.coutinho.nl/ondernemen-en-innoveren2

Je kunt aan de slag met het online studiemateriaal bij dit boek. Dit materiaal is te vinden op **www.coutinho.nl/ondernemen-en-innoveren2**

Eerste druk 2012
Tweede, herziene druk 2015, tweede oplage 2016

Uitgeverij Coutinho
Postbus 333
1400 AH Bussum
info@coutinho.nl
www.coutinho.nl

Omslag: Het vlakke land, Rotterdam

Noot van de uitgever
Wij hebben alle moeite gedaan om rechthebbenden van copyright te achterhalen. Personen of instanties die aanspraak maken op bepaalde rechten, wordt vriendelijk verzocht contact op te nemen met de uitgever.
De personen op de foto's komen niet in de tekst voor en hebben geen relatie met hetgeen in de tekst wordt beschreven, tenzij het anders vermeld is.

ISBN   978 90 469 0461 9
NUR   740

Voorwoord

Waarom alweer een boek over ondernemen en innoveren, vraagt u zich misschien af. Er is inderdaad al veel over deze thema's gepubliceerd. De koppeling naar de zorg- en welzijnssector wordt echter zelden gemaakt. Als docenten, verbonden aan een van de sociale opleidingen van de Hogeschool van Arnhem en Nijmegen (HAN), vonden we het bestaande studiemateriaal dan ook niet echt geschikt voor onze studenten. Vandaar het besluit om dit boek over ondernemen en innoveren in zorg en welzijn te schrijven.

Het meest inspirerende onderdeel van het schrijfproces is de verkenningsfase, waarin je op zoek gaat naar een goede structuur, verschillende bronnen raadpleegt en diep in de recentste literatuur duikt. Onze dank gaat uit naar de diverse ervaringsdeskundigen die we spraken; hun namen staan in de lijst met geraadpleegde bronnen vermeld.

Professionals in deze sector blinken veelal uit in inhoudelijke en methodische kennis, vakmanschap en gedrevenheid. Ondernemendheid, in de zin van nieuwe kansen zien en die ook weten te benutten, vraagt echter ook om kwaliteiten als effectief kunnen onderhandelen in een complex krachtenveld van belanghebbenden. Ook meedenken en meepraten over financiële zaken zijn van belang, evenals jezelf presenteren naar de buitenwereld, vertellen waar de organisatie goed in is, wat je als professional te bieden hebt en wat de meerwaarde is van je werk. Professionals in zorg en welzijn geven zelf aan dat dit soort zakelijk optreden meestal niet hun sterkste kant is. Leidraad in die verkenningsfase waren echter succesverhalen. En die zijn er volop! Het is mooi om te zien hoeveel goede innovatieve praktijkvoorbeelden er al zijn in zorg en welzijn.

Wij willen met dit boek laten zien dat de 'zachte', sociale kant en de 'harde', zakelijke kant van het werk in zorg en welzijn heel goed hand in hand kunnen gaan. We tonen aan dat beide kanten van belang en boeiend zijn, elkaar kunnen versterken. We hopen dat studenten, collega-docenten en andere geïnteresseerden hierdoor geïnspireerd raken en enthousiast worden om (nog meer) ondernemend en innovatief te werk te gaan.

De resultaten van de verkenning helder op papier zetten is een kwestie van discipline en heel veel tijd willen en kunnen steken in formuleren, herformuleren, schaven en schrappen. Gelukkig waren er meelezers die geregeld deskundige en waardevolle feedback hebben gegeven: Gert Evers (docent MWD bij de Haagse Hogeschool), Bienke Janssen (docent bij Fontys Hogeschool Sociale Studies), Johan Kiekebosch (docent bij Saxion Academie Mens en Maatschappij), Judith

Stouthamer (oud-student CMV HAN), Geert-Jan Sweers (directeur Centrum voor Ondernemerschap HAN), Inge van den Tillaard (adviseur kwaliteit- en kennismanagement bij MEE Oost-Gelderland) en Eveline Wouters (docent bij Fontys Paramedische Hogeschool). Dank daarvoor.

De werkzaamheden hebben we verdeeld. Charlotte heeft zich gericht op de financiële en juridische aspecten van ondernemen en innoveren. Zij schreef de paragrafen 3.3.3, 3.4, 4.2.2 en 4.5.2, hoofdstuk 6 en de twee bijlagen. De overige teksten schreef Petra.

Voorwoord bij de tweede druk

Wij zijn uiteraard erg blij met deze nieuwe druk. Sinds het verschijnen van de eerste druk hebben we heel veel nieuwe en inspirerende ontwikkelingen gesignaleerd op het gebied van ondernemen en innoveren in zorg en welzijn. Een nieuwe druk geeft ons de gelegenheid om nader op die ontwikkelingen in te gaan.

Tijdens (gast)lessen, lezingen en workshops voerden wij boeiende gesprekken met mensen uit het veld over de noodzaak van ondernemen en innoveren, en de gevolgen daarvan voor hun eigen praktijk. Met hun waardevolle feedback hebben wij het boek (en de bijbehorende website) op een aantal punten kunnen verbeteren, actualiseren en aanvullen.

Wij zetten de belangrijkste verbeteringen en aanvullingen op een rij.

Aan hoofdstuk 1 hebben we een paragraaf toegevoegd over sociaal ondernemen. Daarin gaan we tevens in op inclusief ondernemen, met uiteraard enkele inspirerende praktijkvoorbeelden.

Hoofdstuk 2 is uitgebreid met een paragraaf over de inzet van sociale technologie.

In hoofdstuk 3 en in de beide bijlagen hebben we de informatie over samenwerkingsvormen en ondernemingsvormen geactualiseerd.

Hoofdstuk 6 is aangevuld met een paragraaf over nieuwe methoden om sociale impact te meten.

Praktijkvoorbeelden van een aantal organisaties en initiatieven in de eerste druk waren achterhaald. Daarvoor zijn andere voorbeelden in de plaats gekomen.

We stellen feedback van de lezers zeer op prijs. We staan altijd open voor verbetersuggesties, tips en nieuwe praktijkvoorbeelden.

Petra Verhagen & Charlotte Haarsma-den Dekker
Steenderen (NL) – Longuich (D),
maart 2015

Inhoud

Leeswijzer

Als buiten de wind van verandering waait, bouwen sommigen muren en anderen windmolens. (Chinees gezegde)

Doel: nieuwe kansen zien en benutten

Ondernemen en innoveren staan centraal in dit boek. Daarbij gaat het vooral over de manier waarop je als professional in een organisatie ondernemend en innovatief bent – dat ben je immers niet alleen als je een eigen onderneming start.

Ondernemen en innoveren zijn nauw met elkaar verbonden: bij beide activiteiten speel je actief en flexibel in op nieuwe ontwikkelingen, zie én benut je nieuwe kansen en neem je zelf initiatieven en zoek je nieuwe partners op.

Dat vraagt om specifieke kwaliteiten van jou als professional, maar zeker ook van de organisatie.

Oftewel: neem en krijg je als professional voldoende speelruimte om te experimenteren? Ondernemen en innoveren beschrijven we in dit boek dan ook vanuit:

- het perspectief van de organisatie, waarbij we kijken naar de manier waarop professionals worden gestimuleerd tot nieuwe initiatieven, dus naar de ruimte die je als professional *krijgt* om ondernemend en innovatief te zijn;
- het perspectief van jou als ondernemende professional, die de ruimte *neemt* om nieuwe kansen te signaleren en deze weet te benutten.

Van dialoog naar actie

Ondernemen en innoveren zijn dus geen soloacties, maar zijn een samenspel tussen jou als professional, jouw organisatie én de omgeving van die organisatie. Ondernemen en innoveren in zorg- en welzijnsorganisaties vinden immers plaats door in gesprek te gaan met belanghebbenden zoals klanten, financiers en samenwerkingspartners.

Met behulp van dit boek krijg je inzicht in de manier waarop jij als (aankomend) professional:
- nieuwe kansen kunt signaleren;
- deze kunt vertalen naar nieuw aanbod;
- de dialoog daarover goed kunt voeren met de diverse belanghebbenden;
- op basis daarvan een adequaat businessplan kunt schrijven en presenteren;
- dit plan effectief kunt implementeren en evalueren.

Het is belangrijk je vaardigheden eigen te maken, die je het beste in de praktijk kunt leren. Je moet vooral aantonen en beargumenteren wat de meerwaarde is van het nieuwe aanbod en er draagvlak voor weten te creëren, zowel binnen als buiten de organisatie. Het is van belang dat je kunt meedenken en meepraten over financiële zaken en dat je je ideeën en jezelf kunt presenteren, vertellen waar de organisatie goed in is, wat je als professional te bieden hebt en wat de meerwaarde is van je werk. Dan is het nodig dat je weet hoe er intern en extern met belanghebbenden wordt onderhandeld en hoe een en ander wordt aangestuurd, gefinancierd en georganiseerd. Het gaat erom dat je weet hoe een innovatie uitpakt in het primaire proces, dus op de werkvloer. Dit boek biedt je daarvoor een stevige basis.

Doelgroep van dit boek

Dit boek is vooral bedoeld voor studenten die worden opgeleid voor functies in de sectoren zorg en welzijn: welzijnswerk, maatschappelijk werk, jeugdhulpverlening, gevangeniswezen, reclassering, (geestelijke) gezondheidszorg, zorg voor mensen met een (functie)beperking, ouderenzorg, thuiszorg, verpleeg- en verzorgingshuiszorg, jeugdzorg, ziekenhuizen, pedagogische instellingen, onderwijs en aanverwante beroepspraktijken. Daarnaast is het boek bestemd voor iedereen die als beroepskracht, vrijwilliger, manager of bestuurder werkzaam is in (een van) deze beroepspraktijken.

Opbouw van het boek

Innoveren is in de praktijk een proces waarbij je, samen met belanghebbenden, op nieuwe ideeën komt en deze weet te realiseren. Daardoor kan het innovatieproces een heel andere wending nemen dan je aanvankelijk dacht, of zelfs worden afgebroken. Daarbij komt dat verschillende activiteiten elkaar soms overlappen en elkaar niet noodzakelijk opvolgen. Je weet waar je begint, maar je kunt onmogelijk aangeven wat je op je pad zult tegenkomen. Al met al dus een traject vol verrassingen. Een open en flexibele houding, kijken en luisteren, en gaandeweg durven improviseren: dat is de manier van werken tijdens het innovatieproces. Creativiteit is dus een vereiste. Durf te denken en kijken buiten de bestaande kaders.

Hoewel dit onvoorspelbare en soms wat chaotische traject moeilijk te rijmen is met een stappenplan, is het niettemin verstandig om daar gebruik van te maken. Dan blijft het niet alleen bij ideeën, maar ga je daar daadwerkelijk mee aan de slag. Een stappenplan biedt je handvatten om het hele proces in goede banen te leiden. Het innovatieproces kun je dus zien als een min of meer gestructureerd creatief proces.

In dit boek is voor de volgende stappen of fasen gekozen:

- signaleren;
- oriënteren;
- onderzoeken;
- implementeren;
- evalueren.

Allereerst lichten we in het inleidende hoofdstuk de begrippen ondernemen, innoveren, klant en organisatie toe. In de daaropvolgende hoofdstukken komen de verschillende fasen van het innovatieproces aan bod. Je kunt de opbouw van het boek in figuur 1 zien.

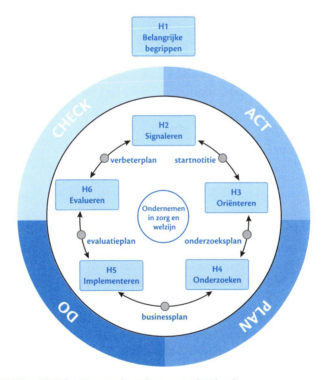

Figuur 1 PDCA-cirkel: basis voor de opbouw van het boek

Aan het einde van elke fase kijk je terug én blik je vooruit aan de hand van een resultaatverslag. Daarin beschrijf je welke informatie je hebt verzameld en welke conclusies je daaruit kunt trekken voor je innovatieve idee. Omdat jij of je leidinggevende op basis van het resultaatverslag een beslissing neemt – 'doorgaan naar de volgende fase of niet?' – noemen we zo'n verslag ook wel een beslisdocument.

In deze werkwijze per fase en in het hele innovatieproces zie je wellicht de principes van de *PDCA-cirkel* of ook wel verbetercirkel terug. *PDCA* staat voor de stappen *Plan* (plannen), *Do* (uitvoeren), *Check* (controleren) en *Act* (bijstellen). Het uitgangspunt is dat je bij het benutten van nieuwe kansen altijd uitgaat van een verbetering ten opzichte van de bestaande situatie. Ook die verbetering moet geëvalueerd en bijgesteld worden. We verwijzen in het boek geregeld naar deze verbetercirkel.

In de hoofdstukken zijn veel goede praktijkvoorbeelden opgenomen. We beschrijven hoe men binnen diverse zorg- en welzijnsorganisaties succesvol onderneemt en innoveert. De ene organisatie ontwikkelt een nieuw product, een andere organisatie is op zoek naar nieuwe klanten of nieuwe samenwerkingspartners, en weer een andere organisatie is bezig met een nieuwe manier van medewerkers aansturen. Je leest hoe deze organisaties op het spoor kwamen van mogelijkheden tot innovatie, hoe zij sterkten, zwakten, kansen en bedreigingen analyseerden, welke strategische keuzes zij maakten, hoe hun zoektocht naar financieringsmogelijkheden verliep en hoe zij hun innovatie uiteindelijk realiseerden.

De gebruikte terminologie

In dit boek spreken we steeds van 'product', 'klanten' en 'innovatie':
- Met 'product' bedoelen we het aanbod van de organisatie. Dan gaat het om zowel tastbare goederen als om diensten en ervaringen: activiteiten, methoden, programma's, voorstellingen, projecten, arrangementen et cetera.
- De term 'klanten' gebruiken we niet alleen ter aanduiding van mensen die iets van een organisatie kopen, maar ook voor gebruikers van de diensten van de organisatie, zoals bezoekers van een buurtevenement.
- Een 'innovatie' is in essentie een verbetering. Uitgangspunt is dat de innovatie een meerwaarde oplevert voor de klant. Zijn perspectief aannemen is dan ook een leidend principe bij ondernemen en innoveren. Bij verbeteren gaat het overigens niet alleen om een verbetering van iets bestaands. Ook nieuw aanbod voorziet immers beter in klantbehoeften.

Voor zorg- en welzijnsprofessionals voelt het gebruik van deze terminologie soms wat vreemd aan. Dergelijke termen lijken niet van toepassing op deze sector. Na het lezen van het boek zul je constateren dat dit wel degelijk zo is. In hoofdstuk 1 lichten we deze begrippen nader toe.

Opzet per hoofdstuk

Elk hoofdstuk volgt een vast stramien en begint met een beschrijving van de leerdoelen die er aan de orde komen. Daarna volgt een casus, waarin een ondernemende en innovatieve organisatie centraal staat. Vanuit die casus leggen we in de inleidende paragraaf het verband met de leerstof in het hoofdstuk.

In het theoretische gedeelte hebben we inzichten uit actuele literatuur, dagbladen, tijdschriften, onderzoeksrapporten, eigen interviews en dergelijke verwerkt en bespreken we belangrijke begrippen. We hebben deze begrippen achter in het boek met hun omschrijving in alfabetische volgorde opgenomen.

Aan het einde van elk hoofdstuk staat een samenvatting.

In dit boek werk je met behulp van tussentijdse beslisdocumenten geleidelijk toe naar je eigen businessplan en evaluatieplan voor je innovatieve idee. Daarin geef je aan: deze nieuwe kans kan op die manier het best gerealiseerd en geëvalueerd worden. Aan de hand van de inhoud van de diverse hoofdstukken verzamel je de input hiervoor.

Dit boek geeft je een goed overzicht van de mogelijkheden die je als professional nodig hebt om vernieuwingen te signaleren, ideeën door te voeren en te evalueren in een organisatie.

Dankzij het werken met de beslisdocumenten aan het einde van elk hoofdstuk en de praktijkopdrachten van de ondersteunende website is *Ondernemen en innoveren in zorg en welzijn* ook heel bruikbaar als werkboek.

De nieuwe professional in zorg en welzijn

De 'nieuwe' professional in zorg en welzijn is ondernemend en innovatief, dus hij
- heeft visie op en motivatie voor vernieuwing;
- doet niets meer alleen, is een netwerker;
- zoekt naar nieuwe verbindingen;
- kijkt daarbij ook buiten de sector;
- is transparant in doen en laten;
- is maatschappelijk betrokken;
- is spiritueel, redeneert vanuit waarden;
- experimenteert en ontwikkelt in cocreatie;
- is creatief;
- zet sociale media en sociale technologie doelgericht in.

Bron: interview met Chris Willemsen

Ondersteunende website

www.coutinho.nl/ondernemen-en-innoveren2

Dit boek gaat vergezeld van een ondersteunende website met onder andere tips voor verder lezen, waarin wordt verwezen naar interessante, relevante literatuur, websites, televisie- en radiodocumentaires en andere bronnen met aanvullende informatie. Ook zijn daarin verwerkingsopdrachten opgenomen. In het docentendeel staan de uitwerkingen van deze opdrachten, evenals didactische tips.

Op plaatsen in de tekst waar naar de website bij dit boek wordt verwezen, staat dit symbool: //

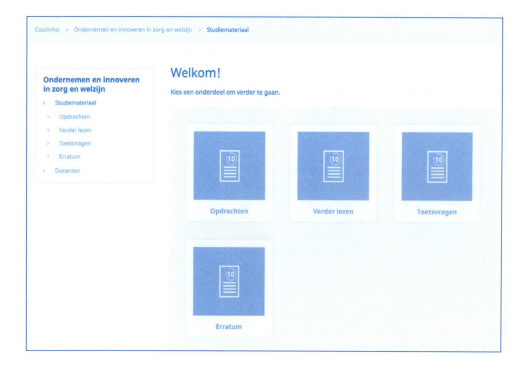

1
Belangrijke begrippen

Op een dag opende de krekel een winkel voor verlanglijsten, want hij had gemerkt dat de dieren nooit wisten wat ze voor hun verjaardag moesten vragen. (Toon Tellegen)

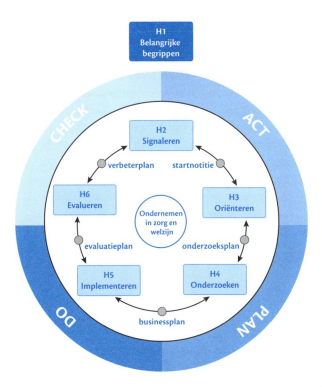

LEERDOELEN

Na bestudering van dit hoofdstuk:

- weet je waarom zorg- en welzijnsorganisaties ondernemend en innoverend te werk gaan;
- weet je wat de begrippen ondernemen en ondernemendheid betekenen;
- weet je wat de begrippen innoveren en innovatie betekenen;
- weet je wat onder de begrippen klant en klantfrictie wordt verstaan;
- kun je het onderscheid tussen profit- en not-for-profitorganisaties benoemen.

1.1   Inleiding

Nieuwe contacten leggen: de Maatschappelijke Beursvloer

De Maatschappelijke Beursvloer is een lokaal evenement waar maatschappelijke behoeften worden verhandeld met gesloten beurzen. Doel: het maken van een match. Wat de een biedt, is voor de ander zeer gewenst. De matches hebben betrekking op menskracht, kennis, toegang tot netwerken, materiaal, faciliteiten en creativiteit. Inmiddels vinden er, verspreid over het hele land en over het jaar, tientallen beursvloeren plaats. Overheden, fondsen, bedrijven, maatschappelijke organisaties, vrijwilligersorganisaties, serviceclubs, onderwijsinstellingen en media ontmoeten elkaar hier in een informele en dynamische sfeer.

Er zijn verschillende expertisehoeken waar de deelnemers met hun vraag of aanbod terechtkunnen. De zogenoemde 'hoekmannen' helpen bij het maken van een match. Zij hebben een groot lokaal netwerk en kunnen de juiste personen met elkaar in contact brengen. Bij voorkeur vindt de match plaats in twee richtingen, waardoor er een gelijkwaardig partnerschap ontstaat.

Het rendement van dit evenement bestaat uit nieuwe contacten, netwerken en samenwerkingsverbanden. Partijen die elkaar anders niet snel zouden tegenkomen raken in gesprek, en er worden nieuwe allianties gesloten die behalve tot concrete activiteiten ook leiden tot betrokkenheid, inspiratie en plezier. Enkele voorbeelden van geslaagde matches zijn:

- Medewerkers van de afdeling Personeel en Organisatie van een bank trainen kwetsbare jongeren op sollicitatievaardigheden. In ruil daarvoor verzorgen de jongeren een rapoptreden tijdens het zomerfeest van deze bank.
- Een bedrijf verzorgt een uitstapje met vervoer en lunch voor cliënten van een ggz-instelling. Het bedrijf beschouwt dit als een teambuildingsactiviteit.
- Een ander bedrijf verricht voor die ggz-instelling een verbouwingsklus, waarvoor het bovendien een groot deel van het materiaal levert. In ruil daarvoor krijgen de medewerkers een etentje aangeboden op het dagactiviteitencentrum, in een sfeervolle ambiance, samen met en verzorgd door cliënten.

Inmiddels is dit concept ook in het buitenland succesvol geïntroduceerd en zijn er varianten ontwikkeld zoals de Beursvloeren Werken aan werk, de Sportbeursvloer en een Mantelzorgbeursvloer.

Bron: www.beursvloer.com; www.movisie.nl; interview met Bertina Mank; Ministerie van VWS, 2011

Contact leggen, onverwachte combinaties maken waardoor nieuwe initiatieven en samenwerkingsvormen kunnen ontstaan en samen op zoek gaan naar nieuwe mogelijkheden: daar draait het om bij de Maatschappelijke Beursvloer en in principe ook bij ondernemen en innoveren.

Steeds meer zorg- en welzijnsorganisaties zoeken ondersteuning bij andere organisaties. Dat kan in de vorm van sponsoring en door letterlijk de handen uit de mouwen te steken, maar ook door specifieke kennis beschikbaar te stellen. Deze organisaties willen vanuit hun visie op maatschappelijke betrokkenheid hun steentje bijdragen aan de (lokale) leefomgeving. Voor beide partijen levert de samenwerking een meerwaarde op: een win-winsituatie dus.

Steeds vaker zul je als professional een rol vervullen die vergelijkbaar is met die van de hoekmannen van de Beursvloer. Je zult dan proberen partijen samen te brengen om tot nieuwe initiatieven en samenwerkingsvormen te komen. Daarvoor is het belangrijk dat je je ondernemend en innovatief opstelt.

In dit inleidende hoofdstuk staan de begrippen ondernemen, innoveren en 'de' klant centraal.

Ondernemen en innoveren, daarmee hielden professionals binnen zorg- en welzijnsorganisaties zich lange tijd niet of nauwelijks bezig. Daarom staat in paragraaf 1.2 allereerst een korte terugblik, zodat je weet waarom er een omslag plaatsvond. Vervolgens gaan we in paragraaf 1.3 in op ondernemen, en dan specifiek op:

- persoonlijk ondernemen;
- maatschappelijk verantwoord ondernemen;
- maatschappelijk betrokken ondernemen;
- sociaal ondernemen.

In paragraaf 1.4 komt het begrip innoveren aan bod. In paragraaf 1.5 en 1.6 worden de begrippen klant, klantfrictie en organisatie nader omschreven.

1.2   Ontwikkelingen in de sectoren zorg en welzijn

In Nederland was vanaf 1945 steeds meer sprake van een **verzorgingsstaat**. Dat hield in dat de overheid verantwoordelijk was voor voorzieningen als onderwijs, veiligheid, medische zorg, welzijn, openbaar vervoer en nutsvoorzieningen zoals gas, water en elektra. Ze wilde niet dat dergelijke voorzieningen van algemeen belang speelbal zouden worden van concurrentie en verzorgde ze zelf in eigen staatsbedrijven. De overheid bepaalde dus welke organisaties de voorzieningen mochten leveren en onder welke voorwaarden. Deze organisaties werden betaald via subsidies en hadden geen concurrentie; zij waren vaak de enige aanbieders. Dergelijke uitvoerende organisaties en de staatsbedrijven waren weinig gemotiveerd om kwaliteitsverbeteringen door te voeren. Zij werkten aanbodgericht en bepaalden zelf wat goed was voor de mensen. De gebruikers van het aanbod (dus de burgers) moesten zich hiernaar schikken.

1.2.1 Marktwerking

Eind jaren tachtig van de vorige eeuw veranderden de verhoudingen. De nadelen van de verzorgingsstaat kwamen duidelijker aan het licht: de overheid regelde te veel, waardoor burgers (te) gemakzuchtig werden en soms te afhankelijk van de aangeboden voorzieningen. Maar bovenal kon de overheid de kosten niet meer opbrengen. Daarom werd de verzorgingsstaat langzaam maar zeker ontmanteld en werd ook van organisaties in de sectoren zorg en welzijn verwacht dat zij zich als marktspelers gingen opstellen. Een **markt** is een plaats waar aanbieders en afnemers van producten elkaar ontmoeten en onderhandelen. Als er verschillende aanbieders op zo'n markt actief zijn, is er onderlinge concurrentie en dat houdt de aanbieders scherp. Op een goed werkende markt stimuleren aanbieders elkaar in het zoeken naar nieuwe en betere producten, die steeds beter zijn afgestemd op de wensen en behoeften van de afnemers (klanten). Dit proces wordt ook wel **marktwerking** genoemd.

Een andere ontwikkeling, die de marktwerking versterkte, was de **privatisering**, waarbij voorzieningen overgingen in handen van particuliere organisaties. Dit proces was eerst gaande bij de publieke diensten, zoals openbaar vervoer en de nutsbedrijven, waarna eind jaren negentig ook de zorg (steeds) meer geprivatiseerd werd. Daarmee nam de concurrentie toe. Klanten konden eigen keuzes maken: er vond een omslag plaats van aanbodgericht naar vraaggericht werken. De overheid hield nog wel een vinger aan de pols via **gereguleerde marktwerking**. Dat betekent dat de overheid de financiële en juridische kaders vaststelt waarbinnen aanbieders op de markt onderhandelen.

De hiervoor genoemde ontwikkelingen betekenden voor veel organisaties dat zij niet meer de hand, maar hun eigen broek gingen ophouden. Dat vereist een andere manier van bedrijfsvoering, waarbij vooral creativiteit benutten en innoveren van belang zijn. Denk daarbij aan het verkennen van nieuwe markten, het werven van nieuwe klanten, het op zoek gaan naar nieuwe vormen van financiering en het in de markt zetten van nieuwe producten.

Hoewel het aanbod binnen de zorg door de marktwerking en privatisering enorm is gegroeid, zijn er grofweg drie soorten zorgaanbieders of zorgondernemingen te onderscheiden:

- Ten eerste is er een groeiende groep individuele zelfstandige professionals: verpleegkundigen, verzorgenden en verleners van diensten als maaltijdverzorging, reparaties, schoonmaak, boodschappenservice en kinderopvang. Opvallend vaak zijn deze zelfstandige professionals voor zichzelf begonnen na werkzaam geweest te zijn in grotere zorginstellingen. Hun motief was meestal de onvrede over de gang van zaken daar en de behoefte aan vrijheid om eigen ideeën vorm te geven (Gilthay Veth, 2009).

- Ten tweede zijn er veel kleine (soms sectorvreemde) organisaties die onderdak, verzorging en/of werk aanbieden aan mensen met een beperking of kwetsbare groepen als (ex-)psychiatrische patiënten en drugsverslaafden. Denk daarbij bijvoorbeeld aan de zogenoemde zorgboerderijen. Maar ook andere ondernemingen hebben zich op deze markt begeven. Zie het verhaal over Ambachtscentrum Driekant in bijgaand kader.

- Ten derde zijn er de grote instellingen in de gehandicaptenzorg, de ouderenzorg en de geestelijke gezondheidszorg. Deze zijn in de afgelopen jaren veranderd in ondernemingen die hun inkomsten krijgen uit verkoop van zorg. Ze werken niet alleen meer binnen de eigen regio en richten zich steeds vaker op andere werksoorten. Dit heeft geleid tot allerlei fusies, zowel tussen instellingen van dezelfde soort als tussen andersoortige partners. Zorginstellingen zijn bijvoorbeeld gefuseerd met gezondheidsinstellingen, woningbouwcorporaties en welzijnsorganisaties. Deze grote zorgondernemingen ontwikkelen steeds vaker nieuwe producten en boren nieuwe markten aan. Ook daarvan tref je hierna een voorbeeld aan.

Ambachtscentrum Driekant

Driekant is een biologische bakkerij met een winkel, een lunchcafé en een taartenatelier in het centrum van Zutphen. Bijzonder aan Driekant is dat commerciële activiteiten er met succes worden gecombineerd met praktijkopleidingen voor mensen die (nog) geen aansluiting vinden op de reguliere arbeidsmarkt.

Driekant is ontstaan vanuit de maatschappelijke betrokkenheid van Henk Smit, zelfstandig ondernemer in het bakkersbedrijf. Zijn persoonlijke drijfveer is een samenleving realiseren waarin iedereen naar eigen vermogen kan deelnemen aan het economisch proces.

Vanuit die missie is in 1996 Driekant bv opgericht, met als doelstelling een brug te slaan tussen de zorg- en hulpverlening en het bedrijfsleven. In de visie van Driekant biedt juist een kleinschalige, commerciële omgeving kansen voor de groei van mensen. De directe binding met het product, de zichtbaarheid van het eindresultaat en het contact met de afnemers doen een gezond appel op de inzet en ontwikkeling van mensen. Het streven is om de werknemers, voor zover mogelijk, te laten doorstromen naar het reguliere bedrijfsleven.

Bij Driekant wordt het werk afgestemd op de mensen en niet andersom. De praktijk leert dat deze werkwijze het hoogste rendement levert voor zowel het bedrijf als de mensen.

Bron: www.driekant.nl

Bedrijventraject Irene wint Europese innovatieprijs

Pluryn is een organisatie die mensen met een beperking ondersteunt in werk, wonen en vrije tijd. Pluryn zoekt voortdurend naar nieuwe mogelijkheden voor haar cliënten. Zo omvat Pluryn diverse maatschappelijke ondernemingen (manege, horeca, vakantieboerderij) waar cliënten werkervaring kunnen opdoen.

Een van die initiatieven is Bedrijventraject Irene, dat cliënten in staat stelt te werken bij een andere organisatie. Pluryn won hiermee de EPR Innovation Prize vanwege haar innovatieve benadering en bereidheid tot samenwerking. Het EPR (European Platform for Rehabilitation) is een Europees netwerk voor organisaties in de gehandicaptenzorg.

Cliënten van Pluryn kunnen via het bedrijventraject gaan werken in verpleeghuis Irene in Groesbeek. Zij geven zo actief invulling aan hun wens om hun talenten in te zetten voor anderen. Bij Irene werken cliënten die graag zorgend en ondersteunend bezig zijn. Zij assisteren bijvoorbeeld bij vervoer, maaltijden, koffie en thee schenken, buiten wandelen en werkzaamheden in de kapsalon, in het magazijn en in de linnenkamer en ze worden ingezet bij de technische dienst. Ook helpen ze bij de dagactiviteiten en de wekelijkse bingo voor de ouderen. Het verschil met veel andere projecten is de mooie combinatie van doelgroepen. Cliënten met een verstandelijke en/of lichamelijke beperking werken hier met dementerende ouderen. Ze ondersteunen het reguliere verpleeghuispersoneel, dat daardoor meer ruimte heeft om zich bezig te houden met extra taken. Hier is dus sprake van een echte win-winsituatie.

Met dit bedrijventraject als voorbeeld zijn nog meer trajecten gestart bij diverse organisaties in Nijmegen, zoals bij het Universitair Medisch Centrum St Radboud, voetbalclub De Treffers en bij vervoersbedrijf Connexxion.

Bron: www.pluryn.nl; www.epr.eu; interview met Annemarie Hulst; interview met Sacha Stoffelen

In de welzijnssector waren soortgelijke ontwikkelingen te zien in de afgelopen jaren. Er vonden veel fusies plaats, en er ontstonden dus grotere organisaties. Van professionals wordt verwacht dat zij net als in het bedrijfsleven **effectief** (**doeltreffend**) en **efficiënt** (**doelmatig**) werken. Effectiviteit betekent: de verhouding tussen de doelstelling en het bereikte resultaat. Efficiëntie duidt op de verhouding tussen de geleverde diensten en producten (output) en de ingezette middelen (input) of gemaakte kosten. Ook hier vond een omslag plaats van aanbodgericht naar vraaggericht werken. De verhoudingen zijn zakelijker geworden, producten en processen werden preciezer omschreven en er werden kwaliteitssystemen ingevoerd.

Die grootschaligheid had soms tot gevolg dat zowel de klanten als de medewerkers ontevreden waren. Klanten voelden zich een nummer en medewerkers herkenden zich geregeld niet (meer) in het beleid. Ze kregen het gevoel dat zij daar geen enkele invloed op konden uitoefenen: de afstand tussen het management en de werkvloer was te groot geworden.

Als reactie daarop zijn de afgelopen tijd bij een aantal grote zorgondernemingen een of meer managementlagen weggesneden en kregen zelfsturende teams van professionals de regie over het werk in handen. Je kunt hier in feite spreken van **klein-binnen-groot-organisaties**. Die manier van werken zorgt dat veel beter zorg op maat kan worden aangeboden. Klanten zijn hier doorgaans zeer tevreden over. En de medewerkers hebben door deze werkwijze de zeggenschap over hun werk weer terug ('ruimte binnen kaders'). Ook uit kostenoverwegingen is het werken met kleinschalige teams een gunstige ontwikkeling. Van medewerkers wordt verwacht dat zij zich ondernemend en innovatief opstellen. Elk team beschikt over een eigen budget en kijkt daardoor veel meer naar welke zorg daadwerkelijk nodig is. Op die manier kan er efficiënter gewerkt worden.

Sinds de invoering van de Wet maatschappelijke ondersteuning (Wmo) in 2007 wordt steeds meer gewerkt met **aanbestedingen**. Aanbieders leggen hun productplannen in de vorm van offertes voor aan de gemeente. Deze beslist vervolgens op basis van de prijs-kwaliteitverhouding welke organisatie een product mag leveren. Een en ander wordt in contracten vastgelegd.

Door de toepassing van deze vorm van marktwerking via aanbesteding ontstaat een concurrentieslag op basis van prijs en kwaliteit om een project te verwerven en uit te voeren. In directe samenhang hiermee wordt veel meer nadruk gelegd op kostenbeheersing en effectenmeting van vooraf overeengekomen doelstellingen.

Dit vraagt van zowel ambtenaren als professionals in zorg en welzijn een veel meer ondernemende manier van werken dan men voorheen gewend was.

1.2.2 Samenwerking

Na een tijd van fusies en schaalvergroting is er een periode aangebroken waarbij steeds meer organisaties in horizontale netwerken samenwerken. Zo zijn er in de publieke sector allerlei ketens (in ontwikkeling) voor veiligheid, jeugdzorg, stadsontwikkeling en de aanpak van achterstanden.

De reden voor deze **ketensamenwerking** is dat organisaties in de sectoren zorg en welzijn steeds vaker te maken krijgen met mensen met complexe problematische leefsituaties. Denk daarbij aan huiselijk geweld, kindermishandeling, schoolverzuim, verwaarlozing, dreigende huisuitzetting of misbruik van drank en drugs. Zolang het gaat om enkelvoudige problematiek volstaat een traject dat door één professional geregisseerd kan worden. Meestal spelen deze problemen echter tegelijk en hangen ze met elkaar samen. Ze moeten dus ook in samenhang worden aangepakt, en daarbij is een ketenbenadering nodig. Daarbij gaan meerdere instanties samen op zoek naar mogelijke oplossingen. De opeenvolgende fasen van een behandeling moeten dan goed op elkaar worden afgestemd, zodat de kwaliteit van het zorgproces verbeterd wordt.

Samenwerking betekent vooral onderlinge afstemming, elkaars competenties en kerntaken goed kennen en erkennen. Anders gaat iedereen meer van hetzelfde doen. Het is belangrijk dat je als organisatie transparant bent en inzichtelijk kunt maken wat je professionals doen. Dat vraagt om onderling vertrouwen. Uiteraard is het soms moeilijk om dit proces in te gaan als je elkaar als concurrenten beschouwt. Steeds meer professionals stappen echter over die drempel heen en gaan als 'partners in business' de samenwerking aan met als uitgangspunt 'delen is vermenigvuldigen'. Enkele voorbeelden van ketenaanpak zijn:

- welzijn en sport werken samen met onderwijs om schooluitval te voorkomen;
- jongerenwerk en politie werken samen om criminele carrières om te buigen;
- woningcorporaties en opbouwwerk trekken gezamenlijk op om de buurt veilig te maken;
- gemeenten werken samen met de reclassering om bij een voorwaardelijke straf de ex-gedetineerde op te vangen en naar werk te begeleiden.

Park Neerbosch: uniek zorgconcept op een unieke locatie

Een ander voorbeeld is Park Neerbosch. Dit voormalig weeshuisterrein in Nijmegen wordt momenteel omgevormd tot een park met een breed scala aan (zorg)voorzieningen. Diverse organisaties hebben zich daartoe verenigd in een samenwerkingsverband. Het idee is om voorzieningen te delen, waardoor er meer mogelijkheden voor samenwerking gecreëerd worden en een efficiënte bedrijfsvoering in de dienstverlening tot stand wordt gebracht.

De organisaties vullen elkaar aan, wisselen expertise uit en werken samen aan innovatie op het gebied van zorg- en hulpverlening voor kinderen en jongeren.

Er wordt bij Park Neerbosch sterk ingezet op de samenwerking tussen zorgpartijen en de ketengedachte in zorg- en hulpverlening. Daartoe is het concept Beschermd Verbonden ontwikkeld. De gedachte hierachter is dat sommige kinderen en jongeren weliswaar tijdelijk een beschermde omgeving nodig hebben, maar wel verbonden blijven met de maatschappij.

Voor de uitwerking van het concept zijn de volgende kernbegrippen als uitgangspunt genomen: zorg, arbeid, wonen en educatie. De samenwerkende partijen overleggen regelmatig met (toekomstige) bewoners en belanghebbenden in de omgeving van Park Neerbosch.

De samenwerkende partners zijn: het Dr. Leo Kannerhuis (kinder- en jeugdpsychiatrisch ziekenhuis voor mensen met een autismespectrumstoornis (ASS)), Entréa (jeugdzorg, onderwijs, onderzoek), Kristallis scholengroep (vso-school), Kion (kinderdagopvang), Dichterbij (ondersteunt mensen met een verstandelijke beperking hun ouders en verwanten) en RIBW Nijmegen en Rivierenland (beschermd wonen).

Bron: www.parkneerbosch.nl; interview met Wendy Kuiper

Samenwerking vindt dus niet alleen plaats tussen organisaties in een keten binnen de eigen sector. Organisaties gaan ook steeds meer sectoroverschrijdend werken. De 'sectorvreemde' organisaties zijn ook zelf op zoek naar samenwerking in het kader van maatschappelijk betrokken ondernemen (zie paragraaf 1.3.3). Via een partnerschap bundelen ook de overheid en andere organisaties hun kennis, ervaring en middelen en zetten deze in voor de sociale omgeving. Om zo'n partnerschap gestalte te kunnen geven en elkaar te kunnen ontmoeten is structuur nodig. De Maatschappelijke Beursvloer is zo'n gelegenheid. De matches die daar tot stand komen, vormen geregeld de eerste stap naar een partnerschap tussen publieke en private organisaties.

Deze nieuwe, vaak onverwachte samenwerking tussen uiteenlopende organisaties wordt ook wel **recombineren** of **recombinatie** genoemd. Diverse functies worden zodanig gecombineerd dat zij elkaar versterken. En dat levert meerwaarde op voor alle partijen. In dit boek en op de website zie je veel voorbeelden terug van recombinatie.

1.2.3 De drie decentralisaties

Uit het voorgaande blijkt al dat veranderingen bij de overheid zelf de marktwerking hebben beïnvloed. En dat gebeurt uiteraard nog steeds. Vanaf 1 januari 2015 zijn alle lokale overheden (gemeenten) taken gaan uitvoeren die tot dan toe bij provinciale overheden en de Rijksoverheid hoorden. Zo'n overheveling van taken van een 'hogere' bestuurslaag naar een 'lagere' bestuurslaag noemen we **decentralisatie**. Het gaat bij deze overname vooral om taken op het sociale terrein: begeleiding van zorgbehoevende mensen, jeugdzorg, (passend) onderwijs, re-integratie en participatie van mensen met een afstand tot de arbeidsmarkt.

De gemeenten namen de uitvoering van drie sociale wetten over van provincie en het Rijk: de Jeugdwet, de nieuwe Wet maatschappelijke ondersteuning en de Participatiewet.

De gemeenten kregen enige beleidsvrijheid bij de uitvoering van deze nieuwe taken. De bedoeling hierachter is om beleid 'op maat' te kunnen maken en om beter aan te kunnen sluiten op lokale omstandigheden.

De drie wetten zijn niet voor niets gezamenlijk overgeheveld. De gemeente moet als 'bestuur dicht bij de burgers' beter in staat zijn de zorg in samenhang (integraal) aan te bieden. Overlappingen in doelgroepen en langs elkaar heen werkende instanties zouden dan niet meer mogelijk moeten zijn.

Met het overhevelen van genoemde taken werd tegelijkertijd flink bezuinigd op het budget. Gemeenten krijgen minder geld voor de taken dan provincie en Rijk er tot dan toe aan uitgaven. De gemeenten moeten alles dus heel efficiënt organiseren en waar mogelijk samenwerken om de kosten te drukken.

Deze integrale decentralisatie vraagt om een andere manier van werken van de lokale overheden. Deze hebben zich moeten ontwikkelen tot regisseurs en risicodragende uitvoerders van sociale voorzieningen. Dat houdt in dat er keuzes zijn gemaakt over wat gemeenten wel en niet kunnen. In sommige gevallen wijzen zij zorg toe, in andere gevallen wijzen zij die af en zij maken afspraken met de uitvoerders. Dat betekent dat er verschillen zijn ontstaan tussen gemeenten in kwaliteit en niveau van de aangeboden voorzieningen. Er is nu zelfs sprake van concurrentie tussen gemeenten.

Iedere gemeente organiseert de zorg en ondersteuning dus op zijn eigen manier. In veel gemeenten zijn sociale wijkteams actief waar mensen terechtkunnen met hun hulpvraag. Wat zo'n sociaal wijkteam precies doet, verschilt ook weer per gemeente.

Ga naar de website om te zien hoe de gemeente Zeist dit aanpakt.

Deze decentralisaties horen bij het veranderingsproces (of transitie) dat gaande is: de klassieke verzorgingsstaat maakt plaats voor een **participatiesamenleving**.

In een participatiesamenleving krijgt (en neemt) iedere burger meer verantwoordelijkheid om zelf vorm te geven aan zijn of haar eigen leven en omgeving. In zo'n samenleving worden burgers geactiveerd een bijdrage te leveren aan maatschappelijke processen.

Zoals gezegd hebben gemeenten daarin een regisserende rol. Ze bemiddelen en coördineren de bestaande sociale structuren, initiatieven en organisaties. Je kunt gemeenten als opdrachtgevers en uitvoerders als opdrachtnemers beschouwen, maar uitvoerders kun je ook steeds meer zien als bondgenoten voor gemeenten in de transities. Voor de uitvoerders geldt dat zij dezelfde grondhouding als gemeenten zouden moeten hebben tegenover burgers: faciliterend en uitnodigend.

Zorg voor de kwetsbaarste burgers blijft belangrijk maar daarnaast worden steeds belangrijker:

- betrekken van familie, vrienden, buurtbewoners en vrijwilligers bij leefbaarheid, zorg en welzijn;
- ondersteunen en stimuleren van mantelzorgers, vrijwilligers en burgerinitiatieven;
- verbindingen leggen in wijken;
- bemiddelen, faciliteren, verwijzen;
- initiëren van (nieuwe) preventieve en collectieve oplossingen.

De rol van burgers ligt in het mee willen doen en actief naar mogelijkheden zoeken om meer regie over hun leven te kunnen voeren. Ook moet er een actieve houding worden aangenomen als het gaat om hulpverlening en elkaar ondersteunen.

// Ga naar de website voor informatie over de drie decentralisaties en de participatiesamenleving.

Al met al blijkt wel dat deze decentralisaties ingrijpende gevolgen hebben voor burgers en ondernemers. Bij de uitvoering en kwaliteitsbewaking van de sociale voorzieningen wordt van hen een actievere rol verwacht dan voorheen. Enerzijds zijn voorzieningen waar burgers voorheen recht op hadden, niet vanzelfsprekend meer. Anderzijds is er meer ruimte gekomen voor eigen initiatief en een ondernemende aanpak van zowel burgers als (zelfstandig) ondernemers.

Meer marktwerking, meer samenwerking en meer ruimte voor eigen initiatief houden onder andere in dat er een ombuiging plaatsvindt naar meer ondernemende en innoverende organisaties. Het is belangrijk dat je een goed beeld hebt van wat deze begrippen (ondernemen en innoveren) betekenen. Daarom worden deze begrippen in paragraaf 1.3 en 1.4 toegelicht.

1.3   Ondernemen

Meestal denken mensen bij het begrip ondernemen aan een persoon die met een eigen bedrijf zijn geld verdient. Je hebt in de 'Leeswijzer' al gezien dat dit een te 'enge' opvatting is. Ook werknemers die in dienst zijn van een organisatie kunnen ondernemend zijn.

In dit boek vatten we ondernemend gedrag of **ondernemendheid** op als 'een continu doelgericht en systematisch zoeken naar en analyseren van veranderingen in de markt (externe omgeving) en de organisatie (interne omgeving) en daarop met de juiste instrumenten/middelen weten in te spelen'. **Ondernemen** kun je dus kortweg omschrijven als een proces van het (extern) signaleren en (intern) realiseren van kansen. Daarbij maken we onderscheid tussen persoonlijk ondernemen en maatschappelijk ondernemen.

1.3.1   Persoonlijk ondernemen

In een ondernemende organisatie wordt van alle medewerkers ondernemendheid verwacht. Dit persoonlijk ondernemen, het ondernemend gedrag van werknemers, bestaat uit het doelgericht verkennen van kansen, het genereren van ideeën en het organiseren en beïnvloeden van relevante belanghebbenden (zowel intern als extern) om het idee uit te voeren. De meest relevante kenmerken van ondernemendheid zijn in tabel 1.1 samengevat.

Tabel 1.1 Aspecten van ondernemend gedrag (Nandram, 2011)

Aspecten van ondernemendheid	Subcomponent	Dat betekent:
Persoonlijkheids-kenmerk	Doelgerichtheid	▪ Je werkt vanuit een visie ▪ Je stelt doelen
	Openheid ten aanzien van levensuitdagingen	▪ Je gelooft in jezelf ▪ Je hebt zelfvertrouwen
Vermogen	Analytisch vermogen	▪ Je hebt inzicht in de markt en je hebt financieel inzicht
	Creativiteit	▪ Je bent creatief
	Omgaan met tegenslagen	▪ Je kunt omgaan met stress
Vaardigheid	Organisatievaardigheid	▪ Je stelt prioriteiten
	Sociale vaardigheid	▪ Je bent communicatief ▪ Je kunt jezelf presenteren (personal branding)
	Probleemoplossend vermogen	▪ Je bent besluitvaardig ▪ Je wekt vertrouwen ▪ Je hebt binding met diverse partijen ▪ Je werkt planmatig ▪ Je bent geïnteresseerd in details ▪ Je kunt flexibel optreden ▪ Je kunt (strategisch) onderhandelen ▪ Je kunt delegeren
Leerstijl	Ervaringsgericht leren	▪ Je kunt reflecteren
Motivatie	Prestatiedrang	▪ Je durft af te wijken ▪ Je geeft niet snel op ▪ Je hebt geduld ▪ Je werkt zorgvuldig ▪ Je bent integer
Emoties	Hoge emotionele stabiliteit	▪ Je bent niet beïnvloedbaar ▪ Je houdt focus ▪ Je toont enthousiasme ▪ Je bent empathisch ▪ Je durft hulp te vragen
Behoeften	Behoefte aan zelf-actualisatie	▪ Je wilt jezelf verder ontwikkelen
	Behoefte aan erkenning	▪ Je bent ambitieus

Cognities	Denkproces	- Je bent alert - Je bent kritisch
	Zelfbeeld	- Je hebt zelfvertrouwen
	Houding	- Je bent vastbesloten
Gedrag	Identificeren van kans en genereren idee	- Je oriënteert je op de markt
	Realisatie kans en genereren vervolgstappen	- Je implementeert ideeën - Je neemt leiding
	Oriëntatie op verandering in omgeving	- Je neemt initiatief - Je profileert jezelf - Je bent daadkrachtig

Sommige mensen zien bijna doorlopend kansen en krijgen daarbij allerlei idee-en. Zij hebben een persoonlijkheid die zich goed leent voor ondernemen. Zij nemen makkelijker risico's, hebben meer geldingsdrang en meer geloof in eigen kunnen, om een paar voorbeelden te noemen.

Toch is het vermogen om kansen te herkennen niet alleen een kwestie van talent en persoonlijkheid. Ook kennis, ervaring, toegang tot middelen, steun uit de omgeving en een beetje geluk spelen een rol. Alom wordt erkend: onderne-men is te leren.

Ondernemende professionals in dienst van een organisatie (intrapreneurs) be-schikken over dezelfde ondernemerscompetenties als succesvolle zelfstandige ondernemers (entrepreneurs). De verschillen die er tussen beiden zijn, komen met name voort uit de context en de middelen die hun daarbij wel of niet ter beschikking staan.

Professionals in zorg- en welzijnsorganisaties blinken veelal uit in inhoude-lijke en methodische kennis, vakmanschap en gedrevenheid. In bijgaand over-zicht zie je dat ondernemendheid echter ook andere ondernemerskwaliteiten vraagt, zoals effectief kunnen onderhandelen in een complex krachtenveld van belanghebbenden. Meedenken en meepraten over financiële zaken is ook van belang, evenals jezelf presenteren naar de buitenwereld, vertellen waar de orga-nisatie goed in is, wat je als professional te bieden hebt en wat de meerwaarde is van je werk.

Veel professionals in zorg en welzijn geven aan dat het zakelijk, marktge-richt optreden niet hun sterkste kant is. De omschakeling maken van aanbod-gericht werken (weten wat goed is voor de klant) naar vraaggericht werken (wat wil de klant zelf?) is voor velen nog een vrij grote stap. Het betekent dat zij zich niet langer opstellen als specialist, maar als generalist.

Ben je benieuwd hoe ondernemend je zelf bent? Op internet zijn diverse onder-nemerstests te vinden waarmee je je eigenschappen, kwaliteiten en denksyste-men kunt testen. Op de website staan enkele links vermeld.

Meer ondernemend te werk gaan betekent voor veel professionals in zorg en welzijn dat zij nieuwe uitdagingen aangaan. Daarmee stappen zij uit hun **com-fortzone** en belanden dan in de zogenoemde **opportunityzone**. Zie figuur 1.1 en de uitleg hierna.

Comfortzone

Iedereen heeft een eigen persoon-lijke comfortzone: het gebied waarin zaken voor ons bekend, vertrouwd, voorspelbaar en veel-al aangenaam zijn. Wij bevinden ons graag in die zone. Het geeft ons een gevoel van veiligheid. De meeste mensen hebben van na-ture de neiging om zichzelf in de comfortzone op te houden. Die zone verlaten betekent immers verlies aan controle en de bijbe-horende onzekerheid en dat levert angst op. De volgende angsten weerhouden ons ervan om uit de comfortzone te stappen:

Figuur 1.1 **Comfortzone en opportunityzone**

- de angst om niet goed genoeg te zijn: als je bang bent niet goed genoeg te zijn, is het wel erg lastig om nieuwe uitdagingen aan te gaan. Direct bij het denken aan iets nieuws komt de angst om de hoek kijken dat je het toch niet kunt en de zin om het op te pakken, laat staan er plezier aan te beleven, is verdwenen;
- de angst om te falen: faalangst is nog sterker. Als je je laat leiden door deze angst, begin je er niet eens aan;
- de angst om niet aardig gevonden te worden: voor veel mensen is dit de sterkste angst. De angst voor afwijzing en kritiek zorgt ervoor dat we rekening houden met wat onze omgeving ervan vindt. We laten ons leiden door de meningen van anderen.

Het advies van diverse coaches en talentontwikkelaars is: probeer op een andere manier naar angst te kijken. Je hebt als mens nieuwe prikkels en nieuwe ervaringen nodig. Ga die niet uit de weg door angst. Als je angst voelt, moet je er niet voor weglopen. Ga bij jezelf na: waarom ben ik bang? Als je door je angst probeert heen te breken word je op allerlei manieren 'beloond'.

Opportunityzone

Persoonlijke ontwikkeling en groei vinden plaats buiten je comfortzone. Als je uit je comfortzone stapt treed je in je opportunityzone. Dit is je persoonlijke ontwikkelzone. Hierdoor kan je gevoel van oncomfortabel zijn eerst tijdelijk toenemen voordat je een toename van zelfvertrouwen ervaart. Vanuit je opportunityzone zie je sneller nieuwe kansen en mogelijkheden. Zoals gezegd, in deze zone schuilen ook enige risico's. Het risico van falen in de vorm van mislukte pogingen en een tijdelijke toename van spanning. Dit is een onderdeel van nieuwe dingen leren en doen. Als je dit ziet als iets wat er gewoon bij hoort, kun je makkelijker nieuwe vaardigheden leren. Je merkt dat je steeds meer lef hebt om nieuwe uitdagingen aan te gaan.

Uit onderzoek blijkt overigens dat mensen het beste presteren als ze een lichte vorm van stress ervaren. Psychologen noemen dit *positive arousal*: een positieve of gezonde spanning.

Bron: interview met Bernd Barneveld; www.challengebychoice.nl

De wereld om ons heen verandert voortdurend. Door jezelf te realiseren dat groei alleen ontstaat buiten je comfortzone zul je wellicht je eigen belemmeringen ontdekken en nieuwe ervaringen aan durven gaan. In de opportunityzone ontwikkel je met name competenties en karaktereigenschappen als durf, initiatief nemen, actiegerichtheid, resultaatgerichtheid en flexibiliteit. Toename van competenties levert ook een toename van zelfvertrouwen op.

En als je leidinggeeft, besef dan dat de meeste mensen in eerste instantie de neiging hebben om in hun comfortzone te blijven. Wil je een organisatie bouwen die snel reageert op de omgeving, onderzoek dan hoe je jouw mensen voortdurend kunt blijven uitdagen om vanuit hun opportunityzone te werken.

1.3.2 Maatschappelijk verantwoord ondernemen

Een organisatie is een samenwerkingsverband van individuen. Als zodanig kun je een organisatie zien als een eenheid die verantwoordelijkheden heeft tegenover klanten, overheden, de eigen werknemers en samenwerkingspartners. De activiteiten van de organisatie hebben immers gevolgen voor deze en andere belanghebbenden. Belanghebbenden worden ook wel **stakeholders** genoemd. Stakeholders zijn in positieve of negatieve zin betrokken bij de organisatie. Die betrokkenheid hoeft niet materieel te zijn, maar kan ook een meer immateriële kant hebben, zoals een gevoel van onveiligheid bij omwonenden ten opzichte van een opvanghuis voor drugsverslaafden. Stakeholders moeten niet verward worden met shareholders: dat zijn aandeelhouders, en zij hebben vooral een financieel belang bij de organisatie.

Stakeholders zijn onder te verdelen in interne en externe stakeholders. Onder **interne stakeholders** vallen alle partijen binnen de organisatie. **Externe**

stakeholders zijn de belanghebbenden buiten de organisatie. Figuur 1.2 biedt een overzicht van mogelijke stakeholders van een organisatie. Het verschilt uiteraard per organisatie met welke stakeholders zij meer of minder te maken heeft.

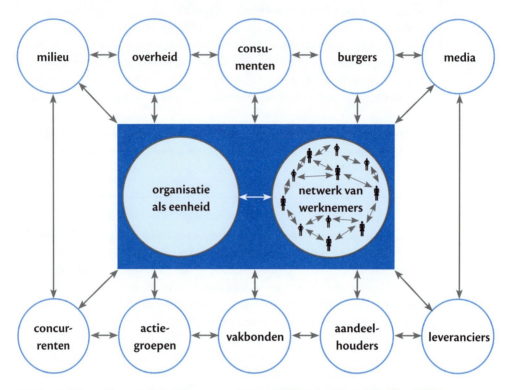

Figuur 1.2 Netwerk van stakeholders en verantwoordelijkheden (Bron: Winkler, 2009)

Een organisatie moet haar eigen belangen en die van de stakeholders tegen elkaar afwegen en vervolgens keuzes maken. Die keuzes moeten tegenover publiek, media, klanten en andere stakeholders worden verantwoord. Dit uitdragen van maatschappelijke verantwoordelijkheid wordt ook wel **maatschappelijk verantwoord ondernemen** (mvo) of duurzaam ondernemen genoemd. mvo houdt in dat een organisatie bij al haar activiteiten en bedrijfsprocessen afweegt welke verantwoordelijkheden daarbij een rol spelen met betrekking tot het welzijn van alle stakeholders. Op basis daarvan wordt concreet beleid ontwikkeld om aan die verantwoordelijkheden te voldoen. Het welzijn van de diverse stakeholders wordt meestal gerubriceerd in drie gebieden: **People**, **Planet** en **Profit** (de drie P's).

People

Hierbij gaat het om verantwoorde keuzes wat betreft zorg voor medewerkers (salaris, arbeidsomstandigheden, scholing et cetera), maar ook om verantwoord beleid inzake sociaal-maatschappelijke thema's zoals de mensenrechten, integriteit, omkoping en fraude, kinderarbeid, man-vrouwverhoudingen, diversiteit en discriminatie, medezeggenschap en gedragscodes.

Planet

Hierbij gaat het om de zorg voor het milieu in ruime zin. Hoe pakt een organisatie haar verantwoordelijkheid op ten aanzien van het belasten van het milieu, de natuur en het landschap? Milieuzorg, eerlijke producten, schoner produceren, duurzame technologieontwikkeling, duurzaam bouwen en beheren van gebouwen, energiebesparing en afvalbeheersing zijn voorbeelden van actuele thema's.

Profit

Hierbij gaat het niet puur om de financiële prestaties van de organisatie. In het mvo-concept wordt winst veel breder opgevat. Winst betekent ook bevordering van werkgelegenheid, investeringen in infrastructuur, politieke betrokkenheid, het werk (deels) uitbesteden, economische effecten van producten. Steeds meer bedrijven zien in dat ook verbetering van sociaal-maatschappelijke omstandigheden kan worden beschouwd als 'winst'. In hoofdstuk 6 komt dat nog uitvoerig aan bod.

Sponsoring, medewerkersparticipatie, winstbestemming en dergelijke horen hier thuis. Wat dat laatste betreft: sommige organisaties staan bijvoorbeeld jaarlijks een vast percentage van hun winst af aan goede doelen of adopteren een sociaal project.

In het kader hierna zie je hoe Kinderopvang Humanitas in haar brochure uitlegt waarom en hoe zij met mvo aan de slag gaat.

Kinderopvang Humanitas

Waarom duurzaam ondernemen?
Kinderen zijn de toekomst. Kinderopvang gaat dus over de toekomst. Hoe zien we die toekomst en wat kunnen we daar op dit moment aan bijdragen? Dat is een vraag die de kinderopvang zichzelf moet stellen, een vraag die Kinderopvang Humanitas zichzelf stelt.

Een betere wereld begint bij kinderen, dus ook bij kinderen in de kinderopvang. Dagelijks kunnen wij kinderen laten zien hoe belangrijk het is om zorgvuldig om te gaan met de natuur en met materialen. Dat we zuinig moeten zijn op de aarde. Waarom zou dat alleen de verantwoordelijkheid van ouders zijn?

Het doet ertoe hoe we kinderen opvoeden en hoe wij volwassenen de wereld na-laten aan de kinderen. Duurzaamheid gaat dus niet alleen over pedagogiek, maar ook over ons dagelijks handelen. Over wat we doen en over wat we nalaten. Duur-zaamheid begint bij denken over duurzaamheid, bij lezen over duurzaamheid: in deze brochure bijvoorbeeld.

Wat is duurzaamheid?

Duurzaamheid is het licht uitdoen in een ruimte waar niemand is. Duurzaamheid is spaarzaam zijn met knutselpapier. Duurzaamheid is ook het goede voorbeeld geven aan kinderen. Duurzaamheid is dus meer dan een EKO-etiketje op een pak melk. Duurzaamheid moet in ons denken en doen zitten.

Maar er is meer dan aandacht voor natuur en milieu. People Planet Profit, ofwel de drie P's, zijn de richtlijn voor maatschappelijk verantwoord of duurzaam onder-nemen. People staat daarbij voor goede zorg voor personeel. Profit wil zeggen: on-dernemen met oog voor de toekomst van de organisatie én van de maatschappij. Planet gaat vanzelfsprekend over zorg voor onze planeet.

Wat gaat Kinderopvang Humanitas doen?

Het begon allemaal met een Denktank Duurzaam Ondernemen. Uit alle geledin-gen van de organisatie zijn mensen gevraagd om deel te nemen aan deze denktank. Afgevaardigden vanuit de ondernemingsraad, de pedagogisch medewerkers, de lo-catiemanagers, de raad van toezicht, de inkoopafdeling, de afdeling P&O, de regio-managers en van de raad van bestuur. Ze hebben de hoofden bij elkaar gestoken en nagedacht over hoe Kinderopvang Humanitas duurzamer kan ondernemen.

Kwam daar een kant-en-klaar plan van aanpak uit? Nee, duurzaamheid kun je niet van bovenaf opleggen. Het is ook niet van de ene op de andere dag te realise-ren. Het zijn kleine stapjes in een groot proces.

Bron: www.humanitas.nl

MVO is dus een vorm van ondernemen waarbij naast het leveren van econo-mische prestaties ook sociaal-maatschappelijke doelen en ecologische doelen worden nagestreefd door middel van activiteiten voor of investeringen in de (lokale) samenleving of specifieke doelgroepen.

Een organisatie die maatschappelijk verantwoord onderneemt heeft de ba-lans gevonden tussen de drie P's. Onderzoek toont aan dat die balans leidt tot betere resultaten voor zowel de organisatie als de samenleving.

Zorg- en welzijnsorganisaties werken vanuit hun kerntaak al aan sociaal-maat-schappelijke doelen, en MVO past dus goed bij hen. Maar deze vorm van onder-nemen betreft ook duurzame bedrijfsvoering, goed werkgeverschap, duurzaam inkopen, duurzaam (ver)bouwen en transparantie. In bijgaand kader is dit kort toegelicht.

Nog meer MVO in zorg en welzijn

- Zorg-, hulp- en dienstverlening is mensenwerk, en daarom is personeel een cruciale factor in zorg- en welzijnsorganisaties. Zeker in de zorg is het werk fysiek en psychisch zwaar en is de werkdruk hoog. Goed en gezond werkgeverschap is dus noodzakelijk voor het aantrekken en behouden van personeel. Het is belangrijk de aantrekkelijkheid van dit soort werk te vergroten. Dat kan onder meer door diversiteit te bevorderen en beter gebruik te maken van innovatieve ontwikkelingen op het gebied van arbeidsbelasting. Naast arbeidsvoorwaarden staan hygiëne en veiligheid centraal.

- Zorg- en welzijnsorganisaties hebben op verschillende manieren invloed op het milieu. Met name zorginstellingen zijn over het algemeen grote energieverbruikers en veroorzaken veel afval, waaronder ook giftig en radioactief afval. Er kan dan ook veel duurzaamheidswinst worden behaald door aandacht te besteden aan energiebesparing, afvalvermindering en goede afvalscheiding.

- Tevens kan winst worden behaald door een duurzaam inkoopbeleid. Bij inkoop gaat het niet alleen om facilitaire producten zoals textiel, voedsel en apparatuur. Ook kunnen duurzame materialen worden ingekocht bij nieuwbouw en verbouw.

- Duurzaamheid kan tevens een criterium zijn bij de keuze van geneesmiddelen. Veel medicijnen worden na gebruik zo goed als onaangetast via de ontlasting uitgescheiden en kunnen terechtkomen in de bodem, het oppervlaktewater, het grondwater en vervolgens het drinkwater. Hier zijn deze middelen nog steeds actief, en hebben daarmee invloed op mens en milieu.

- Het is belangrijk aandacht te besteden aan de herkomst van geneesmiddelen en de ethische kwesties die spelen bij het ontwikkelen en testen ervan (denk aan dierproeven).

- Zorg- en welzijnsorganisaties krijgen geregeld te maken met situaties waarin ethische afwegingen gemaakt moeten worden, zoals bij het nemen van beslissingen voor mensen die wilsonbekwaam zijn of bij beslissingen over leven en dood, zoals in het geval van abortus en euthanasie. Professionals in zorg en welzijn hebben dikwijls te maken met een afhankelijkheidsrelatie van klanten. Wederzijds respect, maar ook het voorkomen van machtsmisbruik zijn in deze relatie noodzakelijk. Het is van belang dat organisaties transparant en open zijn over de ethische afwegingen die zij maken.

- Hiermee samen hangt de trend van cliënten- en bewonersparticipatie in zorg en welzijn. Steeds vaker worden de klant en zijn sociale netwerk actief betrokken bij het bepalen van een behandelplan/hulptraject.

Bron: www.mvonederland.nl

Het is goed je te realiseren dat MVO in toenemende mate deel uitmaakt van de visie, missie, kernwaarden en doelen van organisaties, dus ook van organisaties buiten zorg en welzijn. Hier liggen allerlei kansen voor zorg- en welzijnsorganisaties. MVO biedt hun de mogelijkheid banden met sectorvreemde organisaties aan te halen en deze te betrekken bij hun activiteiten. Dit gebeurt steeds vaker in het kader van **maatschappelijk betrokken ondernemen** (MBO).

1.3.3 Maatschappelijk betrokken ondernemen

In principe vallen onder MBO alle activiteiten die door het bedrijfsleven worden ondernomen om de kwaliteit van de (lokale) leefomgeving te verbeteren. MVO en MBO zijn onlosmakelijk met elkaar verbonden. Betrokkenheid maakt verantwoordelijk en verantwoordelijkheid eist betrokkenheid. MBO is het deel van MVO dat betrekking heeft op het versterken van de relatie van een organisatie met haar omgeving. Het wordt vooral gezien als de praktische, concrete en lokale invulling van MVO. Steeds vaker maakt MBO deel uit van de visie van een bedrijf.

Een belangrijk verschil tussen MBO en MVO is dat MBO geen invloed heeft op de bedrijfsactiviteiten. Het gaat om iets extra dat een bedrijf doet uit maatschappelijke betrokkenheid.

Er zijn veel vormen van MBO, waarbij de zogenoemde vijf m's steeds een belangrijke rol spelen (zie www.movisie.nl):

- *mensen*: het beschikbaar stellen van medewerkers, ook wel werknemers-vrijwilligerswerk genoemd. Werknemers zetten zich tijdens werktijd kosteloos in voor een maatschappelijk doel door bijvoorbeeld gespecialiseerd advies of praktische hulp te verlenen. Voorbeelden: financieel advies, ondersteuning op het gebied van marketing, het opknappen van een speeltuin of schoolplein en een project in de natuur. Dit kan een keer een middag zijn of een langdurig samenwerkingsverband inhouden waarbij medewerkers op frequente basis activiteiten uitvoeren;
- *middelen*: het beschikbaar stellen van faciliteiten of goederen. Voorbeelden: (kantoor)meubilair, transportmiddelen, (afgeschreven) computers, bouwmateriaal, vergader- of kantoorruimte en kopieerfaciliteiten;
- *massa*: het openstellen van netwerken. Voorbeelden: lobbyen bij gemeenten of fondsen, introduceren bij collega-bedrijven, door samen te werken (landelijk) aandacht trekken en impact vergroten;
- *media*: in- en externe mediakanalen openstellen voor promotie. Voorbeelden: redactionele ruimte op intranet of in een (externe) nieuwsbrief, link op de website, het meesturen van een leaflet bij een magazine en het ophangen van posters in het kantoor of de etalage;
- *munten*: financiële ondersteuning. Binnen MBO ligt de nadruk op de wederzijdse inspanningen van de partners bij de inzet van de overige m's. Wan-

neer deze optimaal benut zijn, kan geld in sommige gevallen het project een extra impuls geven.

In het kader hierna lees je hoe een woningcorporatie en een voetbalclub de handen ineensloegen in het kader van maatschappelijk betrokken ondernemen.

Stichting Fier4Grunn

Voetbalclub FC Groningen – oftewel de stichting FC Groningen in de maatschappij- en woningcorporatie Lefier, vestiging Hoogezand, hebben samen de stichting Fier4Grunn opgericht. Doel: samenwerken op het gebied van het verbeteren van het welzijn en de leefbaarheid in woonwijken in de gemeente Hoogezand-Sappemeer. Fier4Grunn ondersteunt mensen in het leren ontdekken van hun eigen kracht, deze te ontwikkelen en in te zetten voor zichzelf, de naaste omgeving en de wijk. De werkvelden van de stichting zijn onder meer leren, werken, inkomen, opgroeien, integreren, gezondheid en dagbesteding. Daarbij wordt gebruikgemaakt van de kracht van sport.

Sport is immers leuk en verbindend; samenwerken en het vieren van de overwinning, delen in het verlies, respect hebben voor elkaars kwaliteiten en beperkingen, ontwikkelen van een gezonde leefstijl, discipline en doorzettingsvermogen zijn onderwerpen die de komende jaren nadrukkelijk aandacht krijgen. Enkele activiteiten die worden georganiseerd zijn:
- sportclinics voor jeugdige wijkbewoners op woensdag- of vrijdagmiddag: hierbij is het een uitdaging ook kinderen te bereiken die niet op een club zitten. Samen met de staf van FC Groningen en studenten van de Hanzehogeschool is een gezondheidsprogramma ontwikkeld;
- lezen, schrijven, rekenen: het doel is meer mensen te bereiken die problemen hebben met taal en rekenen. FC Groningen kan hier een mooie rol in spelen, bijvoorbeeld door voetballers bij de lessen te betrekken die de Nederlandse taal zelf ook nog niet (helemaal) machtig zijn.

Buurtbattle 2014

De FC Groningen Buurtbattle is een jaarlijks terugkerend project waarbij de nadruk wordt gelegd op de maatschappelijke kant van sporten en het gewenste gedrag dat daarbij hoort.

De deelnemers geven zich op om acht trainingen te volgen waarbij ze elke training punten verdienen door 'sportief gedrag' te vertonen. Ook doen de deelnemers een zogeheten buurtbijdrage. Dit houdt in dat er naast het sporten ook een maatschappelijke activiteit uitgevoerd moet worden waar een verslag van gemaakt moet worden. Een voorbeeld van een buurtbijdrage is het sportpark van een lokale sportvereniging schoonmaken. Ook hier krijgen de deelnemers punten voor.

De deelnemers met de meeste punten mogen hun wijk vertegenwoordigen in de grote finale waarin alle teams begeleid worden door spelers van FC Groningen. In deze finale spelen ze tegen andere wijken en staat de maatschappelijke kant wederom centraal.

Bron: www.fier4grunn.nl; interview met Liza Meindertsma

Maatschappelijk betrokken ondernemen is nadrukkelijk geen liefdadigheid, maar gaat uit van een win-winsituatie voor alle betrokken partijen.

1.3.4   Sociaal ondernemen

Een sociaal onderneming is expliciet opgericht om verschillende doelen te bereiken. Dus niet alleen producten op de markt brengen maar ook concreet bijdragen aan de oplossing van een maatschappelijk probleem. In de sociaal onderneming zit vanaf het begin ingebakken dat naast economische waarde (omzet en winst) ook sociale waarde wordt behaald. Dat wordt ook wel **meervoudige** of **gedeelde waardecreatie** genoemd.

Het economische resultaat is belangrijk, zelfs onmisbaar, maar wel een middel om het sociale doel te bereiken. Als je het extreem stelt, kun je zeggen dat een sociaal ondernemer die veel omzet en winst maakt maar niet (meer) de sociale doelen bereikt waarvoor hij de onderneming heeft opgericht, de activiteiten stopt of drastisch reorganiseert (Dagevos e.a., 2015; interview met Marianne Dagevos).

Er wordt bewust gesproken van 'sociaal ondernemer' in plaats van 'sociale ondernemer'. De reden daarvan is dat sociaal niet wordt opgevat als bijvoeglijk naamwoord, maar als integraal onderdeel van de naam 'sociaal ondernemer'. Hetzelfde geldt voor 'sociaal onderneming', ook vaak aangeduid als 'social enterprise', en voor sociaal ondernemerschap.

In de sectoren zorg en welzijn is het fenomeen om via een onderneming een sociaal doel te bereiken al veel langer bekend. Zo bestaan in Nederland reeds vele decennia bedrijven en projecten waar mensen met afstand tot de arbeidsmarkt werkervaring opdoen en in een beschermde omgeving werken en leren om zich voor te bereiden op de arbeidsmarkt. Die bedrijven zijn opgezet om werkgelegenheid te bieden aan bepaalde doelgroepen en ze leveren tegelijk producten om daarmee geld te verdienen. Denk aan speciale winkels, restaurants, cafés, fietsenstallingen, werkplaatsen, kringloopactiviteiten et cetera.

Een nieuwe variant hierop bedachten Sandra Ballij en Bas de Rijter, twee jonge, ambitieuze sociaal ondernemers. Zij ontwikkelden een aantal innovatieve concepten (zie kader).

Ctaste, Ctalents en CtheCity

In 2007 begonnen Sandra en Bas Ctaste, een restaurant in Amsterdam met een unieke formule: 'dineren in het donker'. In een volstrekt duistere ruimte kunnen de gasten niet zien maar des te meer ruiken, voelen en proeven wat ze eten. Deze formule biedt tegelijk werkgelegenheid aan blinde en slechtziende obers die, zoals Sandra het zegt, 'experts zijn in het donker'. Een onderneming met veel win-wins en een enthousiast onthaal in Nederland.

In 2013 richtte Sandra Ctalents op, haar adviesbureau voor werkgevers die mensen met een beperking een plaats in hun onderneming willen geven. Zoals ze blinden 'experts in het donker' noemt, noemt ze doven 'experts met oog voor detail'. Ze begeleidt onder meer de winkelketen Zeeman om in hun distributiecentrum en winkels doven in te zetten bij de logistiek en de inrichting van de winkels. 'Doven kunnen zich goed concentreren en nauwgezet werken,' zegt ze daarover. 'Wel moet de omgeving en de communicatie worden aangepast en daarover adviseer ik de bedrijfsleiders en de medewerkers.'

In 2014 zetten Sandra en Bas, samen met Sandra's broer Richard en zijn vriendin Fon-Phoei, een nieuw initiatief op: CtheCity. Een ontdekkingstocht in het donker langs typisch Amsterdamse plaatsen die de bezoekers deze keer met al hun andere zintuigen ervaren. CtheCity is op 1 augustus 2014 geopend. De investering voor dit initiatief kwam voor een deel tot stand door crowdfunding. Ook bij deze sociaal onderneming kunnen blinden en slechtzienden aan de slag, als gids, maar ook als trainer, inspirator of manager. De ondernemingen Ctaste, Ctalents en CtheCity zijn met elkaar verbonden en hebben een gezamenlijke ambitie: per jaar 144 talenten met een arbeidsbeperking opleiden, begeleiden en vervolgens matchen met een functie in het bedrijfsleven.

Bron: www.ctaste.nl; www.ctalents; www.cthecity.nl; interview met Sandra Ballij

---

Hoewel sociaal ondernemers in principe elk maatschappelijk probleem als uitgangspunt van de onderneming kunnen nemen, richten de meeste sociaal ondernemers zich met name op ontwikkelingssamenwerking, werkgelegenheid, duurzaamheid, leefbaarheid, zorg en gezondheid.

Sociaal ondernemingen in leefbaarheid en zorg heten buurtbedrijf, bewonersbedrijf, wijkonderneming, zorgcoöperatie, gemeenschapscoöperatie, creative community, community enterprise of een variant op deze namen.

Lees in het kader hierna over bewonersbedrijf Kruiskamp Onderneemt!.

Kruiskamp Onderneemt!

Gezocht: bewoners met een goed idee

Een ontmoetingspunt voor de buurt creëren, bijdragen aan de sociale samenhang en particulier ondernemerschap stimuleren. Als het aan Kruiskamp Onderneemt! ligt, krijgt de Amersfoortse wijk de komende jaren een flinke impuls. KNHM Participaties BV denkt mee en leent het bewonersbedrijf vijftigduizend euro.

'Kruiskamp Onderneemt! is een activiteiten- en ontmoetingscentrum voor en door de buurt,' zegt Jeroen Fikkers, initiatiefnemer en bestuurslid van het bewonersbedrijf. 'Het is een plek waar je elkaar ontmoet, samen activiteiten onderneemt of diensten ruilt. Iemand die goed is in administratie kan een andere buurtbewoner helpen met de boekhouding.

In ruil daarvoor wordt zijn tuin geschoffeld, of krijgt hij hulp bij het aanleggen van nieuwe stopcontacten. We streven echt naar een buurteconomie waarin mensen elkaar kunnen helpen.'

Het hart van Kruiskamp Onderneemt! wordt gevormd door De Witte Vlinder, een voormalig schoolgebouw dat de gemeente Amersfoort dit voorjaar aan de initiatiefnemers overdroeg. De initiatiefnemers verhuren een gedeelte van het pand aan kleine ondernemingen en dekken daarmee de exploitatiekosten van het pand. De resterende ruimtes kunnen worden gebruikt voor initiatieven die buurtbewoners zelf aandragen. Zoals de Kruiskamp Bazaar, een tweedehands markt plus een 'rommelroute' door de wijk. Of een ambachtelijke jammakerij waar vruchten en bloesems uit een buurt worden verwerkt tot jam, chutney of siroop.

Gelijkwaardigheid

Met het 'bewonersbedrijf' springt Kruiskamp Onderneemt! in het gat dat na een aantal bezuinigingsrondes ontstond. Fikkers: 'De afgelopen twee jaar zijn er in de buurt vijf ontmoetingsruimtes gesloten. Met Kruiskamp Onderneemt! hebben we weer een plaats gecreëerd waar buurtbewoners elkaar kunnen ontmoeten.

In een buurt waar vijfduizend mensen wonen zijn veel enthousiaste mensen met bijzondere capaciteiten en leuke ideeën. Als je die bij elkaar kunt brengen, is dat enorm waardevol.'

Erik Arkesteijn, coördinator KNHM Participaties BV, is enthousiast. 'Een traditioneel buurt- of wijkcentrum gaat meestal uit van een hulpvraag. Kruiskamp Onderneemt! wil juist een omgeving creëren waarin buurtbewoners elkaar op basis van gelijkwaardigheid met activiteiten en diensten kunnen helpen. Een heel innovatieve onderneming die heel goed bij ons past' (Koninklijke Nederlandsche Heidemaatschappij, 2014).

Ga voor meer informatie over deze projecten naar de website.

Bron: www.knhm.nl; kruiskamponderneemt.socenti.nl

Hybride organisaties

Sociaal ondernemingen zijn in feite hybride organisaties. Ze zijn niet te plaatsen in een van de drie domeinen: publieke domein (overheid), economische domein (markt) en het sociale domein (civil society). Sociaal ondernemers gaan over deze traditionele grenzen heen en bewegen zich juist op de snijvlakken van deze domeinen. Zij leggen cross-sectorverbindingen zodat maatschappelijke veranderingen vanuit verschillende belangen tot stand gebracht kunnen worden.

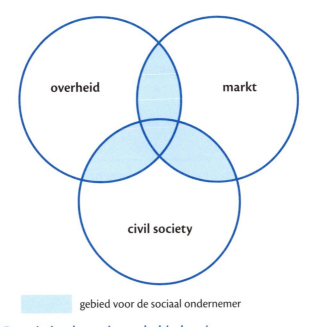

overheid

markt

civil society

gebied voor de sociaal ondernemer

Figuur 1.3 **De sociaal onderneming en de drie domeinen**

Zoals gezegd ligt de aanleiding om een sociaal onderneming te starten altijd bij een maatschappelijk probleem. Dit probleem is niet afdoende door de interventie vanuit één domein op te lossen. Sociaal ondernemers zien de grenzen waarop overheden, bedrijven of civil society zijn gestuit bij de aanpak van zo'n maatschappelijk probleem en hebben zicht op mogelijkheden om die grenzen te doorbreken of te verleggen. Ze gaan door waar overheden, bedrijven of civil society zijn gestopt of ze leren van de beperkingen die deze partijen hebben ervaren.

Juist door ruimte op te zoeken en te creëren kunnen sociaal ondernemingen een heel eigen bijdrage leveren aan de aanpak van maatschappelijke problemen (Dagevos e.a., 2015).

Sociale verandering bewerkstelligen

Sociaal ondernemers zijn overwegend kritisch ten opzichte van bestaande maatschappelijke verhoudingen en instituties en beginnen hun onderneming vaak met de bedoeling iets aan die verhoudingen te veranderen. Ze hebben oog voor macrosociale factoren zoals sociale ongelijkheid, belangentegenstellingen en politieke strijd die het functioneren van individuen en organisaties beïnvloeden.

Op die manier spelen sociaal ondernemers een belangrijke, eigen rol in het politieke en maatschappelijke debat.

Sociaal ondernemingen en mvo-ondernemingen worden vaak gezien als organisaties waar met name ook werkgelegenheid is voor mensen met een afstand tot de arbeidsmarkt. Er wordt in dit verband wel gesproken van **inclusief ondernemerschap** als aanduiding voor een onderneming met een medewerkersbestand waar ook plaats is voor mensen die minder gemakkelijk aan een baan komen. Het creëren van werkgelegenheid voor mensen met een afstand tot de arbeidsmarkt wordt ook wel **social return** genoemd.

De tijd is rijp voor inclusief ondernemen

Bedrijven die inclusief ondernemen hebben een voorsprong. In een krapper wordende arbeidsmarkt vormen mensen die moeilijk aan een baan kunnen komen een welkome aanvulling. In sommige branches is de krapte al actueel, andere zullen volgen. De nieuwe generatie werknemers en consumenten vraagt steeds vaker om inclusief en betrokken ondernemerschap. En de overheid stelt inclusief ondernemen steeds vaker als voorwaarde voor het verstrekken van opdrachten. Kortom, de tijd is rijp om de stap te zetten.

De Normaalste Zaak is een netwerk van mkb-ondernemers en grote werkgevers dat dit inclusief ondernemen in de praktijk brengt en stimuleert. Deze ondernemers vinden dat iedereen de kans moet krijgen om naar vermogen deel te nemen aan de arbeidsmarkt. Inclusief ondernemen betekent voor hen: optimaal gebruikmaken van de diversiteiten en talenten van mensen.

 Lees meer over inclusief ondernemen op de website.

Prestatieladder Socialer Ondernemen

De Prestatieladder Socialer Ondernemen (pso) is een praktisch en objectief meetinstrument dat de bijdrage van werkgevers aan de werkgelegenheid voor mensen met een kwetsbare arbeidsmarktpositie concreet en aantoonbaar maakt. De pso is gebruiksvriendelijk en ontwikkeld met en getest bij organisaties in diverse sectoren.

Lees meer over de prestatieladder op de website.

Bron: www.denormaalstezaak.nl

De laatste jaren krijgt het idee van meervoudige of gedeelde waardecreatie steeds meer aanhang. In dit boek tref je een aantal bevlogen sociaal ondernemers aan als voorbeeld. Deze ondernemers kiezen er dus voor om zich als hybride organisatie te profileren. Ze verkopen bijvoorbeeld tegen marktprijzen, werken met vrijwilligers, zijn betrokken bij sociale projecten en houden zich bezig met gedragsverandering en bewustwording.

Sociaal ondernemers ontwikkelen bedrijfsconcepten die vaak veelzijdig, grensverleggend en innovatief zijn. In de volgende paragraaf wordt uitgelegd wat het begrip **innoveren** precies inhoudt.

1.4   Innoveren

Momenteel spreekt men in alle sectoren veel over innoveren. Daarbij valt op dat de nadruk geregeld ligt op technologisch vernuft. De meeste innovatieve ideeën komen echter helemaal niet voort uit uitvindingen en/of nieuwe technologie. Het gaat er veel vaker om dat zaken organisatorisch anders, 'slimmer' worden aangepakt. Dat kan een interne aangelegenheid zijn, maar vaak worden daartoe ook nieuwe contacten gelegd en andere manieren van samenwerking gezocht. Dit kwam in de begincasus van dit hoofdstuk (de Maatschappelijke Beursvloer) al naar voren, en je zult het ook in diverse andere voorbeelden in dit boek terugzien.

1.4.1   Incrementele versus radicale innovatie

Innoveren wordt vaak geassocieerd met het uitvinden of ontwikkelen van iets geheel nieuws. Men denkt dan vooral aan **radicale innovaties**: nieuwe producten, concepten of totaal nieuwe benaderingen. Een radicale innovatie breekt met de op dat moment heersende standaard in een markt of creëert een geheel nieuwe markt, biedt een tot dan toe nog niet bestaande oplossing of leidt tot een geheel nieuwe manier van organiseren. De omschakeling van aanbodgericht naar vraaggericht werken bij zorg- en welzijnsorganisaties is een voorbeeld van radicale innovatie. Het houdt immers een geheel andere manier van denken en werken in. Je moet je bij radicale innovatie twee dingen goed realiseren:

- Veel radicale innovaties mislukken, omdat ze niet aansluiten bij bestaande waarden en normen. Bij iets 'totaal nieuws' hebben mensen immers nog geen referentiekader, nog geen beeld van de mogelijke voordelen. Zelfs de uitvinder van de telefoon, Graham Bell, had indertijd zelf geen idee van wat mensen met een telefoon zouden kunnen doen. Je kunt klanten dan ook niet vragen wat ze van een radicale innovatie vinden. Het enige wat je kunt doen is hen deze laten uitproberen en dan achteraf vragen wat ze ervan vonden.
- Radicale innovatie vindt dan ook vrijwel nooit in één klap plaats. Een radicale innovatie vindt meestal plaats via kleine tussenstappen, zodat ze ge-

leidelijk ingebed kan worden binnen de bestaande waarden en normen. De iPad bijvoorbeeld, waarmee je in principe overal online kunt zijn, is niet ineens ontstaan, maar via een aantal opeenvolgende toevoegingen aan en verbeteringen van oorspronkelijk een mobiele telefoon.

Zo'n stapsgewijze verbetering die voortborduurt op iets bestaands wordt ook wel een **incrementele innovatie** genoemd. Het is in principe een kleinschalige innovatie die geringe verandering teweegbrengt en minder risicovol is. Maar zoals gezegd kan een aantal opeenvolgende incrementele innovaties soms tot grote veranderingen leiden.

Meerwaarde toevoegen aan iets bestaands

Een innovatief idee kan dus ook betrekking hebben op een verbetering en/of een vernieuwing van iets bestaands. Er moet dan wel sprake zijn van een kwalitatieve sprong; het moet niet 'meer van hetzelfde' of 'hetzelfde in een andere verpakking' zijn.

Men gaat er overigens van uit dat het bij innovatie voor 99 procent om incrementele innovaties gaat.

Hierop voortbordurend: er wordt in zorg en welzijn wel geklaagd dat men te geregeld het wiel opnieuw wil uitvinden. Nieuwe initiatieven en projecten worden van de grond getild, terwijl het soms beter is om lopende initiatieven en projecten nog eens tegen het licht te houden: hoe kan een en ander worden verbeterd? Ook dit is een vorm van recombineren (zie paragraaf 1.2.2). Het betekent dat organisaties geen initiatieven stapelen en de projectcarrousels voeden, maar lopende initiatieven versterken en deze met nieuwe visies, kennis en kunde naar een hoger plan tillen (Van Biene, 2008; interview met Martha van Biene).

De context van de vernieuwing

Het ontwikkelen van iets nieuws zegt niets over voor wie het nieuw is en in welke context het wordt gebruikt. Er wordt ook gesproken van een innovatie als iemand deze van elders overneemt, aanpast of voor het eerst op zijn eigen vakgebied en/of in de eigen organisatie toepast. Iets is, met andere woorden, innovatief als mensen vinden dat het dat is.

Het is heel verstandig om gebruik te maken van goede voorbeelden die al in de praktijk zijn getest. Bedenk hierbij dat het vanzelf spreekt dat je voor het overnemen van een innovatie betaalt of er iets anders tegenoverstelt. In de volgende paragraaf wordt dat nader toegelicht.

In essentie is innoveren niets meer en niets minder dan 'verbeteren'. Een nieuw product voorziet beter in klantbehoeften; een nieuw proces maakt producten goedkoper of van betere kwaliteit. Wie denkt dat een product of proces niet verder verbeterd kan worden, heeft een gebrek aan creativiteit, wordt wel geopperd. Immers, er valt altijd wel iets te verbeteren.

Innovatie is al met al te omschrijven als iedere bewust uitgevoerde waardetoevoeging gericht op resultaatverbetering. Het gaat om waardecreatie. Innovaties wijken dus af van iets bestaands, voegen er iets van waarde aan toe. Ook moet er sprake zijn van een bewuste actie. Het blijft niet bij een idee alleen, het idee moet daadwerkelijk worden uitgevoerd.

Op basis van het voorgaande kan dan ook worden geconcludeerd:

- Aan een innovatie zit niet alleen een technisch-functionele, maar ook een culturele kant. De innovatie moet 'werken', gebruiksvriendelijk zijn en aansluiten bij een klantbehoefte. Ze moet echter ook aansluiten bij de bestaande waarden en normen.
- Maak het jezelf niet te moeilijk. Uitgaan van iets bestaands is prima, maar … maak het jezelf ook weer niet te gemakkelijk. Voortbouwen op bewezen succes kan immers doorslaan in alleen nog 'spelen op veilig', plagiëren met een accentverschil. Uiteindelijk is dat niet vol te houden en een garantie voor mislukking (Jacobs, 2007; Jacobs, 2008).

1.4.2 Open versus gesloten innovatie

Je kunt open en gesloten innoveren. Open innovatie draait in essentie om het principe 'we leven in een wereld die wordt gekenmerkt door overvloedige en verspreide kennis en waarin niet alle slimme mensen voor jouw organisatie werken'. Zoek die slimme mensen dus op, onderhoud contact met hen en bouw voort op wat zij doen.

Bij open innovatie is het uitgangspunt dat vernieuwingen niet volledig door de eigen organisaties hoeven te worden ontwikkeld. Gesloten innovatie ofwel traditionele innovatie gaat daar wel van uit. In tabel 1.2 zie je de belangrijkste verschillen tussen open en gesloten innovatie op een rijtje gezet.

Open innovatie kent twee varianten: outside-in-innovatie en inside-out-innovatie.

Outside-in-innovatie (van buiten naar binnen) betekent dat je weet waar je goed in bent en dat je wat buiten je eigen competenties ligt in de organisatie haalt of in samenwerking met anderen gaat realiseren. Je kunt in elke fase van het innovatieproces kennis, externe ideeën en oplossingen importeren. Externe ideeën zijn bijvoorbeeld afkomstig van onderwijsinstellingen en/of publieke onderzoeksinstellingen. Maar organisaties staan ook steeds meer open voor de inbreng van stakeholders zoals samenwerkingspartners en (potentiële) klanten. In paragraaf 2.4 worden daar voorbeelden van genoemd.

Inside-out-innovatie (van binnen naar buiten) doet zich voor wanneer organisaties zelf ontwikkelde kennis en/of eigen activiteiten gaan commercialiseren. Elk tussenproduct in het innovatieproces kan als een economisch goed worden gezien dat te gelde kan worden gemaakt door het beschikbaar te stellen

Tabel 1.2 Principes van open en gesloten innovatie (Chesbrough, 2003)

Principes van gesloten innovatie	Principes van open innovatie
De deskundigen in ons vakgebied werken voor ons.	Niet alle deskundigen in ons vakgebied werken voor ons. We moeten met deskundigen van binnen en buiten onze organisatie werken.
De eigen onderzoeksafdeling is onze enige bron van kennis.	We hoeven het oorspronkelijk onderzoek niet zelf te doen om ervan te kunnen profiteren. Externe kennis wordt geïntegreerd in het innovatieproces.
We moeten innovaties zelf ontdekken, ontwikkelen en op de markt brengen.	Innovaties hoeven niet bij ons vandaan te komen om ervan te profiteren.
We moeten ons innovatieproces controleren en afschermen, zodat concurrenten niet van onze ideeën profiteren.	We moeten profiteren van het gebruik van onze innovaties door anderen, en we moeten het intellectueel eigendom van anderen kopen als dat onze belangen dient.

voor externe partijen (via bijvoorbeeld licenties en joint ventures; zie paragraaf 3.2.2). Zorg- en welzijnsorganisaties herbergen een schat aan vakmanschap. Dat vakmanschap heeft niet alleen waarde voor de eigen doelgroep, maar kan op allerlei andere manieren extern worden ingezet bij bijvoorbeeld bedrijven. Kennis van teambuilding, coachen, supervisie en creativiteitstechnieken is voor het bedrijfsleven zeer waardevol en kan op diverse manieren worden toegepast. Maar ook activiteiten aanbieden in het kader van maatschappelijk betrokken ondernemen (zie paragraaf 1.3.3) is een mogelijkheid.

Voor open innovatie zijn een andere mentaliteit en bedrijfscultuur nodig dan voor gesloten innovatie. Dat wordt in paragraaf 3.3.1 toegelicht.

1.4.3 Soorten innovatie

Zoals hiervoor al is aangegeven gaat het bij innoveren om meer dan alleen het ontwikkelen van nieuwe producten. Soms betekent innoveren juist zoeken naar een nieuwe doelgroep voor een bestaand product. In nog weer andere situaties is innoveren voor de buitenwereld minder zichtbaar en gaat het om verbeteringen van interne processen van een organisatie.

Bij elke innovatie zijn de volgende vragen aan de orde:

- Wat gaan we aanbieden?
- Aan wie gaan we het aanbieden?
- Hoe gaan we het maken en aanbieden?

Wat? – Productinnovatie

De eerste vraag heeft betrekking op de producten die de organisatie wil aanbieden. Het gaat dan om het bepalen van zowel alle kenmerken van het kernproduct (inclusief prijs) als de gratis of betaalde aanvullende elementen, zoals garanties en extra service. In paragraaf 3.5.2 lees je daar meer over. Als de organisatie besluit om het aanbod uit te breiden met nieuwe producten of om bestaande producten te verbeteren, is er sprake van productinnovatie. Productinnovatie staat in dit boek centraal. Het gaat daarbij om het verbeteren/vernieuwen van het aanbod, dus van zowel tastbare goederen als van diensten en ervaringen: activiteiten, methoden, programma's, projecten, voorstellingen, et cetera.

Aan wie? – Marktinnovatie

De tweede vraag bepaalt de doelgroep of het marktsegment voor het aanbod. Marktinnovatie is niet alleen op zoek gaan naar nieuwe doelgroepen, maar ook het openen van een nieuwe markt, ofwel je op een markt begeven waarin de organisatie in een regio (land) nog niet actief was, ongeacht of deze markt al bestond. Land- en tuinbouworganisaties waren bijvoorbeeld de eerste sectorvreemde organisaties die zich, vaak op grond van economische motieven, op de zorgmarkt begaven met de zorgboerderijen.

Ook het veranderen van de spelregels op een markt behoort tot marktinnovatie.

Op een markt kun je de volgende categorieën aanbieders onderscheiden:
- de marktleiders (**making rules**);
- de marktvolgers, onder te verdelen in navolgers (**taking rules**) en uitdagers (**breaking rules**).

Organisaties die een marktpositie als **marktleider** bekleden hebben het grootste marktaandeel. Zij definiëren hoe het spel gespeeld wordt (making rules): de manier van werken en zakendoen. Ze bepalen vaak ook de prijszetting van de markt, zij zetten de toon. Deze min of meer gevestigde organisaties genieten naamsbekendheid. (Potentiële) klanten vormen zich vaak een beeld van de betrouwbaarheid van een organisatie op basis van haar leeftijd, bewezen kwaliteit en tevreden klanten dan wel eerdere eigen ervaringen met deze organisatie. Marktleiders zijn dus wat dat betreft in het voordeel ten opzichte van nieuwkomers, die zich op die punten nog moeten bewijzen.

Een marktleider moet echter voortdurend waakzaam zijn, want hij kan naar een tweede of derde positie zakken door plotselinge innovaties van de **marktvolgers**. Deze (de naam zegt het al) bekleden een marktpositie die net op die van de marktleider volgt.

De navolgers (taking rules) spelen het bestaande spel op de markt mee. Ze volgen de marktleider en proberen een groter marktaandeel te behalen door zo veel mogelijk voordeel te halen uit diens innovatie-inspanningen en diens 'klaarstomen' van de markt. De marktleiders zijn immers vaak de pioniers in de betreffende markt, die als eersten ook allerlei belemmeringen en obstakels te-genkomen waarvoor ze een oplossing moeten bedenken. Dit verschijnsel wordt ook wel de **wet van de remmende voorsprong** genoemd. Navolgers kunnen van deze oplossingen en van eventuele fouten van de pioniers leren.

De uitdagers (breaking rules) gaan in de aanval. Zij streven een strategische vernieuwing na. Dat betekent vaak dat ze een ander spel willen spelen, met andere spelregels. Daarmee veranderen ook het speelveld en de spelers. Hier ligt het beginpunt van een echte doorbraak, een radicale innovatie. Er ontstaat dan immers een paradigmawisseling: alles wat eerst waar was, is het vanaf dat moment niet meer. Dan komen er nieuwe concurrenten in beeld, die het spel anders spelen in een speelveld waar andere regels gelden. Daarnaast krijg je te maken met potentieel nieuwe klanten.

Zeker als een innovatie 'vervangend' is, wordt een markt volledig anders ingericht. Zo heeft de pc de typemachine verdrongen, vervangt de ledlamp de gloeilamp en de e-mail de papieren briefwisseling. Vervangende innovatie be-tekent dat een bestaande markt op termijn volledig wordt vervangen door een nieuwe ontwikkeling. Dit kan jaren duren, maar uiteindelijk is het zover dat de oude markt gewoon niet meer bestaat.

Hoe? – Procesinnovatie

De derde vraag betreft de processen die de organisatie uitvoert om het aanbod bij de doelgroep te brengen. Bij een bedrijf gaat het dan om het organiseren van de inkoop, de productie en de verkoop. Bij een buurtcentrum gaat het dan bijvoorbeeld om het werven van vrijwilligers, het inkopen en onderhouden van materialen en het organiseren van activiteiten voor buurtbewoners.

Er is sprake van procesinnovatie als de organisatie besluit het aanbod op een andere manier te gaan produceren. Bij de meeste innovaties is sprake van optimaliseren of herontwerpen. Dit houdt in dat het gaat om het verbeteren en vernieuwen van de producten en/of productieprocessen. Deze kunnen groten-deels intern worden gerealiseerd, zonder dat het hele organisatiesysteem veran-derd moet worden.

In de praktijk is het onderscheid tussen product- en procesinnovaties niet altijd even helder. Een nieuw product gaat vaak samen met een aanpassing in het onderliggende productieproces en vice versa.

In zorg en welzijn gaat het vooral om producten in de zin van diensten. Bij diensten ligt het onderscheid product/proces nog lastiger, omdat zij dikwijls tegelijkertijd worden geproduceerd en geconsumeerd.

Met name sociale media maken momenteel product- en procesinnovatie in alle sectoren mogelijk. Informatie vragen en delen is tegenwoordig gemakkelij-ker dan ooit, en de mogelijkheden om te netwerken zijn letterlijk grenzeloos. Er zijn ook steeds meer zorg- en welzijnsorganisaties die sociale media op een slimme manier inzetten. Er is steeds vaker sprake van **blended hulp- en dienst-verlening**: in combinatie met face-to-facecontact online middelen inzetten om je doelgroep van dienst te zijn. Je leest meer over de inzet van sociale media en sociale technologie in paragraaf 2.4.4.

Naast product-, markt- en procesinnovatie kan onderscheid worden gemaakt tussen:

- organisatie-innovatie;
- maatschappelijke innovatie;
- spirituele innovatie.

Organisatie-innovatie

Het gaat hier om het realiseren van nieuwe manieren waarop intern aan de organisatiedoelen wordt gewerkt, ofwel: het werk wordt op een geheel andere wijze georganiseerd. Bij thuiszorgorganisatie Buurtzorg Nederland bijvoorbeeld wordt gewerkt met zelfsturende teams. Elk team heeft tot taak om de thuiszorg in de regio geheel zelfstandig te organiseren. De teams regelen alles zelf – inclusief de werving van cliënten en nieuwe collega's. Zowel klanten als medewerkers zijn zeer tevreden over deze manier van werken. Buurtzorg werd in 2014 uitgeroepen tot de Beste Werkgever, met een uitzonderlijk hoge score. Je leest meer over deze organisatie in de inleidende casus van hoofdstuk 3.

Een vernieuwing van de organisatie betekent doorgaans ook een vernieuwing van de arbeidsverhoudingen en een verbetering van de kwaliteit van het werk. Zo'n organisatieverandering wordt niet zomaar doorgevoerd, zij heeft immers gevolgen voor de structuur en de cultuur (gedrag van mensen) van de organisatie, de ruimtelijke inrichting en andere organisatie-elementen (D'havé, 2010).

Overigens wordt organisatie-innovatie ook wel **sociale innovatie** genoemd. Dat is enigszins verwarrend, omdat deze term meerdere betekenissen heeft. Zo wordt hij in de literatuur ook gebruikt voor innovaties die een sociaal doel dienen. Dit soort innovaties is ontstaan uit het besef dat de overheden niet alle maatschappelijke problemen kunnen oplossen, en dat ondernemers daar een grote toegevoegde rol in kunnen spelen (Nandram, 2011). De gratis voetbalveldjes van de Johan Cruyff Foundation worden in dit verband vaak als voorbeeld genoemd. Meer informatie over sociale innovatie in de zin van organisatie-innovatie vind je op de website.

Maatschappelijke innovatie

Dit betreft een innovatie die de hele samenleving aangaat. Een voorbeeld daarvan is het concept van Het Nieuwe Werken.

> ### Het Nieuwe Werken
>
> Het Nieuwe Werken is de katalysator van een stille revolutie. Het is een verzamelnaam van diverse manieren van slimmer en efficiënter werken, toepassen van Web 2.0, gebruikmaken van nieuwe technologieën, experimenteren met nieuwe vormen van samenwerking, maar ook nieuwe manieren van leidinggeven, minder hiërarchie, meer eigen verantwoordelijkheid en meer delegeren en overlaten aan eigen creativiteit en oplossingsgerichtheid van medewerkers. Hoewel technische ontwikkelingen de aanleiding vormen voor Het Nieuwe Werken, zijn de gevolgen veel fundamenteler: voor maatschappij, voor cultuur, voor de economie, voor de overheid, et cetera. Dankzij internet zijn informatie en kennis op allerlei manieren beschikbaar. Het wordt een uitdaging om op het juiste moment en op de juiste plaats de juiste mensen, kennis en informatie te verzamelen.
>
> Bron: overhetnieuwewerken.nl; Bijl, 2007

Spirituele innovatie

Spirituele innovatie betreft een diepe geïnternaliseerde drijfveer om het eigen gedrag te plaatsen in het geheel der dingen om ons heen. Dan wordt 'rekening houden met anderen en respect voor anderen' een onlosmakelijk onderdeel van het denken en doen van de ondernemer. Spirituele innovatie is vernieuwen vanuit aandacht voor vier drijfveren (Nandram, 2011):

- bezieling ruimte geven als aspect van innerlijke ontwikkeling;
- creativiteit ruimte geven als aspect van innerlijke ontwikkeling;
- sociale ongelijkheid verkleinen vanuit een diepe overtuiging en staat van verbondenheid met anderen en de natuur;
- marktkansen zien en benutten vanuit de opvatting dat ondernemerschap de motor is van de economie.

In het algemeen wordt gesteld dat 'zingeving' belangrijker is geworden, met name als gevolg van de ontkerkelijking. Mensen willen graag iets 'goeds' voor anderen doen, liefst in de eigen omgeving en met een concreet resultaat. Voorbeelden van spirituele innovatie zijn (nog) schaars. Ondernemers komen er niet zo gemakkelijk voor uit dat zij bezig zijn met spiritualiteit. Die terughoudendheid komt voort uit de angst dat er verwarring en zelfs afkeer kan ontstaan bij degenen die spiritualiteit zien als vaag of zweverig gedoe.

'Goed doen' kan daarom een drijfveer zijn om op zoek te gaan naar innovaties. Je las er al over in paragraaf 1.3.4. Er zijn uiteraard ook heel andere motieven, zoals je in de volgende paragraaf kunt lezen.

1.4.4 Motieven om te innoveren

De gangbaarste motieven om te innoveren zijn:

- betere prestaties: het streven naar meer omzet, kostenbesparingen, groei van het bedrijf of meer winst;
- concurrentiekracht: als de concurrent een beter product op de markt zet voor een scherpe prijs, vormt dit een bedreiging. Door te innoveren kun je je onderscheiden van andere aanbieders en voorkom je dat je uitsluitend op een lage prijs concurreert. Innovatie gestimuleerd door concurrentie levert vooral producten op die de klanten beter vinden. Dat zijn niet per definitie maatschappelijk betere producten, in de zin van gezonder, veiliger, effectiever en milieuvriendelijker. Denk daarbij bijvoorbeeld aan het geneesmiddel ritalin, dat veelvuldig wordt voorgeschreven om het 'te drukke' gedrag van kinderen af te remmen;
- plezier: een heel belangrijk motief om te innoveren is ook dat het fijn en interessant is om iets nieuws te creëren, nieuwe vakkennis op te doen of in de omgeving verbeteringen tot stand te brengen.

Ondernemers innoveren dus vooral omdat zij dat zelf graag willen, maar soms ook omdat het moet. 'Stilstand is achteruitgang' is het gezegde. Alles bij het oude laten kan best een aantal jaren goed gaan, maar mag niet al te lang duren. Op de langere termijn komt iedere organisatie in de problemen als producten, werkmethoden, afzetmarkten en dergelijke niet ten minste up-to-date worden gehouden. In de meeste sectoren is een periode van tien jaar al meer dan voldoende om grote verschillen te zien in de manier waarop er gewerkt wordt. Binnen iedere organisatie moet men dus van tijd tot tijd innoveren.

Een ander voorbeeld van innoveren omdat het moet is de invoering of afschaffing van bepaalde wet- en regelgeving, zoals de invoering van de drie decentralisaties per 1 januari 2015 (zie paragraaf 1.2.3). Zorg- en welzijnsorganisaties moeten daarin meegaan om te kunnen overleven.

Innoveren kan gericht zijn op een korte- of langetermijneffect. Innovatie gericht op de korte termijn is vaak innovatie ten aanzien van het product. Dit wordt ook wel innovatie ten aanzien van de **output** genoemd. Output bestaat uit het geleverde product en de interne bedrijfsvoering (proces) die daarmee samenhangt. Innoveren kan ook veranderingen op de langere termijn betreffen, en in dat geval gaat het om de **outcome**. Outcome doelt behalve op de factoren die binnen de organisatie liggen ook op de factoren die buiten de organisatie liggen. Hierbij gaat het dus ook om de waardering van klanten en de maatschappelijke wenselijkheid van het product. Innovatie is nodig om de juiste veranderingen op zowel korte als lange termijn door te voeren. Meer informatie over output en outcome volgt in hoofdstuk 6.

1.5 Wie is de klant?

Bij ondernemen en innoveren draait het vooral om de klant. Maar wie is nu eigenlijk die klant in de zorg- en welzijnssector?

1.5.1 Het begrip klant

Het begrip **klant** duidt doorgaans degene aan die gebruikmaakt van het aanbod. Het is echter goed om het volgende onderscheid steeds in gedachten te houden. Meestal is degene die een organisatie een opdracht geeft om een product te leveren en ervoor betaalt ook degene die het product 'gebruikt'. Opdrachtgever en klant zijn dan dezelfde. In de zorg- en welzijnssector komt het echter vaak voor dat opdrachtgever en 'gebruiker' niet dezelfde zijn, met name als het gaat om door de overheid gesubsidieerde organisaties. Een overheidsinstantie heeft een bepaalde wens: zij wil bijvoorbeeld dat er goede opvang en begeleiding komt voor jeugdige criminelen. Zij geeft een organisatie dan de opdracht die wens te realiseren en betaalt daarvoor. De overheidsinstantie is in dat geval de opdrachtgever, en de gebruiker van de dienst is de jeugdige crimineel en dus de feitelijke klant van de organisatie. Binnen het opname- en begeleidingstraject gelden regels waarbij de jeugdige crimineel toestemming moet geven voordat bepaalde behandelingen uitgevoerd kunnen worden. De klant is dan weer opdrachtgever geworden, maar kan zelf de begeleiding niet beëindigen. In deze situatie is die jeugdige crimineel dus niet uit vrije wil klant, maar omdat het 'moet'. Deze dienstverlening onder dwang komt vooral voor in situaties waarin de klant tegen zichzelf moet worden beschermd en in situaties waarin anderen moeten worden beschermd tegen de klant. Als professional kun je in zo'n geval te maken hebben met een opdrachtgever die andere eisen stelt aan de dienstverlening dan de klant.

Wanneer wordt gesproken van 'de klant' is het tevens van belang te bedenken dat het niet hoeft te gaan om een individuele persoon. Het begrip kan ook een specifieke groep betreffen, zoals een gezin, een groep probleemjongeren of een groep werkzoekenden.

1.5.2 Klantfricties

Je las het hiervoor al: innoveren is in essentie een 'verbetering' doorvoeren die waarde toevoegt. Uitgangspunt is dat de innovatie een meerwaarde oplevert voor de klant: het perspectief van de klant aannemen is immers een leidend principe bij ondernemen en innoveren. In je zoektocht naar mogelijke innovaties stel je jezelf dus de vraag: voor welk probleem (taak) ziet de klant zich geplaatst en hoe kan ik dan wel mijn organisatie hem daarbij helpen? Welke meerwaarde kan ik dan wel mijn organisatie voor hem creëren?

Het probleem (de taak) wordt ook wel de **klantfrictie** genoemd. De klant kan of heeft iets (nog) niet en daar wil je als organisatie of professional op inspelen. Je innovatie moet een oplossing bieden voor die klantfrictie.

Interne (proces)verbeteringen resulteren eveneens in een betere dienstverlening aan de klant, dus ook die kun je opvatten als een oplossing voor een klantfrictie.

De kans dat een innovatie succesvol zal zijn is groter naarmate de toegevoegde waarde voor de beoogde gebruikers duidelijker is. Met andere woorden: hoe groter het probleem dat door de innovatie wordt opgelost, hoe meer kans er is op een succes.

Het perspectief van de klant aannemen betekent: niet meer de eigen organisatie centraal stellen, maar de wensen en behoeften van de (potentiële) klant. Dan is het niet alleen belangrijk na te gaan wat de klantfrictie is, maar onder meer ook (Osterwalder & Pigneur, 2011):

- Hoe worden klanten het liefst aangesproken?
- Hoe pas je als professional het best in hun routines?
- Wat voor soort relatie verwachten de klanten dat de professional met hen opbouwt?
- Voor welke waarde(n) zijn klanten echt bereid te betalen?

Dat leidt ertoe dat je als professional andere vragen gaat stellen, zoals:

- Hoe willen de (potentiële) klanten wonen? (In plaats van: Dit is ons woningaanbod!)
- Wat willen de bewoners meemaken? (In plaats van: Wat willen wij ze laten meemaken?)
- Op welke tijden willen klanten ons kunnen bereiken? (In plaats van: Wij zijn op kantoortijden bereikbaar.)

Dat vraagt van professionals een andere beroepshouding, andere vaardigheden en extra flexibiliteit. Je moet als zorg- en welzijnsprofessional de vraag van de klant kunnen analyseren en kunnen beoordelen wat hij (nog) zelf kan en wat hij nodig heeft aan zorg en/of ondersteuning. Je moet hierover de dialoog kunnen aangaan. Ook moet je kunnen omgaan met diversiteit in de vraag van klanten. Niet iedere klant heeft dezelfde zorg en/of ondersteuning nodig. Je moet als professional de balans weten te vinden tussen efficiënt en klantgericht werken.

Het klantperspectief centraal stellen is het uitgangspunt bij ondernemen en innoveren. Klanten vormen als het ware het hart van organisaties.

1.6   Organisaties

Uiteraard doet een organisatie niet alles wat de klanten willen, zoals eerder al aangegeven is. De organisatie wil zelf ook iets (wel of niet). Een essentiële voorwaarde voor ondernemen en innoveren is dus ook helderheid over wat de organisatie nastreeft. Dat is vastgelegd in haar missie, visie en kernwaarden. De **missie** geeft weer waar de organisatie voor staat en de **visie** waar de organisatie voor gaat (toekomst). De **kernwaarden** vormen het ethisch kompas, de waarden en normen: dit is waar men in gelooft.

Van de missie, de visie en de kernwaarden zijn de strategie en de organisatiedoelen afgeleid.

Al met al is een organisatie te omschrijven als een samenwerkingsverband van mensen die bewust kennis, vaardigheden en kracht bundelen en vaste relaties met elkaar aangaan om zo gemeenschappelijke doelen te bereiken. Een organisatie kun je dus zien als een instrument om doelen te bereiken.

Figuur 1.4 **De essentie van een organisatie: missie, visie en kernwaarden**

Aan de hand van de doelen is een onderscheid te maken in soorten organisaties. Een organisatie waar men aanbod produceert met het doel dit te verkopen op een afzetmarkt is een bedrijf. Een bedrijf met winstoogmerk is een commerciële organisatie ofwel een **profitorganisatie**. Organisaties die producten aanbieden zonder winstoogmerk worden **not-for-profitorganisaties** genoemd. Zij hebben primair het profijt voor de samenleving voor ogen in plaats van winst behalen. Je leest meer over dit onderscheid in paragraaf 3.3.3.

Je weet nu wat de begrippen ondernemen, innoveren, klant en organisatie betekenen. Hoog tijd om te lezen hoe je op het spoor komt van nieuwe kansen en hoe je het innovatieproces in gang kunt zetten. Daarover gaat het volgende hoofdstuk.

1.7   Samenvatting

Aan het einde van de jaren tachtig van de vorige eeuw werd geleidelijk aan marktwerking in de zorg- en welzijnssector geïntroduceerd. Er kwamen en komen meer en andere spelers op de markt, en dus meer concurrentie. Daarnaast moeten zorg- en welzijnsorganisaties steeds meer op zoek naar samenwerkingspartners. In de complexer wordende samenleving kun je immers steeds minder in je eentje realiseren.

Concurreren en samenwerken vormen een nieuwe uitdaging voor professionals in deze organisaties. Ze moeten zich ondernemend en innovatief opstellen. Ondernemendheid houdt in dat je doelgericht zoekt naar nieuwe kansen en deze ook weet te realiseren. Dat betekent dat zorg- en welzijnsprofessionals zich steeds meer 'naar buiten' moeten richten en oog moeten hebben voor de belangen van de diverse stakeholders. In dit verband kwam maatschappelijk verantwoord ondernemen (MVO) aan de orde. MVO is een vorm van ondernemen waarbij een organisatie verantwoording aflegt ten aanzien van sociaal-maatschappelijke doelen, economische doelen en ecologische doelen. Een onderdeel van MVO is maatschappelijk betrokken ondernemen (MBO). Met name MBO biedt zorg- en welzijnsorganisaties kansen om verbindingen met sectorvreemde organisaties aan te gaan.

Ook hebben we aandacht besteed aan sociaal ondernemen. Daarbij gaat het om meervoudige of gedeelde waardecreatie: zowel economische (omzet en winst) als sociale waarde behalen. Het economische resultaat is een middel om het sociale doel te bereiken. Alleen een goede omzet of een mooie winst is voor een sociaal ondernemer dus niet voldoende: de concrete bijdrage aan een maatschappelijk probleem is de reden waarom het bedrijf bestaat.

Innoveren is in essentie een 'verbetering' doorvoeren die waarde toevoegt voor de klant. In je zoektocht naar mogelijke innovaties stel je jezelf dus altijd de vraag: voor welk probleem (taak) ziet de klant zich geplaatst en hoe kan ik hem als professional daarbij helpen?

Het probleem wordt ook wel de klantfrictie genoemd. Je innovatie is dus de oplossing voor een klantfrictie. Dat geldt zowel voor profitorganisaties als voor not-for-profitorganisaties.

Je gaat dus allereerst op zoek naar signalen van mogelijke klantfricties. Hoe je dat kunt doen, lees je in het volgende hoofdstuk.

2

Signaleren

FASE 1 Van signaal naar ideeën

Het beste idee is heel veel ideeën te hebben.

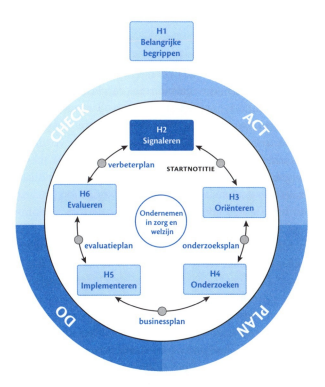

LEERDOELEN

Na bestudering van dit hoofdstuk:

- weet je hoe je innovatiekansen kunt signaleren;
- weet je wat creativiteit inhoudt;
- weet je wat cocreatie inhoudt;
- weet je hoe het innovatieproces kan verlopen;
- weet je wat er in een startnotitie staat.

In dit hoofdstuk staat de eerste fase van het innovatieproces centraal:	signaleren
Doel van deze fase:	een duidelijke innovatieopdracht formuleren
Activiteiten in deze fase:	▪ je spoort signalen voor mogelijke klantfricties op ▪ je draagt eerste ideeën voor oplossingen aan ▪ je formuleert op basis hiervan een innovatie-opdracht
Resultaat:	een startnotitie

2.1 Inleiding

Een nieuwe doelgroep benaderen: 'Horen, zien en zwijgen'

'Homo' is een van de meest voorkomende scheldwoorden op de basisschool. Voor het coc Nijmegen een reden om na te gaan: weten kinderen eigenlijk wel wat homoseksualiteit betekent? Dat vormde de aanleiding voor het project 'Horen, zien en zwijgen', waarmee deze organisatie de kennis van basisschoolleerlingen over dit thema wil vergroten.

'Horen, zien en zwijgen' is een interactieve voorlichtingsmethode die leerlingen van groep 7 en 8 laat kennismaken met homo- en biseksualiteit. Drie studenten van de opleiding culturele en maatschappelijke vorming (cmv) hebben deze innovatieve methode ontwikkeld voor hun afstuderen. De methode bestaat uit een voor-, hoofd- en natraject. Het voor- en het natraject worden begeleid door de leerkracht op school en richten zich op voorbereiding (vragen opstellen) en verwerking. In het hoofdtraject bezoeken twee leden van het Team Voorlichting van het coc Nijmegen de school. Tijdens dat bezoek doorlopen de leerlingen een spellencircuit en kunnen zij hun vragen stellen. Het gaat hierbij nadrukkelijk niet om seksuele voorlichting, maar om begripsvorming.

Evelien Muijs, lid van het Team Voorlichting, vertelt: 'De kracht van het project is de continue samenwerking met leerkrachten en leerlingen van diverse basisscholen. We hebben de mogelijkheid gecreëerd om acht pilots uit te voeren op drie basisscholen met een bereik van tweehonderd leerlingen. Door de reacties werd bevestigd dat de voorlichting goed aansloot op het niveau en de belevingswereld van de doelgroep. Tevens konden we met behulp van die pilots de methode finetunen.'

'Horen, zien en zwijgen' kreeg veel media-aandacht. De voorlichtingsmethode wordt inmiddels op een aantal scholen in Nederland ingezet.

Bron: Van den Boogaard, Muijs & Van Ommen, 2010; interview met Evelien Muijs

Elke organisatie start vanuit een ander punt haar zoektocht naar innovatiekansen. Voor het COC Nijmegen lag het startpunt bij een ongewenste maatschappelijke trend. Voor andere organisaties is het startpunt een reactie op een crisissituatie en weer andere zoeken nieuw groeipotentieel of zijn bezig met het opzetten van een eigen onderneming.

In dit hoofdstuk komt de eerste fase van het innovatieproces aan bod: signaleren van mogelijke klantfricties of innovatiekansen, zoals we ze in dit hoofdstuk zullen noemen. In je zoektocht kun je je op diverse manieren laten inspireren (paragraaf 2.2). Essentieel is wel dat je je vooral 'naar buiten' richt, wat onder meer betekent dat je creatief te werk gaat. Diezelfde creativiteit gebruik je om de mogelijke klantfricties om te zetten in een of meer goede oplossingsrichtingen voor de klantfricties (paragraaf 2.3). Dat doe je bij voorkeur in samenwerking met betrokken partijen. Dit zogenoemde cocreëren beschrijven we in paragraaf 2.4. In paragraaf 2.5 staat hoe je tijdens het innovatieproces te werk kunt gaan: individueel of met een innovatieteam. In de startnotitie (paragraaf 2.6), waarin deze fase resulteert, beschrijf je (de aanleiding tot) de innovatieopdracht.

FASE 1

2.2 Innovatiekansen

Een **innovatiekans** is te omschrijven als 'een bestaande situatie die in de ogen van de ondernemer/ondernemende professional mogelijkheden biedt om een bepaalde waarde te realiseren'. Een innovatiekans is dus in feite een mogelijke klantfrictie. Daar ga je actief naar op zoek. De literatuur (vrij naar Drucker, 1985; De Jong, Bodewes & Harkema, 2007) noemt diverse bronnen voor innovatiekansen. Een aantal daarvan werken we hierna uit.

Klanten
Klanten zijn een heel belangrijke bron als het gaat om nieuwe kansen aanboren. Productinnovaties bestaan alleen als er mensen zijn die behoefte (denken te) hebben aan de betreffende producten.

Zoals we echter eerder (zie paragraaf 1.4) aangaven: klanten vragen naar hun wensen levert nog geen succesvolle innovatie op. Klanten zijn immers niet op de hoogte van alle mogelijkheden. Henry Ford, een van de eerste autofabrikanten, zei het al: 'Als ik klanten had gevraagd wat ze wensten, dan zouden ze "een sneller paard" gezegd hebben.'

Daarom richt je je niet zozeer op klantenwensen, als wel verdiep je je heel goed in hun waarden, gewoonten en problemen. Succesvolle ontwerpbureaus gaan daarin heel ver. De ontwerpers gaan bijvoorbeeld tijdelijk in een bepaalde wijk wonen of nemen enkele weken de rol aan van werkende ouders. Door in de huid te kruipen van de klanten komen ze veel over klantbehoeften te weten. In de volgende hoofdstukken gaan we hier nog uitgebreid op in.

Innovaties van klanten

Klanten kunnen ook nog via eigen innovaties inspiratie bieden voor nieuwe kansen. Bij sommige producten is het heel gewoon dat gebruikers na aanschaf zelf veranderingen aanbrengen. Denk bijvoorbeeld aan een ringtone toevoegen aan een mobiele telefoon. Je kunt op die manier een product personaliseren: een persoonlijk tintje geven.

Daarnaast kunnen klanten bij gebrek aan aanbod besluiten om zelf een toepassing te ontwikkelen. Zo heeft een groep sportieve jongeren in Californië de mountainbike ontwikkeld. Leveranciers slagen er kennelijk niet altijd goed in om de behoeften van hun potentiële klanten in kaart te brengen.

Innovaties van klanten spelen vaak in op behoeften en tekortkomingen die alleen gebruikers 'voelen'. Omdat hun innovaties voor eigen gebruik zijn ontwikkeld (en niet voor geldelijk gewin), hebben zij er vaak geen bezwaar tegen als producenten hun ideeën overnemen.

Toeval

Het beroemdste voorbeeld van een toevallige gebeurtenis die heeft geleid tot een innovatie is de ontdekking van penicilline in 1928. Alexander Fleming liet een petrischaaltje met een restje van de bacterie stafylokok staan op zijn laboratoriumtafel terwijl hij twee weken met vakantie was. Toen hij thuiskwam, ontdekte hij dat de bacteriecultuur was aangetast door een schimmel, die de bacterie ervan weerhouden had verder te groeien. Fleming had een antibioticum ontdekt! Recentelijk hebben wetenschappers een behandeling gevonden die het gehele verouderingsproces kan vertragen terwijl ze zochten naar een middel tegen een dodelijke kinderziekte. Dergelijke ontdekkingen hebben enorme gevolgen, zeker voor de zorg- en welzijnssector.

Overigens berusten dergelijke ontdekkingen vaak niet alleen op toeval. Nieuwe kennis, bijvoorbeeld van wetenschappelijk of praktijkgericht onderzoek, kan ertoe leiden dat je met andere ogen naar situaties kijkt en daarmee nieuwe oplossingen voor problemen ontdekt.

Tekortkomingen

Tekortkomingen leiden vaak tot innovaties. Zoals je al las bij het kopje 'Klanten' hoor je meestal van je klanten over deze tekortkomingen: zij ervaren aan den lijve wat niet goed gaat.

Je moet ook reflecteren op je eigen (team)handelen en openstaan voor verbeter- en vernieuwingsmogelijkheden ten aanzien van je eigen werk en het teamwerk. Blijf kritisch kijken naar het aanbod van de organisatie en vraag je af: kan het anders, kan het beter?

Veranderingen in de afzetmarkt

Een voor de hand liggende bron van innovaties wordt gevormd door veranderingen in het aantal afnemers. Zo neemt het aantal ouderen fors toe en neemt het aantal jongeren af. Dat brengt een grotere vraag naar (medische) zorg met zich mee. Maar minstens zo belangrijk is dat de wensen van afnemers kunnen veranderen. De ouderen van nu zijn andere ouderen dan die van vroeger. Ze zijn mondiger en stellen andere eisen aan de zorg. Ze willen het liefst zo lang mogelijk zelfstandig blijven wonen en de regie over hun leven houden. Ze willen meer zeggenschap en zorg 'op maat'. Dit biedt mogelijkheden voor nieuwe initiatieven, zoals nieuwe vormen van dienstverlening, maar ook voor nieuwe producten in de sfeer van woninginrichting en voorzieningen in de woonomgeving. Denk daarbij aan binnenshuis drempelvrije vloeren en buitenshuis stoepen en tuinpaden geschikt voor rollators en rolstoelen. Voorbeelden van initiatieven gericht op ouderen zijn:

- Theatergroep Mooi Weer brengt amusement voor een publiek van senioren. Onder de noemer 'nostalgie in een moderne jas' krijgen ouderen een muzikale theatervoorstelling in een eigentijdse presentatie voorgeschoteld op een locatie naar keuze. De verhaallijn is eenvoudig en meeslepend, muziek en scènes wisselen zich levendig af, en het liedrepertoire is veelzijdig met 'meezingers', luisterliedjes, rock-'n-roll en prachtige 'bijna vergeten' liedjes. Veel aandacht is er ook voor de kwaliteit van het geluid en de verstaanbaarheid (www.theatergroepmooiweer.nl).
- Stichting De Mens brengt interactief theater voor dementerende mensen in verpleeghuizen en op psychogeriatrische afdelingen. Drie acteurs en een muzikant beelden herkenbare types uit (bijvoorbeeld een kruidenier en zijn klanten), spelen eenvoudige situaties en zingen bekende liedjes. Ook attributen aanraken en ruiken brengen herinneringen naar boven. De acteurs zijn getraind om in te spelen op elke reactie van de ouderen. Heel vaak geven dementerende ouderen tijdens de voorstelling reacties die verdwenen leken te zijn. Een glimlach breekt door, de partner wordt vastgepakt, een liedje wordt meegezongen. Maar het effect van een voorstelling gaat veel verder. Familie en verzorgenden worden gemotiveerd om ook zelf weer actief aan de slag te gaan met de oudere en herinneringen aan te spreken. Er ontstaat weer levendigheid en energie (www.stichtingdemens.org).
- SeniorWeb heeft als missie 'participatie én zelfontplooiing van alle senioren in de digitale samenleving'. SeniorWeb wil iedereen de mogelijkheden van de computer en internet laten ervaren. Het uitgangspunt is dat dit voor én door ouderen gebeurt. De kracht zit in inspiratie, educatie en ondersteuning (www.seniorweb.nl).
- Hovo (Hoger Onderwijs voor Ouderen) biedt academisch onderwijs aan voor vijftigplussers. Zij kunnen kiezen uit ruim duizend verschillende cursussen en collegereeksen, van (kunst)geschiedenis tot wiskunde en van Frans tot filosofie of psychologie. De cursussen worden door het hele land op universiteiten en hogescholen gegeven door gerenommeerde (oud-)hoogleraren en externe docenten. Er is geen speciale vooropleiding voor nodig (www.hovonederland.nl).

FASE 1

De hier beschreven veranderingen in de afzetmarkt hangen nauw samen met maatschappelijke ontwikkelingen.

Maatschappelijke ontwikkelingen

Allerlei maatschappelijke ontwikkelingen bieden kansen voor innovatie. Niet alleen door veranderingen in de samenstelling van de bevolking maar ook door veranderende opvattingen ontstaan andere vragen, behoeften en problemen – en daarmee innovatiekansen.

Opvattingen veranderen onder meer door nieuwe wetenschappelijke inzichten. Zo heeft recent hersenonderzoek geleid tot de ontwikkeling van nieuwe behandelmethoden van alzheimerpatiënten, autisten en mensen met een niet-aangeboren hersenafwijking en/of een psychische aandoening.

Door ontwikkelingen op het gebied van informatie- en communicatietechnologie (ict) wordt ook steeds meer mogelijk. Alles wat kan komt echter niet meteen ook op de markt beschikbaar. Middelen die het geheugen verbeteren en waardoor mensen minder slaap nodig hebben komen binnen afzienbare tijd op de markt. Krijgen leerlingen dan tegelijk met hun schoolboeken een gratis doosje pillen? Kunnen werkgevers dan eisen van hun werknemers dat ze deze middelen gebruiken? Er zou op z'n minst een maatschappelijk debat over gevoerd moeten worden. Je leest er in paragraaf 2.4.4 meer over.

Figuur 2.1 De zorg- en welzijnsprofessional zet sociale media doelbewust in

Opvattingen worden ook sterk beïnvloed door de diverse (sociale) media. Houd je dus op de hoogte van de ideeën van partijen in jouw vakgebied. Bekijk het nieuws op dezelfde manier als beursanalisten financiële gegevens interpreteren: niet vanwege de informatie, maar vanwege het verhaal erachter. De informatie bevat mogelijke strategische signalen die, mits juist geduid, de alerte professional net een streepje voor geven op anderen. Blijf ook op de hoogte van ontwikkelingen in je beroep. Dat kan behalve via de (sociale) media nog op vele andere manieren, bijvoorbeeld door vakliteratuur te lezen en door studiedagen, congressen, lezingen, workshops, trainingen en cursussen (zowel online als offline) bij te wonen.

Netwerken

Je hoort en ziet allerlei nieuws en nieuwtjes in je eigen online sociale netwerken, zoals Facebook en LinkedIn en de gespecialiseerde groepen daarbinnen. Via deze netwerken kun je contact leggen met mensen met wie je een interesse deelt. Via een LinkedIngroep kun je als professionals kennis met elkaar delen, discussies voeren over diverse thema's, valkuilen benoemen en elkaar tips geven. 'Jeugdzorg 2.0' bijvoorbeeld is een snelgroeiende LinkedIngroep waarin professionals met een passie voor jeugdzorg contact met elkaar onderhouden. Op die manier kun je op het spoor komen van (innovatieve) projecten die elders succesvol zijn uitgevoerd. Je kunt dan overwegen te onderzoeken of zoiets ook voor jouw organisatie geschikt is.

Het is heel handig om bij het contact *leggen* gebruik te maken van het internet. Bij contacten *onderhouden* zijn face-to-faceontmoetingen echter net zo belangrijk, zeker als je, in een later stadium, besluit tot samenwerking. Een externe financier bijvoorbeeld kijkt niet alleen naar je plan en cijfers. Hij investeert vooral in iemand in wie hij gelooft, met wie hij een persoonlijke klik heeft.

Nieuwe contacten

Nieuwe contacten bieden innovatiekansen. Inspiratie opdoen via nieuwe contacten lukt echter alleen als je er ook tijd en energie in wilt en kunt steken. Bewust nieuwe mensen ontmoeten en aanspreken kan op vele plaatsen: tijdens een treinreis, in de sportschool, tijdens het bezoek aan een muziekfestival, in de wachtkamer en op de markt, maar ook virtueel op weblogs. De informatie ligt voor het oprapen, als je je zintuigen maar goed instelt op afwijkende zaken waarmee je iets kunt. Ideeën voor innovaties ontstaan immers juist op het snijvlak van verschillende werelden.

FASE 1

Vertrouwde vreemden vinden elkaar in mobiele stad

'De stad is behalve een fysieke plek, ook een virtuele omgeving geworden,' zegt Martijn de Waal, een van de oprichters van The Mobile City. 'De softwareontwikkelaar is inmiddels net zo belangrijk als vormgever van het stadsleven als de architect of stedenbouwer.' Martijn onderscheidt drie stadia in het gebruik van sociale media in de stad. 'De grote doorbraak was de komst van gps, die het mogelijk maakt om je locatie te bepalen. De volgende fase was de uitvinding als de app *Foursquare*: ook je vrienden kunnen zien waar je je bevindt. Nu zijn we in de derde fase beland, waarin we samen complexere problemen kunnen aanpakken, zoals vervuiling of het beheer van de sociale ruimte.' Hij spreekt van 'ownership': de nieuwe media geven de stadsbewoner meer zeggenschap over zijn omgeving, en dus meer betrokkenheid. Met de nieuwe media kunnen heel verschillende mensen zich rond een gezamenlijk belang verenigen. 'Vertrouwde vreemden voor elkaar zijn is al mooi,' vult Michiel de Lange, medeoprichter van The Mobile City, aan. 'Dat past beter bij de fluïde stedelijke samenleving, waarin veel mensen niet meer vanzelf ergens bij horen – bij een bedrijf, of een partij, of een geloof. We worden niet sociaal door de technologie. Het is een middel om ons te organiseren rond de dingen die we met elkaar delen'.

Bron: Metz, 2012; www.socialcitiesoftomorrow.nl; themobilecity.nl

Observaties van buitenstaanders

Sommige organisaties nodigen met opzet 'buitenstaanders' uit om mee denken over innovatiekansen. Deze collega-ondernemers en/of gespecialiseerde adviseurs stellen kritische vragen over bestaande producten, manieren van werken et cetera.

Het is raadzaam om daarbij zogenoemde 'wilde ganzen' uit te nodigen. Dit zijn mensen die weinig tot niets af weten van de organisatie en/of het product dan wel de sector. Ze hebben hierover geen vaste denkpatronen of zienswijzen, en kunnen daardoor gemakkelijker buiten de gebaande paden of out of the box denken. Daarmee kunnen zij de creativiteit binnen de groep vergroten. Het doel is uiteraard gezamenlijk te bepalen welke mogelijkheden er zijn voor verbetering en vernieuwing.

Successen van anderen

In plaats van anderen suggesties te laten doen voor innovatiekansen kun je natuurlijk ook zelf je licht opsteken bij diverse partijen. Dit kan op allerlei manieren, bijvoorbeeld door collega's te bezoeken in andere organisaties, ook in het buitenland. Bij andere partijen kom je vanzelf op nieuwe ideeën. Leer van hun successen.

Fouten

Fouten maken biedt je innovatiekansen. Van fouten kun je immers leren, zo luidt het cliché. Het is bijvoorbeeld erg leerzaam om eigen of andermans mislukte innovaties te analyseren. Door dat samen met betrokkenen en relatieve buitenstaanders en vanuit diverse invalshoeken te doen, kom je de achterliggende oorzaken op het spoor.

De rode draad in het verkennen van kansen is dat je meer inspiratie opdoet als je je begeeft in situaties die afwijken van wat gebruikelijk is. Kijk je alleen maar binnen je eigen kring van vaste klanten, samenwerkingspartners, collega's en adviseurs, dan doe je veel minder inspiratie op.

Er is echter een keerzijde aan deze medaille: het lukraak raadplegen van ongebruikelijke bronnen kan ook averechts werken. Als de afwijking namelijk te groot wordt, zul je niet zo gemakkelijk in staat zijn een koppeling te maken naar je eigen vakgebied. Het is dus verstandig je pijlen te richten op andersdenkenden die nog een zekere overlap hebben als gaat om kennis, vaardigheden en achtergrond.

FASE 1

Al met al zijn er vele bronnen waaruit je kunt putten. Het is daarbij vooral van belang dat je je als lerende professional opstelt. Daarbij kun je veel opsteken van de zeven leerprincipes van Leonardo da Vinci.

Tabel 2.1 **De zeven leerprincipes van Leonardo da Vinci (Bron: rikmaes.nl)**

Leerprincipe	Betekenis
Curiosità	Wees onverzadigbaar nieuwsgierig, ga voortdurend op zoek naar informatie
Dimonstrazione	Leer van je eigen fouten en stel je kennis bij
Sensazione	Verbeter je waarnemingsvermogen door al je zintuigen te gebruiken: horen, zien, voelen, proeven en ruiken
Stufumato	Leer om te gaan met onzekerheden
Arte/Scienza	Ontwikkel verstand én gevoel en houd de balans tussen beide
Corporalita	Cultiveer je behendigheid in de praktijk door veel te oefenen en zorg voor een goede fysieke en mentale conditie: mens sana in corpore sano
Connessione	Ontdek de samenhang der dingen

In deze paragraaf kwamen de innovatiekansen aan bod: signalen voor mogelijke klantfricties. Alleen een innovatiekans is echter niet genoeg. Om een kans te grijpen heb je een concreet idee nodig dat verder kan worden uitgewerkt. Met een **idee** wordt bedoeld: een (al dan niet oorspronkelijke) gedachte over hoe je als professional op die klantfricties zou kunnen inspelen. Om oplossingsrichtingen te bedenken is creativiteit nodig, een begrip dat we in de volgende paragraaf toelichten.

2.3 Creativiteit

De begrippen innovatie en creativiteit worden vaak in één adem genoemd. Dat is niet zo vreemd, want ze zijn zeer nauw met elkaar verbonden. Een algemene omschrijving van **creativiteit** is: het genereren van nieuwe en bruikbare ideeen. Innovatie ligt in het verlengde hiervan: een creatief idee ook daadwerkelijk realiseren. Een creatief idee kan daarom de aanleiding zijn tot een innovatie.

2.3.1 Creatieve basisvaardigheden

Uit de vorige paragraaf bleek al: we zijn voortdurend omgeven door kansen. Dus waarom zou je wachten tot zich een kans voordoet? Je kunt ook op zoek gaan! Het opsporen van 'verborgen' kansen is een belangrijke vaardigheid. Het is ook een mentaliteitskwestie. Patroondoorbrekend ofwel creatief denken kan je daarbij helpen. Creatief denken is een geheel van vaardigheden die je kunt aanleren en ontwikkelen, gewoon door te oefenen. We onderscheiden de volgende creatieve basisvaardigheden (Byttebier, 2002):

- creatief waarnemen;
- je oordeel uitstellen;
- flexibel associëren;
- divergeren en convergeren;
- verbeeldingskracht ontwikkelen.

De basisvaardigheden overlappen elkaar, maar voegen elk een eigen, specifieke waarde toe aan het creatief denken.

Creatief waarnemen
Creatief waarnemen is patronen herkennen in je eigen waarneming en in die van anderen en daarvan proberen los te komen. Belangrijk daarbij is dat je probeert om steeds op een andere manier naar je werk, je manier van werken, je collega's, klanten et cetera te kijken. Wisselen van perspectief helpt je te ontsnappen aan een te eenzijdige kijk op jezelf en je omgeving.

Die eenzijdige kijk ontstaat vaak vanuit je werkervaring als professional. Ervaring brengt dus ook een zeker risico met zich mee, en kan je kijken en denken verstarren. Pas als je anders leert waarnemen, ben je in staat tot vernieuwing.

Wil je echt op zoek naar iets compleet nieuws, dan betekent dat concreet:

- negeer de status quo;
- vergeet het verleden;
- focus je niet op hoe anderen het doen;
- stel gangbare praktijken ter discussie.

Je oordeel uitstellen

In de beginfase van het innovatieproces zijn alle ideeën welkom, zowel logische als onlogische en zowel vage als concrete ideeën. Elke vorm van (zelf)kritiek ('Dat hebben we al zo vaak geprobeerd', 'Dat kunnen we helemaal niet' of 'Dat werkt bij ons niet') werkt verlammend op het patroondoorbrekend denken. Je moet dus je oordeel uitstellen tot een latere fase van het innovatieproces en meteen bij de start een ideeënboekje kopen. Houd dit boekje gedurende het hele proces bij de hand en schrijf elke inval op, zonder te oordelen. Laat dan los. Op die manier gaat geen enkel idee verloren.

Flexibel associëren

Je associeert als de ene gedachte de andere met zich meebrengt. Vaak zullen ook hier de voor de hand liggende gedachten de boventoon voeren. Voor het creatief denken is het echter belangrijk dat je minder logische sporen verkent. Juist de werelden waaraan je in eerste instantie niet denkt blijken interessante inzichten te bieden.

Bij het innovatieproces van een ggz-instelling liet een medewerker zich bijvoorbeeld inspireren door de manier waarop Turkse gelovigen geld inzamelden voor een nieuw gebedshuis. De gevers werden expliciet genoemd in het vrijdaggebed in de moskee. En dat werkte! Sigrid van Iersel (2011) schrijft hierover: 'Zij gaan dus niet leuren om geld, maar ze verleiden de mensen om mee te doen. Dat is nu precies waar wij bij gezondheidspreventie van kunnen leren: niet opdragen wat wel en niet goed is, maar verleiden om het gewenste gedrag te bereiken.'

Met behulp van flexibel associëren is ook het idee voor GreenGraffiti ontstaan, zoals je in het kader hierna kunt lezen.

FASE 1

GreenGraffiti

Het is zo simpel. Leg een sjabloon op de smerige straat, ga eroverheen met een hogedrukspuit en klaar. Wat achterblijft is een afbeelding, een boodschap die is ontstaan uit het vuil van de stad. Jim Bowes heeft het bedacht. Zijn bedrijf heet GreenGraffiti en telt zes medewerkers. Ze ontwikkelen en verkopen 'schone campagnes' over de hele wereld.

Toen Bowes nog bij een reclamebureau werkte, kreeg hij de opdracht een 'milieuvriendelijke campagne' te bedenken. Ter inspiratie bezocht hij enkele ecogoeroes. Een van hen reageerde als volgt: 'Weet je wat vernieuwend is? Marketingcampagnes waarbij je helemaal geen inkt en geen papier gebruikt! Je mag terugkomen als je daarvoor een plan hebt bedacht.' Hiermee ging Bowes aan de slag. 'Ik begon te redeneren in het spoor van graffiti. Weliswaar heb je daarbij geen papier nodig, maar wel verf en het maakt de openbare ruimte smerig. Toen had ik de klik snel gemaakt: hoezo smerig? Steden zijn nu eenmaal vuil en met graffiti kun je ze vuiler maken, maar omgekeerd kun je ook graffiti maken als je vuil verwijdert.'

Jim Bowes nam ontslag en begon zijn eigen bedrijf. GreenGraffiti wil ook partner van de overheid zijn om de leefbaarheid van steden te vergroten. Het is hem niet alleen te doen om commercials: 'Met politiecorpsen hebben we campagnes gedaan om de veiligheid voor fietsers te vergroten. We willen graag betrokken zijn bij acties om samen met bewoners buurten op te knappen. *Profit with principles*: dat is waarvoor ik me wil inzetten.'

Bron: Van Es, 2011; www.reverse-graffiti.nl (zie ook YouTube); www.greengraffiti.nl

Divergeren en convergeren

In het hele innovatieproces pas je regelmatig twee methoden toe: divergeren en convergeren.

Divergeren betekent dat je probeert zo veel mogelijk nieuwe ideeën te vinden voor een probleem of doelstelling – het gaat echt om kwantiteit. Niet divergeren betekent dat de meest voor de hand liggende oplossing wordt gekozen. De eerste ideeën die je bedenkt zijn vaak de 'gezondverstandideeën', de logische oplossingen. Wil je echter nieuwe invalshoeken verzinnen, dan zul je voorbij die logica moeten denken. Dat doe je alleen al door meer ideeën te verzinnen dan er spontaan bij je opkomen. Dat betekent: niet te snel stoppen, maar gewoon doorgaan met het bedenken van ideeën. Het zal duidelijk zijn dat divergeren vooral in de beginfase van het innovatieproces plaats dient te vinden.

Echter, je kunt niet blijven hangen bij mogelijkheden; je zult op een gegeven moment keuzes moeten maken. Het gaat er dan om dat je de ideeën bespreekt en waar mogelijk combineert. Je gaat ideeën uitwerken, uitzoeken, filteren, selecteren en laten afvallen, zodat je een klein aantal levensvatbare opties overhoudt. Dit gericht kiezen uit diverse opties wordt **convergeren** genoemd. De werkwijze daarbij is veel rationeler, gestructureerder en in veler perceptie 'destructiever' dan de constructieve werkwijze bij divergeren. Echter, de kwaliteit van het convergentieproces bepaalt hoe waardevol en succesvol je innoveert. De selectie ga je immers verfijnen om een nieuw en waardevol eindresultaat te bereiken. Je moet 'aanvoelen' waar de meeste potentie zit, ideeën ontwikkelen tot beloftevolle concepten, deze verbeelden en daarmee anderen overtuigen.

Verbeeldingskracht ontwikkelen

Met **verbeeldingskracht** bedoelen we: het vermogen zich een voorstelling te maken van iets wat op dat moment niet fysiek is waar te nemen. Deze vaardigheid wordt ook wel beelddenken of visueel denken genoemd. Je maakt daarbij gebruik van visuele tools als schetsen, foto's, diagrammen, grafieken en 'geeltjes' om betekenis te geven aan ideeën en deze te bespreken.

Het gaat hierbij overigens niet alleen om visuele beelden. Ook geluiden, geuren, smaken, tastzin en abstracte begrippen kunnen je helpen je een voorstelling te maken van iets, iemand of een situatie.

Beelden hebben een sterke communicatieve kracht. Je maakt ervan gebruik bij het verbeelden van nieuwe producten, het ontwikkelen van nieuwe visies en het verfijnen dan wel beoordelen van nieuwe ideeën. Het is dan ook belangrijk dat je de verbeelding kunt overbrengen op anderen. Je kunt anderen vaak beter overtuigen met aansprekende beelden dan met louter verbale argumenten.

De hiervoor genoemde creatieve basisvaardigheden kun je op allerlei manieren (verder) ontwikkelen, zoals via het volgen van workshops. Op internet zijn veel sites te vinden waarop je met creatieve technieken aan de slag kunt gaan. Enkele voorbeelden daarvan vind je op de website.

2.3.2   Overige werkzame factoren

Uit onderzoek naar creativiteit blijkt dat naast de hiervoor genoemde creatieve basisvaardigheden ook domeinkennis, intuïtie, intrinsieke motivatie en afstand nemen een rol spelen bij het creatief denken.

Domeinkennis

Domeinkennis omvat expertise in een bepaald vakgebied en van een bepaalde markt. Naarmate je meer domeinkennis hebt, zul je er eerder in slagen om creatieve ideeën te ontwikkelen op dat gebied; je kunt bepalen of een idee ook echt zinvol is.

Domeinkennis vergaar je deels door gericht cursussen te volgen, vakliteratuur bij te houden en procedures te bestuderen, maar vooral door veel praktijkervaring op te doen: een kwestie van de lange termijn dus.

Intuïtie

Intuïtie is een ingeving, een vorm van 'direct weten' zonder te redeneren. Ervaring en gevoel worden daarbij gekoppeld. In de psychologie wordt intuïtie ook wel omschreven als impliciete ingeving als gevolg van bepaalde gedachtegangen of waarnemingen. Dit in tegenstelling tot het bewuste of expliciete kennen en waarnemen.

Nogal wat ondernemers gaan intuïtief aan het werk zonder te analyseren. Ze denken 'een gat in de markt' te zien en zijn op die manier succesvol. De term 'intuïtieve benadering' gebruiken houdt dan ook geen waardeoordeel in.

Zeker in de beginfase van het innovatieproces kan intuïtie een belangrijke rol spelen. Intuïtie en het vertrouwen erin groeien naarmate je meer ervaring opbouwt. Het is belangrijk dit te erkennen en je ervan bewust te worden.

Je kunt je echter wel afvragen hoe ver je met zo'n benadering kunt gaan. Een intuïtieve benadering biedt om een aantal redenen geen blijvende oplossing:

- Allereerst is de wereld om ons heen zo dynamisch dat het heel moeilijk, zo niet onmogelijk is om een (intuïtief) beeld te krijgen van alle relevante ontwikkelingen.
- Een tweede reden houdt verband met de groeiende complexiteit van activiteiten, technologieën et cetera in de organisatie, waardoor het moeilijk wordt om processen en mensen alleen met intuïtie aan te sturen.
- Ten slotte kun je een intuïtief beeld moeilijk verwoorden (rationaliseren). Daardoor kun je het nauwelijks met anderen bediscussiëren, terwijl toenemende dynamiek en complexiteit juist meer communicatie noodzakelijk maken, zowel extern als intern (Keuning & De Lange, 2011).

Intrinsieke motivatie

Een andere factor die bepalend is voor creativiteit is de intrinsieke motivatie. Creatieve ideeën genereren lukt beter in situaties waarbij je je persoonlijk betrokken voelt en die je daadwerkelijk uitdagen om over oplossingen na te denken. Als mensen intrinsiek gemotiveerd zijn, blijken zij veel beter in staat om nieuwe en bruikbare ideeën te genereren.

Afstand nemen

Ook afstand nemen is een belangrijke voorwaarde voor creativiteit. De meeste creatieve gedachten krijgen mensen als zij juist niet met het betreffende probleem of de betreffende kans bezig zijn, bijvoorbeeld tijdens vaste rituelen als tandenpoetsen, wandelen met de hond, in bad, op het toilet en tijdens het hardlopen. Als je je in een kans hebt verdiept, blijft deze in je achterhoofd rondzingen. Dit verschijnsel staat in de literatuur bekend als incubatie: een periode waarin je niet bewust met het probleem bezig bent, maar je onbewuste het werk laat doen. Als de oplossing dan ineens naar boven komt, denk je 'Yes!': de aha-erlebnis.

De sleutel tot een innovatief idee ligt vaak in het creatief combineren van allerlei beschikbare hulpmiddelen, zoals reeds bestaande en nieuwe kennis, productiemiddelen, distributiekanalen, financieringsbronnen en vaardigheden van medewerkers. Een creatief persoon is beter in staat om nieuwe combinaties te maken.

Creatief combineren is ook de kracht van beeldend kunstenaar Annet de Vries, die het concept 'Schenk aandacht' ontwikkelde. In haar webshop verkoopt zij aandachtgeschenken en met haar mobiele aandachtschenkerij komt zij bij organisaties, festivals en evenementen. Je leest er meer over in het kader hierna.

De aandachtschenkerij

In de zomer van 2008 studeerde Annet af aan de Academie Minerva in Groningen. Zij schrijft op haar website: 'Sindsdien werk ik als creatief ~~ondernemer~~ "ondergever" vanuit mijn atelier in het groene Zuidlaren (bij Groningen). Het concept "Schenk aandacht" – inmiddels eveneens de naam van mijn "ondergeving"

– ontstond in de zomer van 2009 toen ik deelnam aan een groepsexpositie in Dresden, Duitsland. Een aantal restaurants rondom de galerie liet ik Duitstalige versies van de "Ik schenk aandacht"-theepot gebruiken om klanten thee met toegevoegde waarde te schenken.

Mijn visie: in een wereld waarin onbehapbare hoeveelheden informatie en prikkels op ons afkomen en waarin digitale sociale netwerken belangrijker lijken te worden dan een bezoek aan de buurvrouw, ontstond bij mij de behoefte om de aandacht te vestigen op *in-de-ogenblikken*. Op momenten van (innerlijke) stilte en waarachtig contact. Al zijn ze maar héél klein! Het allerliefst wilde ik dat ik (en ook anderen) dat soort momenten cadeau zou(den) kunnen geven. Het mag dan lastig zijn om stilte of contact in te pakken, aandacht kan wél geschonken worden. Ik schenk aandacht.'

Met haar mobiele aandachtschenkerij schenkt Annet de Vries letterlijk aandacht, met een kop kruidenthee en een persoonlijk gesprek.

Bron: www.schenkaandacht.nu

Een organisatie kan niet alleen gebruikmaken van de creativiteit van de eigen medewerkers, maar zoals hiervoor al is beschreven ook van die van klanten en andere stakeholders. Op welke manieren hun creativiteit kan worden ingezet bij innovaties lees je in de volgende paragraaf.

2.4   Cocreëren

In het zakenleven spreekt men van *cocreatie* wanneer je als consument meebeslist, bijvoorbeeld wanneer je via een tool op internet een fotoboek ontwerpt dat je enkele dagen later in je brievenbus vindt.

Interessanter wordt het als cocreatie wordt ingezet voor uitdagingen die er echt toe doen, zoals overlast in een buurt, het zwerfvuil in een gemeente of de inrichting van een nieuwe wijk. **Cocreatie** kun je dan opvatten als een vorm van samenwerking waarin een groep mensen met diverse talenten en achtergronden samen oplossingen ontwikkelt voor een probleem, of een wens of idee realiseert. Het is een open, actief en creatief proces waarbij toegevoegde waarde gecreëerd wordt.

2.4.1   Basisprincipes

Het gaat bij cocreatie om vragen stellen, verbindingen maken, verbeelden en problemen herzien om zo inventieve projecten en ideeën te realiseren. Doel is vooral het lerend en vernieuwend vermogen van organisaties en mensen te stimuleren (www.cocreatie.net). Belangrijk hierbij is (www.oceantree.nl):
- dat deze diverse groepen mensen beschikken over de talenten en achtergronden die nodig zijn voor de gewenste ontwikkeling, al weet je van tevoren niet welke dat precies zijn;
- dat alle deelnemers een gelijkwaardige rol spelen in het proces, ook (toekomstige) klanten;
- dat er voldoende speelruimte is om samen gaandeweg te ontdekken wat mogelijke uitkomsten zijn en wat ieders aandeel in de 'opbrengst' zal zijn.

Daarbij gelden de volgende uitgangspunten:
- Cocreatie is altijd gericht op een concreet resultaat: na de fase van ideeën genereren (divergeren) moet er dus tijd en ruimte zijn voor afbakenen en focussen (convergeren).
- Cocreatie is een middel en geen doel: het is een proces om tot innovatie met impact en meerwaarde te komen.

Wat dat betekent voor de werkwijze kun je zien in figuur 2.2.

2.4.2   Complexiteit als uitdaging

Organisaties worden geconfronteerd met steeds complexere problemen die ver over hun eigen grenzen heen reiken, veelal 'wereldproblemen' zoals een economische crisis en een energiecrisis. Kenmerkend is dat niet één partij het probleem veroorzaakt, maar meerdere partijen, zonder dat precies duidelijk is wie waarvoor verantwoordelijk is. De belanghebbenden hebben zowel tegengestel-

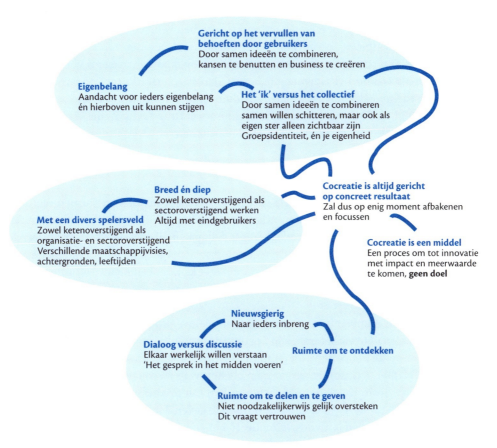

Gericht op het vervullen van behoeften door gebruikers
Door samen ideeën te combineren, kansen te benutten en business te creëren

Eigenbelang
Aandacht voor ieders eigenbelang én hierboven uit kunnen stijgen

Het 'ik' versus het collectief
Door samen ideeën te combineren samen willen schitteren, maar ook als eigen ster alleen zichtbaar zijn
Groepsidentiteit, én je eigenheid

Breed én diep
Zowel ketenoverstijgend als sectoroverstijgend werken
Altijd met eindgebruikers

Met een divers spelersveld
Zowel ketenoverstijgend als organisatie- en sectoroverstijgend
Verschillende maatschappijvisies, achtergronden, leeftijden

Cocreatie is altijd gericht op concreet resultaat
Zal dus op enig moment afbakenen en focussen

Cocreatie is een middel
Een proces om tot innovatie met impact en meerwaarde te komen, **geen doel**

Nieuwsgierig
Naar ieders inbreng

Dialoog versus discussie
Elkaar werkelijk willen verstaan
'Het gesprek in het midden voeren'

Ruimte om te ontdekken

Ruimte om te delen en te geven
Niet noodzakelijkerwijs gelijk oversteken
Dit vraagt vertrouwen

FASE 1

Figuur 2.2 **De werkwijze bij cocreatie (Bron: www.oceantree.nl)**

de als gelijke belangen. Bij oplossingen zoeken moet dus op diverse niveaus worden gekeken: lokaal, nationaal, regionaal en mondiaal.

Een logische reactie op de toegenomen complexiteit is meerdere groepen tegelijkertijd bij de diagnose van problemen en het bedenken van oplossingen daarvoor te betrekken.

Pasklare antwoorden zijn er niet. Alle organisaties, zowel private als publieke, moeten de oplossingen nog creëren. Sterker nog: de uitdagingen worden door de betrokken partijen soms nog niet erkend als uitdaging.

Cocreatie is nauw verbonden met de ideeën van emancipatie, empowerment, zelfsturing, verbondenheid en medezeggenschap. Verder speelt cocreatie in op het simpele gegeven dat je makkelijker gemotiveerd raakt om met overtuiging achter een standpunt, een oplossing of een actie te gaan staan wanneer je als gelijkwaardige partner actief deelneemt in de creatie ervan (www.cocreatie.net).

Overigens kan cocreëren met name zeer betekenisvol zijn in het kader van maatschappelijk (verantwoord/betrokken) ondernemen en sociaal ondernemen. Een cocreatiebenadering richt zich namelijk niet zozeer op het individuele als wel op het algemene belang. Cocreatie versterkt met andere woorden de identificatie met 'wat het individu overstijgt': nu en in de toekomst, in de wereld, in de samenleving en in organisaties. Deze focus op het grotere geheel is essentieel bij MVO en bij sociaal ondernemen.

2.4.3 De klant werkt mee

Klanten willen en krijgen als gezegd steeds meer invloed en vormen niet langer een passieve doelgroep. Klanten zijn goed geïnformeerd en maken actief deel uit van allerlei netwerken. Tegelijk bepalen zij zelf voor een groot deel de waarde van de producten. De technologische mogelijkheden tot interactie met anderen maken dat organisaties samen met klanten een nieuwe waarde kunnen creëren, in plaats van dat de organisatie zelf waarde creëert en deze met klanten uitwisselt.

Door met een (grote) groep klanten nieuwe producten of processen te ontwikkelen of te verbeteren, zijn organisaties beter in staat hun aanbod af te stemmen op de behoeften van de markt. De rollen van organisaties (producenten) en klanten (consumenten) komen als het ware steeds dichter bij elkaar te liggen. Daarom wordt er ook wel gesproken van **prosumptie**, een samentrekking van 'productie' en 'consumptie' om aan te geven dat de klant/consument steeds meer betrokken is bij de productie. In het voorbeeld hierna lees je hoe woningcorporatie Ymere samen met haar (potentiële) klanten werkt aan het realiseren van hun woondromen.

Nobelhorst, stadsdorp voor initiatieven, gemaakt door de mensen zelf

Aan de oostkant van Almere, in het stadsdeel Hout, verrijst in de komende jaren een geheel nieuwe wijk. Stadsdorp Nobelhorst biedt ruimte aan circa 4.300 (woonwerk)woningen, 40.000 m^2 bedrijvigheid en talloze voorzieningen. Nobelhorst is echter geen gewone wijk: bewoners en ondernemers werken er samen aan, van (collectieve) zelfbouw van woning of onderneming tot inrichting en beheer van de eigen buurt. Dit gebeurt op een wijze en schaal die nog niet eerder in Nederland is vertoond. Woningcorporatie Ymere en de gemeente Almere zijn mederegisseurs van deze bijzondere gebiedsontwikkeling, maar de mensen zelf maken de buurt.

Waarom een Buurtcoöperatie?

De bewoners en ondernemers die zich in Nobelhorst vestigen, worden lid van de Buurtcoöperatie. Hiermee krijgen zij de mogelijkheid om zelf hun eigen buurt en leefomgeving te beheren en vorm te geven. Bewoners verenigen zich in de Buurtcoöperatie en geven vorm aan burgerkracht. Dit past goed in deze tijd waarin men-

---

sen verantwoordelijkheid willen en bereid zijn zich daarvoor in te zetten. Ook hebben ze gezamenlijk meer inkoopkracht. Dit model geeft antwoord op de roep om zeggenschap en zelfbeheer in het wijkbeheer van vandaag de dag.

Bron: www.nobelhorst.nl

Soms ligt het initiatief voor een innovatief idee bij de klanten zelf en moet je als professional zorgen dat het idee verder uitgewerkt kan worden, zoals je ook in onderstaand voorbeeld kunt lezen.

Uniek in Nederland: de coöperatieve supermarkt

In Sterksel, een dorp in de Brabantse gemeente Heeze-Leende, vond een succesvol innovatief burgerinitiatief plaats. In 2002 verdween een reeds lang bestaande supermarkt. De bewoners ervoeren dit als een aanslag op de leefbaarheid voor het dorp. Een van de bewoners vertelt: 'Het duurde dan ook niet lang voordat destijds een aantal vertegenwoordigers van maatschappelijke organisaties uit het dorp de handen ineensloegen om aan deze ongewenste situatie een eind te maken. Immers, naast de winkel zijn meerdere voorzieningen verdwenen, zoals een bank en postkantoor. Het betekende tegelijk een stevige sociale aderlating, zeker met een sterke vergrijzing van de dorpsbewoners op de achtergrond. Na uitgebreid onderzoek, oriëntatie en overleg kwam de initiatiefgroep tot de conclusie dat er een nieuwe winkelvoorziening in het dorp moest komen. Met enige voortvarendheid werd dan ook een nieuwe supermarkt op poten gezet. Deze winkel is onder beheer van een coöperatie opgestart. De coöperatie heeft circa 250 leden, hetgeen betekent dat zo'n 60 procent van het aantal Sterkselse huishoudens eigenaar is van de dorpswinkel. De winkel draait op zo'n vijftig vrijwilligers, van jong tot oud (de oudste is 81 jaar!), met daarnaast een betaalde bedrijfsleider. De buurtsuper is niet alleen een noodzakelijke voorziening voor de dagelijkse levensbehoeften, maar neemt tevens een belangrijke plaats in waar het gaat om sociale contacten, levendigheid en leefbaarheid binnen de gemeenschap.'

Na verloop van tijd werd de dorpswinkel een winkelservicepunt. Er kwam meer winkelruimte, waardoor het assortiment werd uitgebreid. Er kwamen een koffiecorner, stomerij, boodschappendienst en een vvv-kantoortje bij.

Bron: www.sterksel.nu; Van Xanten e.a., 2011

Wanneer je als professional dergelijke burgerinitiatieven begeleidt, is het belangrijk dat je het proces niet overneemt, maar in goede banen leidt. Bij een aantal Brabantse dorpsinitiatieven fungeren de professionals als dorpsondersteuners of dorpsmakelaars. 'Zij hebben als belangrijkste taak om de verbinding te leggen tussen allerlei vormen van vrijwillige dienstverlening. De dorpsma-

FASE 1

kelaar is de persoon die verantwoordelijkheid neemt en er voor zorgt dat alle kwetsbare groepen, ook degenen die de weg naar de voorzieningen niet weten te vinden, bereikt worden en de kans krijgen om maatschappelijk mee te doen' (Van Xanten e.a., 2011, pp. 16-17). Op de website staan nog meer voorbeelden van dergelijke burgerinitiatieven.

Organisaties kunnen klanten op diverse manieren actief betrekken bij het meedenken over productverbeteringen, bijvoorbeeld in de vorm van prijsvragen en ontwerpwedstrijden. Dat kan een heel gerichte vraag betreffen aan jongeren via onderwijsinstellingen. Organisaties vragen dan aan leerlingen of studenten om in het kader van school of studie mee te denken over nieuwe concepten. In het kader hierna kun je zien hoe bijvoorbeeld Battle of Concepts werkt.

Battle of Concepts

Op de website Battle of Concepts zijn bedrijven en overheidsinstanties op zoek naar innovatieve ideeën voor alle soorten vraagstukken. De *battle* is bedoeld voor studenten en net afgestudeerden tot en met dertig jaar. Het beste concept wordt beloond met een geldprijs. Enkele voorbeelden van vragen/opdrachten zijn:

- Bedenk een innovatief product waardoor minder afval op de stranden wordt achtergelaten. (Stichting de Noordzee)
- Hoe kun je het wachten aan de gate leuker maken? (een vliegmaatschappij)
- Bedenk een vernieuwend product waardoor bewoners zich meer betrokken voelen bij het groen in hun buurt. (een innovatienetwerk)
- Hoe ziet het klaslokaal van de toekomst eruit? (Kennisnet)

Bron: www.battleofconcepts.nl

Op de website zie je nog meer voorbeelden van cocreatie.

Een geheel nieuwe manier van mensen betrekken bij processen is door de inzet van sociale technologie. Hier gaan we in de volgende paragraaf op in.

2.4.4 De inzet van sociale technologie

Even snel een appje of tweet versturen, in enkele seconden de snelste route naar je cliënt opzoeken, op Facebook kijken wat de deelnemers van de workshop vonden.

Waarschijnlijk komt dit soort zaken als eerste in je op als je de term **sociale technologie** leest. Sociale technologie behelst echter meer. Het is de verzamelterm van alle technologische hulpmiddelen die binnen het sociaal domein kunnen worden ingezet: internet, sociale media, domotica (huisautomatisering), robotica (robottechnologie), zorg op afstand, e-health, e-learning en ondersteunende technologie, zoals hulpmiddelen ten behoeve van planning, taken, communicatie, spel en databases.

Het doel van de inzet van sociale technologie is vooral om kwetsbare mensen sociaal en mentaal te ondersteunen en hen mee te laten doen in de maatschappij en hun levenskwaliteit te verbeteren of in stand te houden (Ruivenkamp, 2014).

Kerntaken daarbij zijn het organiseren van online en blended (offline én online) hulp- en dienstverlening, en communiceren, leren en verantwoorden met behulp van internet en sociale media. Ook van belang zijn het gebruiken, beoordelen of ontwerpen van domotica, robotica, apps en serious games die aan de behoeften van cliënten en professionals tegemoetkomen.

Sociale technologie versterkt op die manier de hulp- en dienstverlening, vergroot het (zelf)organiserend vermogen van cliënten, professionals en organisaties en stimuleert uitwisseling van kennis en ervaring.

Veel sociale professionals omarmen de toepassingsmogelijkheden van sociale technologie, andere zijn er zeer kritisch over. Zij kozen voor een baan in de zorg- en welzijnssector voor het contact met de mensen. Zij vragen zich terecht af of face-to-facecontact moet worden ingeruild voor communicatie via een smartphone of iPad. Inderdaad zijn er, met name op het ethische vlak, kanttekeningen te plaatsen bij deze technologische 'zegeningen'. Hoe dan ook is het belangrijk dat je als sociaal professional kritische vragen over gebruik en efficiëntie van sociale technologie niet afdoet als conservatisme of het niet willen zien van vooruitgang.

Ethische aspecten

Technologische ontwikkelingen hebben een enorme impact op de samenleving. Deze ontwikkelingen veranderen de wijze waarop mensen met elkaar omgaan ingrijpend. Bovendien wordt steeds meer gebruikgemaakt van technologische hulpmiddelen zoals domotica en robotica om de grotere vraag aan zorg- en welzijnsdiensten bij minder personeel te kunnen opvangen. De technologie wordt ingezet met de beste bedoelingen, maar niet zelden is het onduidelijk of dit wel de gewenste effecten heeft (Krijgsman e.a., 2013).

Omdat technologische ontwikkelingen elkaar snel opvolgen, houden onderzoek naar mogelijke toepassingen van die ontwikkelingen, en de invloed op het menselijk handelen geen gelijke tred. Zo zijn er momenteel al honderden applicaties voor mensen met een autismespectrumstoornis, waarvan we nog maar nauwelijks weten wat ze doen, waar ze voor dienen en op welke menselijke functies ze ingrijpen.

Daar komt nog bij dat ethiek en technologie elkaar steeds vaker raken in beroepen in zorg en welzijn. 'Kies je ervoor om het huis van een dementerende dame

FASE 1

vol te hangen met sensoren om te kijken wanneer er iets misgaat en om dan snel en adequaat in te grijpen, of kies je voor gezellig samen koffiedrinken om de kwaliteit van leven te verhogen?' vraagt prof.dr. Guido Ruivenkamp van de wur zich af in het artikel 'Sociale technologie als bindmiddel' (2014).

Als je geen duidelijke visie op technologie hebt, zou het kunnen dat je blind achter elke ontwikkeling gaat aanrennen. 'Mooier zou zijn, zeker in de zorg, als gekozen wordt voor een co-evolutionair model waarin zorg en technologie hand in hand gaan en zich samen ontwikkelen,' aldus Ruivenkamp. Het is belangrijk dat je als sociaal professional kritische vragen stelt over gebruik en efficiëntie van sociale technologie.

De kracht van meervoudige werkelijkheid

Technologie maakt het bestaan van verschillende werkelijkheden naast elkaar mogelijk. Door technische hulpmiddelen kun je andere werelden beleven waarbij echte elementen en door de computer aangebrachte virtuele zaken verschillende rollen spelen. Deze meervoudige werkelijkheid kan inzichtelijk worden gemaakt aan de hand van het **multiverse-model**. Op de website lichten we dat model toe.

Dit model biedt talloze toepassingsmogelijkheden, ook in zorg en welzijn. Virtual reality (alles is virtueel, niets is echt: ruimte, materie noch tijd) wordt bijvoorbeeld toegepast bij de behandeling van psychosepatiënten. Zij leren in de virtuele werkelijkheid met hun wanen en angsten om te gaan. Lees er meer over in bijgaand kader.

Virtual reality belooft efficiëntere behandeling psychosepatiënt

Psychosepatiënten kunnen bij het Universitair Medisch Centrum Groningen (umcg) terecht voor een nieuwe behandelmethode: ze stappen in een virtuele wereld om van hun angsten en achterdocht af te komen. Want, zo blijkt uit onderzoek, het brein reageert in virtual reality hetzelfde op beklemmende situaties als in het echt.

Tien jaar geleden bouwden Britse wetenschappers een virtuele metro waarin mensen met achterdochtgevoelens – bril voor de ogen, koptelefoon op het hoofd – drie haltes konden meereizen. Onderweg bekeken de onderzoekers hoe patiënten op de omstandigheden reageerden. In de jaren daarna werd virtual reality ook ingezet voor onderzoek naar onder meer hoogtevrees, vliegangst en pleinvrees. De interesse van psychiater Wim Veling, hoofd van het psychoseteam van het Universitair Centrum voor Psychiatrie van het umcg, was gewekt.

Vanaf 2011 breidde Veling het onderzoek uit door de karakteristieken van de virtuele omgeving te manipuleren. Zo kon hij preciezer vaststellen wat bij mensen spanning of achterdocht veroorzaakte. 'De resultaten waren bemoedigend, want de situaties waarin patiënten verzeild raakten, voelden voor hen ontzettend echt. Ze werden er bang van.'

Oefenen helpt

Psychosepatiënten hebben geen Eiffeltoren, vliegtuig of Sint Pietersplein nodig om bang te worden. Zij kunnen overvallen worden door wanen en angst in het leven van alledag. Daarom krijgen ze in de virtualrealitybehandeling normale sociale situaties geprojecteerd: een ritje in de bus, boodschappen doen, winkelen en een cafébezoek. Hun kijkrichting en bewegingen, transpiratie en hartslag worden gemeten. Daarnaast beantwoordt de patiënt vragen over stressgevoelens en angsten, zodat de psycholoog kan vaststellen wat hiervan de oorzaak was.

'Bij reguliere cognitieve therapie moet je reconstrueren wat de patiënt eerder in de tijd heeft meegemaakt op basis van de verhalen die hij er zelf over vertelt. Dat kan best lastig zijn,' vertelt Veling. 'Met virtual reality ben je zelf ter plaatse en kun je meteen zien wat het effect is van een bepaalde oefening.' In het virtuele café kan de psychiater beïnvloeden hoe druk het is, welke emoties de personages hebben, hij kan een politieauto in beeld parkeren en flarden van zinnetjes laten horen uit gesprekken die de personages voeren. De oefeningen worden steeds moeilijker, zodat de patiënt gewend raakt aan hogere stressniveaus en zijn angst uiteindelijk zakt.

Veilig in een nagebootste wereld

Mensen met aanleg voor psychoses bange momenten bezorgen, is dat ethisch verantwoord? Veling vindt van wel en de Medisch Ethische Toetsingscommissie is dat met hem eens. Proefpersonen in een pilotonderzoek hielden aan hun uitstapje in de virtuele wereld geen problemen over. Daarbij is de drempel om aan deze therapie te beginnen voor patiënten juist lager: ze voelen zich veiliger in een nagebootste situatie dan in de buitenwereld, ook al roept virtual reality vergelijkbare psychologische en lichamelijke reacties op.

Bijna twintig psychologen en onderzoekers gaan op zeven locaties in Nederland met de nieuwe therapievorm aan de slag. Over twee jaar weet Veling wat de effecten zijn. Hij is hoopvol gestemd: 'Als onze hypothese klopt, krijgt de zorg er een werkzame behandeling voor psychosepatiënten bij. Virtual reality heeft de belofte dat we met minder mensen hetzelfde of meer kunnen bereiken. Wie weet kunnen patiënten in de toekomst gewoon achter hun eigen computer kruipen, een virtualrealitybril opzetten, en een "onderhoudstraining" volgen om de klachten te verminderen, terwijl een psycholoog op afstand de resultaten volgt.'

Bron: www.umcg.nl

Het principe van meervoudige werkelijkheid is ook aan de orde bij **serious gaming**.

Een serious game is een computerspel met een serieus doel: gebruikers spelenderwijs kennis en vaardigheden eigen laten maken. Een serious game kan een goede bijdrage leveren aan de kennis over een ziekte, en vooroordelen ontkrachten. Ook kunnen games een rol vervullen ter ondersteuning of verzachting van een behandeling. Zo wordt de speler in het spel *Snow World* ondergedompeld in een ijskoude wereld waar hij sneeuwmannen en pinguïns moet bekogelen met sneeuwballen terwijl hij ondertussen wordt behandeld voor ernstige brandwonden. Een simpel maar doeltreffend spel dat de aandacht afleidt, waardoor minder pijnmedicatie nodig is (www.izovator-healthgames.nl).

Een ander voorbeeld is de vaardigheidsgame *Hows* van het Dr. Leo Kannerhuis. *Hows* ondersteunt mensen met autisme in hun zelfredzaamheid. In deze game draait het om (het leren) zelfstandig wonen. De speler kan taken doen die door een begeleider worden ingepland. Denk hierbij aan wassen, afwassen et cetera. Als de speler zijn taken goed uitvoert, kan hij daarmee punten verdienen. Deze punten kan hij onder andere inwisselen voor 'echte' beloningen (www.autismeplein.nl; www.leokannerhuis.nl).

Ook bij apps worden meerdere werkelijkheden naast elkaar beleefd.

App, ook wel mobile app, is het korte woord geworden voor een kleine softwareapplicatie die je kunt downloaden en gebruiken (of spelen) op mobiele apparaten zoals smartphones en tablets. Een app is een programma dat eenvoudig een extra functie toevoegt aan zo'n mobiel apparaat. De mogelijkheden zijn eindeloos; spellen spelen, gratis berichten versturen (WhatsApp), notities maken, weersvoorspellingen bijhouden, treintijden nakijken, kilometers registreren, social media bijhouden, filmpjes kijken, muziek luisteren, et cetera. Je kunt het zo gek niet bedenken of er is een app voor.

Maatschappelijk werkster Petra van der Pool uit Goes bedacht en ontwikkelde de app *Ican*, een hulpmiddel voor vrouwen die slachtoffer zijn geworden van geweld van hun partner.

De app *Ican*

Petra van der Pool werd zelf vijftien jaar geleden geconfronteerd met geweld. Haar eigen ervaring en haar werk als hulpverlener heeft ze gebruikt bij het ontwikkelen van *Ican*. De app biedt informatie en advies, een dagboekfunctie en de mogelijkheid om te chatten met lotgenoten.

Ican ondersteunt de eigen kracht van vrouwen om weer grip op hun leven te krijgen na huiselijk geweld. De app brengt begeleiding en hulpverlening dichtbij, ook wanneer vrouwen de stap naar hulp nog te groot vinden. De app is gratis te downloaden.

Meer informatie over de lancering van de app vind je op de website.

Technologie verwerkt in kleding

Technokleding is kleding met allerlei techniek erin verwerkt zoals lampjes, sensoren en robotica. Dat is niet alleen functioneel voor sportkleding, maar kan ook worden toegepast bij hulpbehoevenden.

Zo denkt Philips samen met kledingontwerpers na over de verwerking van ledjes die licht van bepaalde golflengtes uitzenden in kleding en dekens om bijvoorbeeld pijn, eczeem, geelzucht bij baby's of winterdepressie tegen te gaan.

Naast licht of signalen uitzenden kan kleding ook signalen oppikken. Techmodeontwerpster Pauline van Dongen ontwierp een alledaags ogend vest voor ouderen met alzheimer, de Vigour, met sensoren die bijhouden hoe het met de drager gaat en of hij of zij de beoogde oefeningen wel doet (paulinevandongen. nl).

In dit boek tref je nog veel meer voorbeelden aan van de inzet van sociale technologie in zorg en welzijn.

Het innovatieve idee neemt in het hele innovatieproces een centrale plaats in. In de volgende paragraaf lichten we dit proces nader toe.

FASE 1

2.5   Het innovatieproces

Je kunt het innovatieproces met diverse modellen in kaart brengen. Zo'n model is echter moeilijk te rijmen met innoveren, dat immers per definitie een traject vol verrassingen is (zoals we in het vorige hoofdstuk hebben aangestipt). Creativiteit is essentieel in dit innovatieproces. Om die reden worden geregeld creatieve brainstormsessies georganiseerd, waarbij de deelnemers in rap tempo nieuwe doorbraken voor de organisatie moeten verzinnen. Dat lukt meestal ook, maar dan volgt doorgaans de grote stilte.

Om het niet bij ideeën te laten moet je min of meer planmatig te werk gaan. Een stappenplan biedt je handvatten om het hele proces in goede banen te leiden. Het innovatieproces kun je dus zien als een gestructureerd creatief proces.

2.5.1   Het stage-gate-innovatiemodel

In dit boek werken we volgens de uitgangspunten van het zogenoemde **stage-gate-innovatiemodel**, dat is ontwikkeld door Robert G. Cooper. Dit model beschrijft de diverse fasen (*stages*) binnen het innovatieproces en de daarbij horende overstappunten (*gates*).

In dit boek onderscheiden we de volgende fasen: signaleren, oriënteren, onderzoeken, implementeren en evalueren. Je ziet in figuur 2.3 dat de evaluatie kan leiden tot een nieuw signaal, dus tot de start van een nieuw innovatieproces. De verbetercirkel wordt daarmee opnieuw in gang gezet.

Figuur 2.3 Het innovatieproces zoals het in dit boek wordt gehanteerd

Uitgangspunt van dit model is dat je in elke fase de informatie verzamelt die op dat moment nodig is om onzekerheden en risico's tot een minimum te beperken. Vervolgens vat je deze informatie samen in een **resultaatverslag**, dat dient als input voor de gate die volgt.

Bij elke gate sta je stil om terug te kijken en vooruit te blikken en stel je steeds eenzelfde vervolgvraag: voldoe ik aan het vooraf gestelde doel? Is het antwoord 'ja', dan kun je ofwel aan de volgende fase beginnen (*go*), ofwel besluiten het proces nu niet verder te doorlopen, maar het tijdelijk stop te zetten (*stop*). Voldoe je (nog) niet aan het doel, dan zul je nog verbeteringen moeten aanbrengen (*retry*) of moeten besluiten het idee in de prullenbak te gooien (*kill*). Omdat je op basis van het resultaatverslag de vraag 'doorgaan (*go*) of niet (*no go*)?' beantwoordt, noemen we dit ook wel een **beslisdocument**.

Je moet je goed realiseren dat je niet bij alle soorten innovaties even uitgebreid te werk hoeft te gaan. Gaat het om minder complexe innovatieprojecten, dan kun je sommige fasen waarschijnlijk betrekkelijk snel doorlopen. Je kunt er ook voor kiezen fasen samen te voegen. Je werkt dan met een vereenvoudigd stage-gate-innovatiemodel.

FASE 1

2.5.2 Twee benaderingen

In de uitvoering van het innovatieproces zijn twee benaderingen te onderscheiden: ontwerpen en ontwikkelen. Liggen het initiatief en de regie bij het management en werk je vooral in opdracht volgens 'van boven' vastgestelde criteria, dan wordt er volgens de top-down benadering gewerkt. In dat geval spreken we van **ontwerpen**. De inbreng van stakeholders komt dan vaak pas aan bod in de implementeerfase. In figuur 2.4 zie je dat in de eerste afbeelding (A) terug.

Liggen het initiatief en de regie bij jou als professional en kun je de ruimte nemen om al in een vroeg stadium samen met diverse stakeholders ideeën uit te werken, dan wordt er volgens de principes van de bottom-up benadering gewerkt, die bij B is afgebeeld. In dit geval wordt er gesproken van **ontwikkelen**. Bij cocreëren is sprake van deze benadering: bij cocreëren is het immers belangrijk dat je diverse stakeholders zo vroeg mogelijk bij het innovatieproces betrekt.

In deze planmatige werkwijze, waarbij gebruik wordt gemaakt van een aantal elkaar opvolgende fasen die worden afgesloten met een beslisdocument, herken je misschien een projectmatige manier van werken. Die werkwijze is echter niet per se noodzakelijk bij innovatie, zoals je in de volgende subparagraaf kunt lezen.

2.5.3 Diverse werkwijzen

In een organisatie kunnen medewerkers zich op diverse manieren met innoveren bezighouden. Soms neemt het management structurele maatregelen om innovatie door medewerkers vorm te geven, bijvoorbeeld via innovatiedoelstellingen per medewerker te formuleren. Google kent bijvoorbeeld de zogenoem-

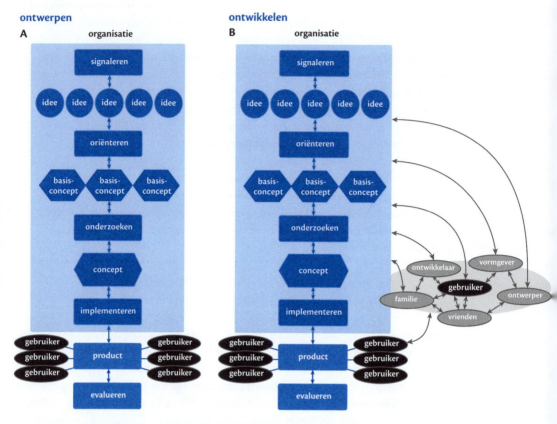

Figuur 2.4 De inbreng van diverse stakeholders in het innovatieproces

de 20 procentregeling: medewerkers mogen 20 procent van hun werktijd (één dag per week) experimenteren. Op die manier zijn producten als Google Earth, Google Street View en Google Art Project ontwikkeld.

In het volgende artikel pleit Davied van Berlo ervoor om een dergelijke regeling ook bij overheidsinstanties in te stellen.

Overheid heeft innovatie nodig om kwaliteit te garanderen

'Er moet ruimte komen voor professionals om nieuwe ideeën uit te proberen. Google heeft de 20 procentregeling. (…) Waarom doen we dat niet bij de overheid, desnoods voor 5 of 10 procent? Maak gebruik van de creativiteit en energie van medewerkers in hun vak. We kunnen immers alleen leren als we iets nieuws uitproberen,' schrijft Davied van Berlo op vkbanen.nl.

'Het vraagt om keuzes maken. Welke ideeën kunnen zo ingevoerd worden? Welke zijn veelbelovend en moeten worden geadopteerd en doorontwikkeld in een innovatielab? Maar ook: welke ideeën zijn doodgeboren en waar moet dus een

---

punt achter? Door initiatiefnemers hun ideeën te laten pitchen en collega's te laten stemmen, wordt overheidsbreed snel duidelijk waar de kansen zitten.

De overheid koestert haar imago van degelijkheid en betrouwbaarheid. En terecht. Maar om die betrouwbaarheid en kwaliteit ook in de toekomst te kunnen garanderen is er een parallel proces van innovatie nodig. Ook innovatie is een "standaard" onderdeel van het werk van overheidsorganisaties, geen luxeproduct dat bij de eerste tegenwind overboord wordt gezet.'

Bron: Van Berlo, 2011

Bij veel organisaties werkt men met innovatieteams: teams van medewerkers, aangevuld met (externe) stakeholders en deskundigen. Zij worden (deels) vrijgesteld om met een innovatief idee aan de slag te gaan. Steeds meer (grote) organisaties hebben zelfs een afzonderlijke afdeling waar nieuwe producten ontwikkeld worden: de afdeling Research & Development (R&D), ook wel aangeduid als innovatielab, kenniscentrum of expertisecentrum. In alle gevallen werkt men methodisch aan innovatie, dat wil zeggen doelgericht, systematisch en planmatig. Daarbij zijn grofweg drie 'werkwijzen' te onderscheiden.

Routinematig werken
Geregeld beschouwt men het feit dat de structuur van het dagelijkse werkproces verschilt van die van het innovatieproces als een probleem. In het reguliere werkproces is men immers gericht op zaken als efficiency, voorspelbaarheid en herhaalbaarheid. Dit routinematig werken zou niet goed passen bij innovatie, waar het gaat om buiten de bestaande kaders om denken en om het doorbreken van vaste patronen.

Jacobs en Snijders (2008) stellen echter dat met name grote organisaties niet zonder routines kunnen. Er kunnen dus ook innovatieroutines bestaan. In sectoren als mode, uitgeverij, theater, zorg, onderwijs en toerisme weet men al langer dat nieuwe producten volgens een bepaald ritme (bijvoorbeeld seizoensgebonden) moeten verschijnen. Ook op het niveau van de individuele medewerker blijkt dat werkroutines en een gevoel van controle over het eigen werk juist ruimte bieden om over de vernieuwing ervan na te denken, dus ruimte bieden voor creativiteit en innovatie.

Improviserend werken
Improviseren verdient de voorkeur wanneer in korte tijd een oplossing voor een dringend probleem moet worden gevonden. Ook is deze werkwijze handig wanneer het probleem volstrekt nieuw en onbekend is, bijvoorbeeld in de beginfase van de ontwikkeling van een nieuw product voor een nieuwe markt.

Voordelen van deze manier van werken zijn met name de snelheid en de flexiliteit ervan: je handelt meteen en al doende stuur je bij. Nadeel kan zijn dat er sprake is van plotselinge (hoge) uitgaven in een relatief kort tijdsbestek.

FASE 1

Zoals gezegd, voor het ontginnen van een volstrekt nieuw gebied is deze manier van werken prima. Zo gauw er echter meer variabelen bekend zijn en je meer zicht krijgt op wat nodig is, kan deze manier van werken beter omgezet worden in een projectvorm.

Projectmatig werken

Er wordt meestal voor de projectvorm gekozen in de volgende situaties (Bos & Haring, 2006):

- Er is een belangrijke en complexe nieuwe uitdaging of probleem.
- Er is een duidelijke opdrachtgever.
- Het probleem moet door een (multidisciplinair) team worden opgelost.
- Er kan een eenduidig resultaat worden bepaald.
- Er is een duidelijke opleverdatum.
- Er kunnen een budget en toetsbare kwaliteitseisen worden benoemd.

Een **project** is dan ook een tijdelijke werkorganisatie, gebaseerd op de flexibele inzet van mensen en middelen en met het doel om een concreet resultaat te bereiken binnen scherpe afspraken over tijd, geld en kwaliteit.

Het is dus goed om vooraf te bepalen of een projectmatige aanpak de juiste oplossing is voor het betreffende probleem. Overigens kan de keuze voor een projectmatige aanpak op alle fasen van het innovatieproces betrekking hebben. Voor het hele proces kan tot één of tot meerdere projecten worden besloten.

2.5.4   Het innovatie(project)team

Als wordt gekozen voor een projectmatige aanpak gedurende (een of meer fasen van) het innovatieproces, wordt een innovatieprojectteam samengesteld. Het voordeel van zo'n team is dat dit zich helemaal kan richten op de innovatie. Een nadeel kan zijn dat dit team zo apart geplaatst wordt dat het geïsoleerd raakt van de organisatie.

Kernteam met meelifters

De innovatieve kracht van een groep is omgekeerd evenredig met de groepsgrootte. Immers, hoe groter de groep, hoe meer compromissen (moeten) worden gesloten. Creativiteit komt dan ook het best tot haar recht in kleinere groepen, waar vrij geëxperimenteerd kan worden.

Daarom adviseert men meestal om tijdens het innovatieproces te werken met een vast team van maximaal negen personen: het kernteam. Binnen het kernteam kan gewerkt worden met de zogenoemde **rugbyaanpak**, waarbij rol en inbreng van de kernteamleden gedurende het innovatieproces wisselen. Naarmate men het doel dichter nadert, nemen de voorhoedespelers (productie en marketing) de bal van de achterhoede (onderzoekers en ontwerpers) over. Op die manier vindt een integrale productontwikkeling plaats.

Het kernteam kan uiteraard, per fase, aangevuld worden met enkele mee-lifters (meedenkers/adviseurs/wilde ganzen). Zij voorzien het team regelmatig gevraagd en ongevraagd van feedback op tussentijdse resultaten. Dat kan klein-schalig georganiseerd worden, maar uiteraard ook grootschalig via (een beslo-ten groep op) het internet.

Divers samengesteld

Het ideale team is multidisciplinair en bestaat uit afgevaardigden van de in-terne en de externe stakeholders. Om aan het einde van het innovatieproces niet in de problemen te komen, moeten al vanaf de eerste fase marketing- en verkoopmedewerkers bij het team worden betrokken. Ook de adviezen van een financieel deskundige zijn vanaf het begin onontbeerlijk. Als het gaat om een innovatie waarbij techniek of ICT een rol speelt, moeten experts op dat gebied ook direct bij het proces betrokken worden.

Innovatie moet niet exclusief worden overgelaten aan de 'creatieve types'. Er moet een goede mix zijn in het team: in functies, expertise, ervaring, leeftijd, culturele achtergrond en competenties. Maar ook diversiteit in persoonlijkhe-den is van belang: nieuwsgierigheid, creativiteit, openheid, enthousiasme, ener-gie en humor. Alleen dan kunnen er (in positieve zin) grenzen overschreden worden.

In dit verband spreken we ook wel van team- of karakterrollen. Een teamrol is een patroon van gedragskenmerken dat betrekking heeft op hoe een teamlid samenwerkt met anderen om teamdoelen te realiseren. De Britse onderzoeker Belbin onderscheidt negen teamrollen, met ieder zijn eigen meerwaarde. In het ideale innovatieteam zijn alle teamrollen vertegenwoordigd. Voor elk van de teamrollen hoeft niet noodzakelijk één persoon beschikbaar te zijn. Sommige rollen kunnen door één persoon binnen het team vervuld worden. Ook in een klein team is het dus mogelijk om in alle rollen te voorzien.

Tabel 2.2 **De negen teamrollen volgens Belbin (1998)**

Teamrol	Kenmerken/teamrolbijdrage
Plant	Creatief, grote verbeeldingskracht, onorthodox. Lost moeilijke proble-men op.
Brononderzoeker	Extrovert, enthousiast, communicatief. Onderzoekt nieuwe mogelijk-heden. Legt contact.
Voorzitter	Volwassen, veel zelfvertrouwen, een goede voorzitter. Verheldert doel-stelling, versnelt de besluitvorming, kan goed delegeren.

FASE 1

Vormer	Uitdagend, dynamisch, functioneert op z'n best onder druk. Heeft de gedrevenheid en vaardigheden die nodig zijn om obstakels te overwinnen.
Monitor	Nuchter, strategisch inzicht, goed onderscheidingsvermogen. Ziet alle opties. Scherp beoordelingsvermogen.
Groepswerker	Coöperatief, mild, opmerkzaam en diplomatiek. Luistert, is opbouwend, voorkomt wrijving, brengt rust in de tent.
Bedrijfsman	Gedisciplineerd, betrouwbaar, behoudend en efficiënt. Zet ideeën om in praktische handelingen.
Zorgdrager	Nauwgezet, gewetensvol, gespannen, is alert op vergissingen en omissies. Zorgt dat de dingen op tijd gebeuren.
Specialist	Doelbewust, initiatiefrijk, toegewijd. Voorziet in kennis en vaardigheden waar een tekort aan is.

// Op de website vind je de link naar de site waarop je de Belbinteamroltest kunt doen.

Soms wordt het innovatieproces in meerdere projecten opgedeeld. Dan wordt gewerkt met verschillende projectteams. Er wordt dan bijvoorbeeld gestart met een ideeënteam, dat de eerste fasen van het innovatieproces doorloopt en het businessplan schrijft. Als dit plan leidt tot een *go*, wordt het overgedragen aan een nieuw team: het implementatieteam. Het is aan te raden een of meer deelnemers van het ideeënteam hierbij te betrekken om de continuïteit te waarborgen.

Het is belangrijk dat het werk van het innovatieteam zichtbaar is voor de medewerkers. Dat kan via een eigen intranetpagina, maar ook door bijvoorbeeld een ruimte in het kantoorgebouw in te richten als innovatiekamer of met behulp van een innovatiewand in de kantine. Hier kunnen resultaten worden getoond van overleggen en werkbezoeken. Denk daarbij aan geeltjes, tekeningen, flapovers, maquettes, foto's en filmpjes. Zo kunnen de andere medewerkers meekijken en -luisteren en een gevoel van betrokkenheid ontwikkelen vanaf de eerste zichtbare opbrengsten tot en met het uiteindelijke resultaat. Verder is het van belang dat er via frequent contact een kennisuitwisseling plaatsvindt tussen de organisatie en het innovatieteam. De kennis en vaardigheden vanuit de organisatie zijn immers hard nodig om realistische innovaties te doen ontstaan. Vaak adviseert men om het aantal innovatie-initiatieven te beperken tot een of twee, en hier als organisatie dan ook de volledige ondersteuning aan te geven.

2.5.5 De organisatiecontext

Vanuit welke benadering en werkwijze er ook aan innovaties gewerkt wordt, uitgangspunt is dat de innovatie past binnen de organisatiecontext. Dat wil zeggen dat de innovatie past binnen de missie, de visie en de kernwaarden van de organisatie. Ook moeten de doelen van de innovatie overeenstemmen met die van de organisatie.

De organisatie stelt daarnaast ook andere voorwaarden aan de innovatie die je moet bewerkstelligen en aan de manier waarop je dat gaat doen. Daarbij gaat het doorgaans om de volgende randvoorwaarden:

- kwaliteit: de kwaliteitseisen waaraan het eindresultaat moet voldoen. Denk daarbij aan speciale procedures, richtlijnen en standaarden (inkoop, juridisch, veiligheid, financieel, communicatie, technisch);
- informatie: de informatieoverdracht binnen het team en tussen het team en de rest van de organisatie moet goed geregeld zijn. Het is belangrijk dat het management goed op de hoogte wordt gehouden van de vorderingen. Het innovatieteam rapporteert dan ook regelmatig hoe het innovatieproces verloopt;
- tijd: de data van de start en van de tussentijdse evaluatiemomenten worden vastgesteld, evenals de datum waarop het eindresultaat moet zijn 'opgeleverd';
- geld: er wordt een budget beschikbaar gesteld. Het team moet tussentijds en achteraf verantwoording afleggen over uitgaven en eventuele inkomsten;
- overige: vaak worden nog meer randvoorwaarden gesteld, zoals:
  - dat je per se bepaalde externe stakeholders bij het innovatieproces betrekt;
  - dat je een speciale methode toepast (bijvoorbeeld cocreatie);
  - dat je rekening houdt met andere projecten;
  - dat je rekening houdt met risico's en succesfactoren die al bekend zijn.

2.6 Startnotitie

Aan het einde van deze eerste fase van het innovatieproces sta je stil om terug te kijken en vooruit te blikken. Je kijkt terug op de activiteiten die je in deze fase hebt uitgevoerd. In dit eerste beslisdocument ofwel de startnotitie geef je allereerst antwoord op de volgende vragen:

- Ben ik signalen voor mogelijke klantfricties op het spoor gekomen, en zo ja welke?
- Zijn er ideeën voor oplossingen (oplossingsrichtingen) naar voren gekomen, en zo ja welke?

FASE 1

> Met degenen die beslissingsbevoegdheid hebben buig je je vervolgens over de vervolgvraag die je bij elke gate stelt. Naar aanleiding van de startnotitie stel je de vraag: kunnen we op basis van deze gegevens besluiten om ons hierop nader te gaan oriënteren? Is het antwoord bevestigend, dan begin je aan de volgende fase (go) ofwel besluit je het proces nu niet verder te doorlopen, maar tijdelijk stop te zetten (stop). Is het antwoord ontkennend, dan ga je op zoek naar aanvullende informatie (retry) of besluit je het idee in de prullenbak te gooien (kill). Bij een go kan de innovatieopdracht geformuleerd worden.

2.6.1 De innovatieopdracht

Voor je echt kunt starten stel je samen met de directbetrokkenen vast:

- *waarom* deze opdracht wordt verstrekt (de aanleiding);
- *wat* het doel is van de innovatieopdracht (wat willen we bereiken?);
- *voor wie* de innovatie bedoeld is;
- *wie* de opdrachtgever is;
- *wie* er aan de opdracht gaan werken (wie heeft welke bevoegdheden en verantwoordelijkheden, wie vormen het kernteam, wie zijn de achterhoede- en voorhoedespelers?);
- *wanneer* de resultaten zichtbaar moeten zijn (planning);
- *wanneer* de innovatie moet zijn gerealiseerd/ingevoerd;
- *waar* de innovatie plaatsvindt (markt afbakenen);
- aan *welke* andere randvoorwaarden (criteria) de innovatie moet voldoen (kwaliteit, informatie, tijd, geld, overige);
- *hoe* er aan de innovatie gewerkt wordt (projectmatig, anderszins).

Dit alles wordt in de startnotitie vastgelegd. Het fundament van de startnotitie wordt gevormd door de doelen. Doelen vormen immers de basis van alle beslisdocumenten: zonder goed geformuleerd doel kun je geen goed beslisdocument opstellen. Doelen worden gebruikt om de richting en het resultaat van tevoren vast te leggen. Doelen stellen is echter lastig: je bent gauw geneigd je te richten op activiteiten. Ook het concreet en meetbaar maken van doelen is lastig. Daarom nog even een korte uitleg.

Formuleren van doelen

Doelen vormen de basis van plannen. Ze zijn het fundament; zonder goed geformuleerd doel kun je geen goed plan opstellen. Doelen leiden tot acties, die weer tot resultaat leiden. Een **doel** is een gewenste en duidelijk omschreven situatie die op een vooraf vastgesteld tijdstip bereikt moet zijn. Een **activiteit** is een concrete actie die nodig is om het doel te behalen. Een **resultaat** is een concreet gevolg van de acties die voortkomen uit de doelstelling.

Een voorbeeld ter verduidelijking: je volgt de opleiding culturele en maatschappelijke vorming. Je doel is het diploma te halen binnen de daarvoor gestelde termijn van vier jaar. Activiteiten die nodig zijn om dat doel te halen hangen samen met alle verplichte onderdelen van het curriculum: je moet onder meer lessen volgen, opdrachten maken, stages lopen en tentamens maken. Als je deze onderdelen met een voldoende hebt afgesloten binnen de daarvoor gestelde tijd, is het resultaat dat je aan het einde van je opleiding alle benodigde studiepunten hebt behaald, zodat je je diploma in ontvangst kunt nemen.

Het is bij het formuleren van doelen zinnig een onderscheid te maken tussen wat je gedaan hebt (**output**) en wat je bereikt hebt (**outcome**). **Outputdoelstellingen** zijn doelstellingen op het gebied van de prestaties ofwel inspanningen die je met je innovatie wilt leveren. Het voordeel van dergelijke doelstellingen is dat je jezelf duidelijke normen kunt opleggen en daarop afgerekend kunt worden. Als je bijvoorbeeld een bepaald aantal voorlichtingsactiviteiten wilt organiseren, kun je aangeven hoeveel deelnemers je daarmee minimaal wilt bereiken en welke mate van tevredenheid je wilt scoren. Achteraf kun je dan aangeven en verantwoorden of die resultaten zijn behaald.

Outcomedoelstellingen zijn doelstellingen op het gebied van de maatschappelijke effecten die je wilt bereiken met je innovatie, bijvoorbeeld 'bewonersparticipatie'. Lastig daarbij is dat het moeilijk te meten is of het effect alleen door de innovatie is bereikt. Er spelen altijd heel veel andere factoren mee.

Bij elke fase van het innovatieproces, en dus bij elk beslisdocument, werk je met andere doelen, waarvan de zogenoemde SMART-doelen de bekendste zijn. Die gebruik je doorgaans als je heel concreet moet zijn. Omdat dit in de eerste fasen van het innovatieproces niet altijd mogelijk is, werk je in de tussenfasen van globaal naar concreet. Je kunt dan de zogenoemde AMORE- en MAGIE-doelen gebruiken. Deze acroniemen betreffen geen verschillende soorten doelen, maar eigenschappen van doelen. De AMORE-eigenschappen worden meestal gebruikt bij een visie opstellen, de MAGIE-eigenschappen bij de vertaling naar meer strategische/tactische doelen, en de SMART-eigenschappen om de doelstellingen echt concreet en uitvoerbaar te krijgen (op een operationeel niveau). De diverse doelen hebben we in tabel 2.3 uitgewerkt. Je formuleert aan het einde van deze eerste fase de AMORE-doelen. Je legt daarmee je visie en de kern van de innovatie vast.

FASE 1

Tabel 2.3 AMORE-doelen, MAGIE-doelen en SMART-doelen

AMORE-doelen (doelen m.b.t. visie)	MAGIE-doelen (strategische/ tactische doelen)	SMART-doelen (operationele doelen)
Ambitieus	Meetbaar	Specifiek
Motiverend	Acceptabel	Meetbaar
Onderscheidend	Gecommuniceerd	Acceptabel
Relevant	Inspirerend	Realistisch
Echt	Engagerend	Tijdgebonden

2.6.2 Het team kan van start gaan

Zodra de innovatieopdracht is vastgelegd in de startnotitie, kan de eerste bijeenkomst van het officiële innovatieteam plaatsvinden. Daarbij staan de volgende punten op de agenda:

- kennismaking met elkaar;
- bespreken van de startnotitie;
- toelichting op de innovatieopdracht;
- de genoemde klantfricties bespreken;
- ideeën voor oplossingen (oplossingsrichtingen) bedenken met behulp van
  creativiteitstechnieken (divergeren);
- vaststellen op welke oplossingsrichtingen de teamleden zich gaan oriënteren (convergeren);
- informatiebronnen benoemen die in de oriëntatiefase aangeboord kunnen
  worden: data, documenten, deskundigen;
- afspraken maken voor de volgende fase: wie doet wat wanneer; wanneer
  moet de oriëntatiefase afgerond zijn?

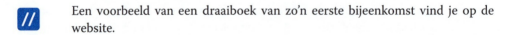

Een voorbeeld van een draaiboek van zo'n eerste bijeenkomst vind je op de
website.

2.7 Samenvatting

In dit hoofdstuk stond signaleren, de eerste fase van het innovatieproces, centraal. Doel van deze fase is te komen tot het formuleren van een innovatieopdracht. Je gaat in deze fase dan ook actief op zoek naar signalen van mogelijke
klantfricties ofwel innovatiekansen. Er kwamen diverse bronnen voor innovatiekansen aan bod.

Alleen een innovatiekans zien is niet genoeg. Om een kans te grijpen heb je
een concreet idee nodig hoe je als professional op die klantfricties zou kunnen

inspelen: je bedenkt oplossingsrichtingen. Dat doe je bij voorkeur samen met diverse belanghebbenden. In dat proces zijn creativiteit en cocreëren essentieel.

Creatief of patroondoorbrekend denken houdt in dat je openstaat voor nieuwe ideeën, dat je buiten de gebaande paden durft te gaan. Het is een mentaliteitskwestie.

Door relevante stakeholders al in een vroeg stadium in te schakelen en samen het innovatieproces te doorlopen, zorg je voor meer diversiteit in je ideeen. Tevens breng je meer mensen in beweging, binnen en buiten de organisatie, om een en ander te realiseren.

Het eindresultaat van deze verkenningstocht is een startnotitie, waarin de innovatieopdracht is geformuleerd. Wordt deze startnotitie afgekeurd (no go), dan probeer je het opnieuw (retry). Bij goedkeuring *(go)* beland je in de fase van 'oriënteren'. Daarin ga je je oriënteren op de omgeving, de organisatie, de financiën en de innovatieopdracht. Dat komt in het volgende hoofdstuk aan bod.

FASE 1

3
Oriënteren

FASE 2 Van ideeën naar basisconcept(en)

Je zult alleen nieuwe oceanen ontdekken als je de moed hebt om de kust uit het oog te verliezen.

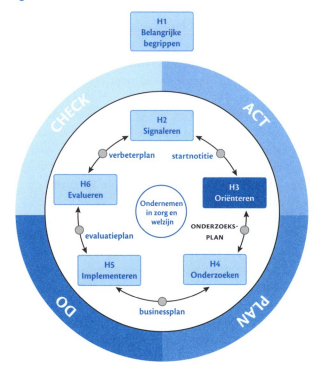

LEERDOELEN

Na bestudering van dit hoofdstuk:

- weet je hoe je je kunt oriënteren op de omgeving;
- weet je hoe je je kunt oriënteren op de organisatie;
- weet je hoe je je kunt oriënteren op de financiën;
- weet je hoe je je kunt oriënteren op de innovatie.

In dit hoofdstuk staat de tweede fase van het innovatieproces centraal:	oriënteren
Doel van deze fase:	minstens drie basisconcepten ontwikkelen
Activiteiten in deze fase:	<ul><li>je oriënteert je op een of meer klantfricties</li><li>je oriënteert je op mogelijke oplossingen</li><li>je zet deze oplossingen om in basisconcepten</li></ul>
Resultaat:	een onderzoeksplan

3.1   Inleiding

Nieuw bedrijfsmodel: Buurtzorg Nederland

'Ik zag allerlei negatieve trends in de thuiszorg en dacht: zo kan het niet langer,' vertelt Jos de Blok, directeur Buurtzorg Nederland. 'Naar mijn idee zaten we in de thuiszorg te veel op een dood spoor. De kosten gaan alsmaar omhoog en de kwaliteit omlaag, en daarbij dalen de motivatie en tevredenheid van zowel cliënt als medewerker. Vervolgens heb ik naar een aanpak gezocht om deze trends te doorbreken en de situatie voor alle partijen te verbeteren. Ik ben hierbij vooral de dialoog aangegaan met de mensen uit de praktijk. Avondenlang heb ik "keukentafel- en huiskamersessies" gehouden over het vak van wijkverpleger en hoe dit in een nieuwe vorm beter uit te oefenen. Het alternatief moest vooral eenvoudig en beter zijn en maximaal aansluiten bij de beroepsethiek.'

Zo ontstond Buurtzorg Nederland, met als visie: de zelfstandigheid van de patiënt vergroten. Buurtzorg realiseert dit door teams die de thuiszorg in een regio geheel zelfstandig organiseren. Buurtzorg bestaat uit 'platte', kleinschalige organisaties binnen een grotere organisatie. Functies en hiërarchie bestaan niet of zijn ondergeschikt. Daardoor zijn veel minder managers nodig dan in traditionele organisatiestructuren. Leidinggeven betekent hier vooral medewerkers ruimte en richting geven, en aansturen op resultaat. Volgens Jos de Blok is de kracht van leiderschap te vinden bij iedereen in de organisatie. In zijn visie is leiderschap een kwestie van verantwoordelijkheid nemen voor wat je ziet. Eigen initiatief is belangrijk.

Er is veel belangstelling voor het bedrijfsmodel van Buurtzorg Nederland, vanuit binnen- en buitenland. Veel mensen kunnen nauwelijks geloven dat het werkt. Het klinkt te mooi om waar te zijn, is een veelgehoorde reactie.

Buurtzorg Nederland wordt alom erkend als de meest innovatieve thuiszorgorganisatie van Nederland. Deze organisatie laat door haar werkwijze zien dat het mogelijk is kwalitatief goede zorg te realiseren die minder kost, de bureaucratie uitbant en tot een hoge tevredenheidsscore leidt bij zowel werknemers als cliënten.

Nogal wat organisaties hebben het voorbeeld van Buurtzorg Nederland inmiddels gevolgd en zijn op een soortgelijke manier aan het werk.

Bron: www.buurtzorgnederland.com; www.managementsite.nl; Haijtema, 2011

In deze oriëntatiefase ga je met je teamgenoten op soortgelijke manier te werk als Jos de Blok, met jullie oplossingsrichtingen voor mogelijke klantfricties uit de signaleringsfase als vertrekpunten. Jullie gaan je nader oriënteren op deze ideeën, onder andere door trends op te sporen, behoeften en wensen van klanten in kaart te brengen en concurrenten, samenwerkingspartners en andere partijen in beeld te brengen.

Het doel van deze fase is om vanuit deze oriëntatie een aantal basisconcepten te ontwikkelen. Je gebruikt daartoe diverse bronnen binnen en buiten de organisatie en sector.

Belangrijk is uiteraard dat je in gesprek gaat met klanten, maar ook dat je andere organisaties bezoekt, goede praktijkvoorbeelden bestudeert, met betrokkenen daarover praat, deskundigen inschakelt, het web napluist en op allerlei andere manieren nieuwe indrukken opdoet en nieuwe perspectieven leert zien. Je (team) gaat dus letterlijk op pad, naar buiten, op zoek naar informatie en inspiratie, zodat je de ideeën concreter kunt uitwerken.

Dit vooronderzoek bestaat dus uit een eerste, globale oriëntatie op de omgeving van de organisatie (paragraaf 3.2), waarbij we een onderscheid maken tussen macro- en mesoniveau. Ook vindt een oriëntatie plaats op microniveau, dat wil zeggen: op het niveau van de organisatie zelf (paragraaf 3.3). Vervolgens zoomen we in op de financiën (paragraaf 3.4). Daarna trek je conclusies en beschrijf je een of meer basisconcepten (paragraaf 3.5). Een en ander resulteert in een onderzoeksplan (paragraaf 3.6), waarin je aangeeft hoe je de basisconcepten in een volgende fase nader kunt onderzoeken.

3.2 Oriëntatie op de omgeving

Het is belangrijk dat je je als professional bewust bent van de omgeving waarin jijzelf en de organisatie werkzaam zijn: omgevingsbewustzijn. Zoals we al eerder aangaven: je vooronderzoek hoeft niet voor elke innovatie even grondig te zijn, maar zeker wanneer het gaat om het ontwikkelen van een nieuw product oriënteer je je 'van buiten naar binnen'. Immers, als in 'de buitenwereld' geen plaats is voor je nieuwe product, heeft het geen zin om je intern (dus in de organisatie) te oriënteren. De 'buitenwereld' ofwel de omgeving is onder te verdelen in de macro-omgeving en de meso-omgeving (zie figuur 3.1).

De macro-omgeving (paragraaf 3.2.1) staat verder af van de organisatie en oefent daar doorgaans geen directe invloed op uit, maar ze beïnvloedt de sector wel degelijk, in positieve of negatieve zin. Zo heeft een politiek besluit als

FASE 2

de invoering van de Wmo grote gevolgen gehad voor de manier van werken in zorg- en welzijnsorganisaties, zoals al aan de orde kwam. De meso-omgeving is de directe omgeving van de organisatie. Deze komt in paragraaf 3.2.2 aan bod.

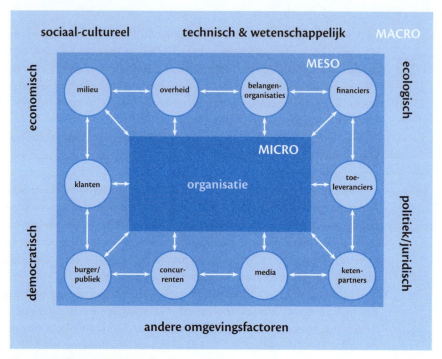

Figuur 3.1 De organisatie en haar omgeving

3.2.1 Oriëntatie op macroniveau

In het vorige hoofdstuk gaven we al aan dat allerlei maatschappelijke ontwikkelingen signalen voor klantfricties afgeven, en dus innovatiekansen bieden. In dit vooronderzoek ga je gerichter kijken of en hoe je met je ideeën kunt aansluiten op die maatschappelijke ontwikkelingen en welke oplossingen je voor die klantfricties kunt bieden.

Er zijn uiteraard heel veel ontwikkelingen gaande, en daarom wordt er voor de systematiek vaak gebruikgemaakt van het DESTEP-model. Dit model categoriseert de ontwikkelingen aan de hand van demografische, economische, sociaal-culturele, technologische/wetenschappelijke, ecologische en politieke/juridische factoren.

Op deze macrofactoren kunnen jij als professional en de organisatie waarbij je werkzaam bent nauwelijks tot geen invloed uitoefenen. Toch is het wel degelijk belangrijk om deze factoren goed in kaart te brengen, omdat ze sectorbreed effect hebben en daarmee de aantrekkelijkheid en het aanzien van de hele sector beïnvloeden, en dus ook jouw organisatie. Zeker als je in een team werkt, is het handig om de taken te verdelen. Ieder teamlid kan een of meer factoren bestuderen.

Demografische factoren

De demografische factoren hebben niet alleen betrekking op de groei en de omvang van de bevolking in een bepaald gebied, maar ook op de bevolkingssamenstelling. Denk daarbij aan de leeftijdsopbouw (vergroening en vergrijzing), de grootte van huishoudens, de mate van verstedelijking en de mate van diversiteit, zoals de verhouding man/vrouw, seksuele geaardheid en allochtoon/autochtoon.

Een voor Nederland duidelijke ontwikkeling is de vergrijzing. Stichting Vier Het Leven is hier een aantal jaren geleden succesvol op ingesprongen.

Stichting Vier Het Leven

In 2005 richtten Helma van Heerikhuize en Annerieke Vonk Stichting Vier Het Leven op. Deze stichting organiseert film-, theater- en concertbezoeken voor ouderen die veelal thuis zitten. De ouderen worden van deur tot deur begeleid en genieten van een arrangement waarbij alles is geregeld om zorgeloos te kunnen genieten.

Vier Het Leven is uitgegroeid van een lokaal initiatief tot een landelijke organisatie die sociaal-culturele arrangementen verzorgt voor duizenden ouderen door heel Nederland.

De organisatie telt meer dan duizend vrijwilligers, die tevens cultuurliefhebbers zijn. Elke vrijwilliger begeleidt drie ouderen persoonlijk, waarbij 'samen uit, samen genieten' centraal staat.

Naast de enthousiaste ploeg vrijwilligers, kan Vier Het Leven rekenen op de waardevolle steun van vele culturele partners, sponsors en donateurs.

Bron: www.4hetleven.nl

In 2013 heeft de Universiteit Utrecht onderzoek gedaan naar de effecten en het bewezen resultaat van Vier Het Leven. Zie voor meer informatie de website.

Een ander voorbeeld van inspelen op de toenemende vergrijzing is het initiatief van Jacob Cramer, die het concept Love For The Elderly bedacht (zie het volgende kader).

FASE 2

Love For The Elderly

Jacob Cramer, een Amerikaanse tiener, heeft de website Love For The Elderly opgezet, die vriendelijke brieven stuurt naar senioren in de Verenigde Staten. De ouderen zijn de snelst groeiende populatie in de wereld. Veel ouderen geven te kennen zich geregeld eenzaam te voelen. Jacob Cramer speelt met de website in op deze situatie met een methode die perfect past bij de senioren, namelijk het 'ouderwets' brieven schrijven. Het bedrijf werd in 2013 opgezet, en ontvangt brieven van over de hele wereld – van Australië tot IJsland. Het is makkelijk om mee te doen, de brieven kun je online schrijven.

Bron: www.lovefortheelderly.org

Deze demografische ontwikkelingen zijn feitelijke gegevens, die je kunt opvragen bij publieke onderzoeksinstellingen als het Centraal Bureau voor de Statistiek. Ga goed na in hoeverre je hierop met je innovatieve idee kunt inspelen.

Economische factoren

De economische factoren hebben betrekking op bijvoorbeeld de conjunctuur van een regio of land (het bruto nationaal product), de inkomensverdeling en de werkgelegenheid. Deze hebben veel invloed op de koopkracht van de klanten, op hun mogelijkheden om goederen aan te schaffen of diensten af te nemen. In tijden van economische crisis neemt de koopkracht doorgaans af en zie je dat consumenten overstappen van bijvoorbeeld merkproducten naar de goedkopere varianten. Ook neemt dan het aantal mensen toe die hun financiële verplichtingen niet meer kunnen nakomen en regelingen moeten treffen om hun schulden te kunnen voldoen.

Schuldhulpverleningsdiensten, budgetcoaches, ruilwinkels/-sites en tweedehandswinkels varen daar wel bij; de een z'n nood is de ander z'n brood. Diverse onderzoeksinstellingen (zoals het Economisch Instituut voor het Midden- en Kleinbedrijf, EIM) publiceren regelmatig (meestal per kwartaal) actuele economische gegevens. Ga na hoe je hierop kunt inspelen.

Een bijzonder fenomeen, dat uit het buitenland is overgewaaid, is de kledingbibliotheek. Je leest er meer over in het kader hierna.

De kledingbibliotheek

Geen boeken, maar kleding lenen. Dat kan sinds november 2014 in de kledingbibliotheek in Utrecht. Je kunt er tweedehands- of designerkleding lenen voor een klein bedrag per maand.

Een groot deel van de kledingstukken is vervaardigd van tweedehandskleding. Jonge designers uit Utrecht toveren zeshonderd kilo tweedehands kleding van Humana om tot compleet nieuwe kledingstukken. De rest van de collectie bestaat uit duurzame fairtradekleding en tweedehandskleding, gedoneerd door enthousiaste kledingbiebfans. Alles wat je leuk vindt en wat je goed staat, neem je fijn mee naar huis! Het fenomeen is niet nieuw. In Australië zijn er *clothing libraries* voor werklozen en studenten. Ook in Zweden bestaan dergelijke initiatieven. In Amsterdam opende in 2014 LENA, the Fashion Library, met originele kledingstukken uit de jaren vijftig tot negentig. Geleende kleding die bevalt, kun je er kopen.

Lees ook het verhaal van de kleding in de bibliotheek: waar komt het vandaan en wie heeft het gemaakt? True Stories (www.truestoriesvideo.nl) maakt korte filmpjes over wat de designers inspireert.

Bron: www.dekledingbibliotheek.nl; www.lena-library.com

Sociaal-culturele factoren

De sociaal-culturele factoren hebben betrekking op de normen en waarden binnen een samenleving. Daarbij kun je denken aan opvattingen over werk, gezondheid, voeding, seks, drugsgebruik en relaties. Geloofsovertuiging, opvoeding en opleidingsniveau spelen hierbij een rol, maar ook de media en de sociale netwerken oefenen grote invloed uit op wat binnen een samenleving als 'normaal' wordt beschouwd. Ook binnen professionele netwerken discussieert men volop over (werk)normen. Zo hoor je in het welzijnswerk steeds vaker dat van buurtbewoners die hulp of ondersteuning krijgen best wat teruggevraagd mag worden. Dit heet het **wederkerigheidsprincipe** en wordt ook wel het **voor-wat-hoort-watprincipe** genoemd. Buurtbewoners kunnen 'in ruil' voor hulp op allerlei manieren hun talenten inzetten. Denk hierbij bijvoorbeeld aan een buurtactiviteit helpen organiseren of een ander huishouden ondersteunen. Oriënteer je dus op de media en de sociale netwerken, en ga na of je ideeën aansluiten bij veranderende opvattingen.

Technologische en wetenschappelijke factoren

De econoom Schumpeter beweerde in de jaren veertig van de vorige eeuw al dat technische innovatie de enige manier is om de welvaart te laten toenemen. Hij werd beroemd met zijn theorie over 'creatieve destructie': organisaties die zich niet weten te vernieuwen, worden weggevaagd.

Technologische en wetenschappelijke ontwikkelingen zoals het ontdekken, ontwikkelen en toepassen van nieuwe kennis, grondstoffen en technieken maakten internet mogelijk. Het betekende een revolutie in de manier waarop

FASE 2

we over informatie kunnen beschikken en de manier waarop we met elkaar (kunnen) communiceren. Deze ontwikkelingen hebben een enorme invloed op de markt en op organisaties. De mogelijkheden voor consumenten en organisaties om via internet zaken te doen hebben een spectaculaire verandering in het koopgedrag en het aanbod teweeggebracht.

Ook in zorg en welzijn zijn internet, sociale media en sociale technologie niet meer weg te denken. Dit kwam al ter sprake in paragraaf 2.4.4. De technische toepassingen beperken zich uiteraard niet tot het internet. Denk ook aan de ontwikkeling van zogenoemde domotica ofwel huisautomatisering. Voorbeelden daarvan zijn de afstandsbediening en sensoren voor het aan- en uitschakelen van centrale verwarming, kranen en verlichting. Door de inzet van deze technieken kunnen ouderen langer zelfstandig blijven wonen, en zijn mensen met een functiebeperking minder afhankelijk van hulp van anderen.

Voor professionals is er veel meer regelruimte gekomen door het gebruik van de iPad in de zorg- en dienstverlening. Allerlei gegevens kunnen direct ter plekke worden doorgegeven en opgeslagen, en dat scheelt enorm veel administratieve rompslomp.

Het is daarnaast belangrijk je te realiseren dat de wensen van klanten veranderen, bijvoorbeeld door nieuwe technieken. E-healthdiensten zoals Dokterdokter.nl en Gezondheidsplein.nl zijn vooral succesvol door hun laagdrempeligheid. Potentiële klanten of hun naasten raadplegen steeds vaker het internet om zelf een diagnose te stellen c.q. meer achtergrondinformatie te vergaren. Nog niet iedere klant en/of aanbieder in zorg en welzijn is echter op de hoogte van alle mogelijkheden op dat gebied. Wat dat betreft liggen er nog allerlei mogelijkheden voor ondernemen en innoveren. Bekijk je innovatieve idee dus ook in het licht van deze ontwikkelingen, en laat je adviseren door deskundigen als je zelf niet goed op de hoogte bent van de technische mogelijkheden.

> ## Nooit meer eenzaam met Zora, een zorgrobot
> Een robot die de eenzaamheid moet verdrijven. Het is een toekomstbeeld dat sommigen omarmen en anderen juist verafschuwen. Huize Elisabeth in Vught introduceerde zorgrobot Zora bij de bewoners. Sindsdien leidt Zora de wekelijkse gymoefeningen en de bingo. Zora is echter meer dan alleen een sport- en spelmaatje: ze roept veel emoties op bij de bejaarden. Voor sommige ouderen wordt Zora een vriend of vriendin die ze missen.
>
> Zora staat voor Zorg, Ouderen, Revalidatie en Animatie. Het is een programmeerbare humanoïde robot. Humanoïde wil zeggen dat ze er menselijk uitziet: ze heeft een hoofd, armen en benen. Ze is 58 cm groot en weegt 12 kg. Ze kan lopen, dansen, zingen en spreekt meerdere talen. Zora is de eerste robot ter wereld die ingezet wordt bij de zorgondersteuning van volwassenen en kinderen.

(c) Regy van den Brand 2014

FASE 2

Hoogleraar robotica Pieter Jonker van de Technische Universiteit Delft stelt dat de robot de toekomst van de ouderenzorg is: 'Er zijn rond 2030 niet genoeg mensen die in de zorg werken. Een robot is een mooie manier om met ouderen te praten of te communiceren. Eigenlijk hebben we als samenleving geen keus, dus we moeten blij zijn dat er straks een robot is die op ouderen kan letten. Zo'n robot regelt dan bijvoorbeeld wanneer iemand moet eten of naar de wc moet gaan.'

Volgens Jonker gaat het erom dat iemand aandacht heeft voor een persoon. 'Als iemand terug praat en aandacht heeft, maakt het niet meer uit of het een mens is of een ding. Er zit in een robot intelligentie van een mens en dat zie je erin terug.'

Bron: www.eo.nl

Ecologische factoren

De ecologische factoren behoren tot de fysieke omgeving van de markt waarop de organisatie actief is of wil worden. Voorbeelden zijn het klimaat, het weer, de beschikbaarheid van natuurlijke hulpbronnen en de wijze waarop producten worden geproduceerd (toepassing van chemicaliën et cetera).

Deze factoren kunnen van invloed zijn op de afzet van het product. Door allerlei berichten over dierenleed en gifschandalen zijn consumenten steeds kritischer geworden. Je moet hiervan goed op de hoogte zijn om er daadkrachtig op te kunnen inspelen met goede en volledige informatie over bijvoorbeeld de veiligheid en milieuaspecten van geleverde producten. Oriënteer je dus bij diverse instanties die zich bezighouden met natuur en milieu.

Transition Towns

Een voorbeeld van een (wereldwijd) initiatief om mensen meer te betrekken bij een duurzame leefomgeving zijn de zogenoemde Transition Towns (TT), lokale gemeenschappen in steden, dorpen en wijken die zelf aan de slag gaan om hun manier van wonen, werken en leven duurzamer te maken.

In september 2008 kwam een groep van veertien mensen, geïnspireerd door het *Transition Handbook*, bijeen om de mogelijkheden van Transition Towns in Nederland te verkennen.

Het concept bleek snel aan te slaan en vanaf 2009 groeit de beweging als kool. Klimaatverandering en de energiecrisis zijn voor veel mensen de belangrijkste drijfveren om in actie te komen. Ze werken het liefst aan praktische oplossingen en laten zien hoe iedereen die zelf kan uitvoeren, bijvoorbeeld door groente te telen in eigen tuin of op eigen balkon. De beweging vertrouwt op de kracht van de lokale gemeenschap. Zij telt inmiddels ruim tachtig groepen in Nederland die in hun stad of dorp aan de slag zijn gegaan.

Bron: www.transitiontowns.nl

Politieke en juridische factoren

Bij deze factoren gaat het vooral om de wet- en regelgeving en het beleid zoals dat op de diverse overheidsniveaus (Rijk, provincie, gemeente) wordt bepaald. Denk daarbij ook aan Europese wet- en regelgeving. Uiteraard zijn niet alle wetten en regels van invloed op je innovatieve idee, maar een aantal kan verstrekkende gevolgen hebben. De invoering van de drie decentralisaties (zie paragraaf 1.2.3) heeft als gezegd grote gevolgen gehad voor de wijze waarop 'zorg en welzijn' zijn geregeld. Kijk in hoeverre je hierop met je idee kunt aansluiten.

Daarnaast geldt: een overheid die eisen oplegt aan producten of systematisch beleid voert om bestaande kwaliteitsnormen verder op te voeren, zorgt dat organisaties inventief zijn en met betere producten komen. Wie niet aan de eisen kan voldoen, loopt het risico omzet dan wel subsidie te verliezen. Laat je dus goed voorlichten en adviseren door specialisten op dit gebied.

Het zal duidelijk zijn dat de verschillende DESTEP-factoren nauw met elkaar samenhangen. Dat zie je ook terug in het voorbeeld hierna.

Granny's finest: modemerk met een missie

Op basis van ontwerpen van jonge creatieven breien ouderen eigentijdse accessoires. Deze worden vervolgens verkocht in de winkel en webshop.

Het motto 'Designed by the new, produced by the best, worn by the greatest' wijst op de drie uitgangspunten van Granny's finest:

- Kickstart voor jong creatief talent

  Jong creatief talent verkrijgt naamsbekendheid, opbouw van het portfolio en een 'goed gevoel' door iets terug te doen voor de maatschappij. Naast designers geldt dit ook voor modellen, fotografen, visagisten en stylisten. Door ervaring op te doen wordt het makkelijker om in de toekomst aan werk te komen.

- Bevordering welzijn ouderen

  Van de 2,6 miljoen 65-plussers in Nederland zijn er meer dan een miljoen eenzaam tot zeer eenzaam. Granny's finest voorkomt eenzaamheid door senioren hun hobby handwerk uit te laten oefenen in groepsverband onder begeleiding van jonge ontwerpers. Jong leert van oud en omgekeerd.

- Sociaal duurzame fashion

  Met de juiste natuurlijke garens, de juiste uitleg en de juiste inspanningen worden kwalitatief hoogwaardige handgemaakte producten gemaakt. Deze worden verkocht en met de opbrengst worden de sociale doelen van de organisatie gerealiseerd.

Bron: www.grannysfinest.com

FASE 2

Uiteraard is het ondoenlijk om je in het vooronderzoek op alle maatschappelijke ontwikkelingen te oriënteren. Je beperkt je dan ook tot de in jouw ogen meest relevante en urgente ontwikkelingen.

3.2.2   Oriëntatie op mesoniveau

Je richt je in je vooronderzoek vervolgens op het mesoniveau: de markt van vraag en aanbod waarop de organisatie zich bevindt. Bekijk hoe je kunt aansluiten op ontwikkelingen in de directe omgeving van de organisatie. Het is belangrijk de markt van vraag en aanbod in kaart te brengen:
- Wie zijn de klanten?
- Van welke goede voorbeelden kun je leren?
- Wie zijn concurrenten?
- Wie zijn mogelijke samenwerkingspartners?
- Welke andere (externe) partijen kunnen van belang zijn?

Klanten

Het perspectief van de klant aannemen is een leidend principe voor innovatie. Klantperspectieven sturen het innovatieproces. Je richt je dan ook als eerste tot hen om na te gaan of je ideeën aansluiten bij hun behoeften en wensen.

In de zorg- en welzijnssector kun je echter niet zonder meer afgaan op wat klanten wensen of eisen. 'Klant' en 'afnemer' hoeven immers niet dezelfde persoon te zijn, zoals je al gelezen hebt in paragraaf 1.3. Ook kan de klant in sommige gevallen niet goed beoordelen of wat hij wenst ook goed is voor hem. Denk daarbij bijvoorbeeld aan de vraag welke behandeling voor overgewicht het geschiktst is voor een bepaalde klant. Geregeld zal de klant dan kiezen voor de goedkoopste of gemakkelijkste behandeling en niet zozeer voor de voor hem beste aanpak. De klant is dus niet altijd het enige uitgangspunt: je hanteert ook je eigen professionele kwaliteitsnormen. Dat neemt echter niet weg dat de klant een factor van groot belang is en je dus zeker op de hoogte zult moeten zijn van zijn verwachtingen.

In je vooronderzoek ga je op zoek naar een of meer concrete klantfricties en mogelijke oplossingen daarvoor. Je probeert dus allerlei informatie over de huidige én de potentiële klant te achterhalen. Wat betreft de huidige klanten richt je je vooral op gegevens als:

- Wie zijn de klanten (in termen van leeftijd, sekse, inkomen, samenlevingsvorm, woonplaats, et cetera)?
- Wat nemen ze af/kopen ze?
- Waar komen ze vandaan?
- Waarom zijn ze klant?
- Sinds wanneer zijn ze klant?
- Hoe komen ze bij de organisatie terecht?

Om deze gegevens te achterhalen kun je gebruikmaken van diverse informatiebronnen. Voordat je de klanten zelf inschakelt, kun je nagaan welke informatie de organisatie al over hen heeft. De meeste organisaties houden immers allerlei gegevens over hun klanten bij in een database.

Ook kun je je collega's of je eigen administratie raadplegen. Als professional beschik je over een schat aan informatie over de klanten met wie je werkt. Het voordeel van de klantengegevens en de feedback van medewerkers bekijken is dat het een relatief snelle en goedkope manier is om informatie over klanten te verkrijgen.

Daarnaast moet je je richten op de potentiële klanten. Door onder andere de toename van het gebruik van internet is niet alleen het gedrag, maar ook de positie van klanten drastisch veranderd. Het betekent dat je steeds meer te maken hebt met klanten die:

- heel kritisch zijn ingesteld;
- goed geïnformeerd zijn;
- prijs- en kwaliteitsbewust zijn;
- grondig het aanbod vergelijken;
- een gemiddeld tot hoog opleidingsniveau hebben;
- een lage tolerantie hebben waar het gaat om (service)fouten;
- mondig zijn;
- vooral gaan voor gemak;
- niet afhankelijk willen zijn van een enkel distributiekanaal;
- meer dan voorheen behoefte hebben aan emotioneel voelbare verbeteringen: vriendelijkheid, inlevingsvermogen en betrokkenheid.

Je gaat in deze oriënterende fase uiteraard ook daadwerkelijk in gesprek met huidige en potentiële klanten. Zorg wel dat je onderzoek representatief is, met andere woorden: vormen de klanten met wie je contact hebt een juiste afspiegeling van de totale groep klanten? Je kunt ze bijvoorbeeld vragen een dag mee te lopen om samen te kijken naar wat zij opmerken. Wat vinden zij merkwaardig dat voor jou als professional volstrekt vanzelfsprekend is? Kijken door de ogen van de klant heeft het grote voordeel dat je je bewust wordt van je eigen eenzijdige blik (Gaspersz, 2009). Er zijn diverse mogelijkheden om met klanten in gesprek te raken, zoals:

- een open huis organiseren;
- via klachtenprocedures;
- in een georganiseerde discussie of debat;
- via een klanttevredenheidsonderzoek;
- tijdens een exitgesprek;
- door middel van observatie en door de inzet van een mysteryguest;
- via een vertrouwenspersoon;
- door middel van een kwaliteitspanel;
- via een cliëntenraad.

Deze mogelijkheden (Verhagen, 2011) worden op de website met voorbeelden toegelicht.

Het is zaak dat je je een goed beeld vormt van de belevingswereld van je klanten; je moet als het ware in hun huid kruipen. Hierna volgen twee voorbeelden hoe je dat kunt doen.

Stram, stijf en slechthorend in het AGNES-pak

Hoe voelt het om oud en versleten te zijn? Amerikaanse onderzoekers van het Agelab van het Massachusetts Institute of Technology in Cambridge (vs) ontwierpen het zogeheten AGNES-pak (een afkorting van Age Gain Now Empathy System), dat de dragers dezelfde beperkingen oplegt als een oudere met stijve gewrichten, een afnemend gehoor en verminderd gezichtsvermogen. Onderzoekers, ontwerpers en ingenieurs vinden het vaak lastig om in te schatten wat ouderen nog wel en niet meer kunnen. Zij lieten studenten het pak dragen om te onderzoeken welke problemen ouderen tegenkomen in het dagelijks leven. Een dagje lopen in het pak ervoeren de studenten als zeer vermoeiend en heel frustrerend. Nu begrepen ze waarom het voor ouderen soms moeilijk is om een jampotje open te krijgen, in en uit een auto te stappen of artikelen te pakken uit hoge of lage schappen in de supermarkt.

Bron: Voormolen, 2012

FASE 2

Into D'mentia

Dementie is een ingrijpende ziekte, die de komende jaren alleen maar toeneemt. Het is vaak lastig te doorgronden wat er allemaal gebeurt met iemand die dementie krijgt en hoe je daar het best mee om kunt gaan. Into D'mentia laat niet alleen jou als mantelzorger en/of professional (in opleiding) in een simulatietraining zelf ervaren wat het is om met deze hersenaandoening te leven, maar ook winkelpersoneel, agenten, overheidsinstanties, studenten en de rest van de samenleving. De ervaringstraining in de dementiesimulator maakt niet alleen bewust, maar laat de relatie tussen familieleden ook opbloeien en ontlast daarnaast de mantelzorgers.

Momenteel wordt gewerkt aan de Into D'mentia-app: de applicatie zal voor een toegankelijke dementie-ervaring zorgen, zónder intensieve training. Nieuwe technologieën als augmented reality (een live, direct of indirect, beeld van de werkelijkheid waaraan elementen worden toegevoegd door een computer; zie ook de uitleg van het multiverse-model in het websitemateriaal bij paragraaf 2.4.4) en animatie zullen de experience ook buiten de grenzen van de smartphone- en tabletschermen laten leven.

Bron: www.intodmentia.nl; www.mobilesforgood.nl

Door je op manieren als hier beschreven in te leven in de werkelijkheid van de klant, kom je op het spoor van concrete klantfricties en mogelijke oplossingen. Er zijn overigens soortgelijke pakken ontwikkeld om de dragers te laten ervaren hoe het is om overgewicht te hebben of zwanger te zijn. Informatie over het 'obesitaspak' en het 'zwangerschapspak' vind je op de website.

Goede voorbeelden: benchlearning

Je analyseert niet alleen je klant(behoeften), maar gaat ook op zoek naar goede voorbeelden ofwel organisaties die een succesvol product hebben ontwikkeld of een succesvolle werkwijze hanteren. Dat hoeven niet altijd vergelijkbare organisaties te zijn: juist naar andere sectoren kijken kan heel vruchtbaar zijn. En daar gaat het om: leren van inspirerende voorbeelden. Dit wordt ook wel **benchlearning** genoemd, en daarbij hoef je het wiel niet opnieuw uit te vinden. Benchlearning is beslist niet het leren van een trucje dan wel het lukraak een-op-een kopiëren van een 'succesformule'. Iedere organisatie is immers uniek, en wat werkt in de ene context, werkt niet per definitie ook in een andere context. Een succesformule moet altijd worden vertaald naar de eigen kenmerken en cultuur van de organisatie.

> ## Talenthousemethodiek: een nieuwe visie op jongeren
>
> Talenthouse is een methodiek voor jongerenwerkers waarmee zij leren hoe zij anders met jongeren kunnen werken. Bij Talenthouse wordt een beroep gedaan op de jongerenwerkers om een omslag te maken van het benaderen van jongeren als consumenten naar het benaderen van jongeren als producenten.
>
> Jongeren benaderen als een producent betekent dat je jongeren niet betuttelt en pampert, maar ze juist aanspreekt op hun talenten. Er wordt niets vóór jongeren georganiseerd, maar de jongeren organiseren zélf hun eigen activiteiten. Jongerenwerkers ondersteunen jongeren daarin door ze de ruimte te geven, maar ook door normatief grenzen te stellen.
>
> 'In het moderne jongerenwerk zijn jongerenwerkers stevig opererende rolmodellen. De tijd van discussiëren over al dan niet samenwerken met ketenpartners (met name de politie) is voorbij. Jongerenwerkers moeten zich realiseren dat zij niet het maatje zijn van jongeren, maar dat ze een serieus beroep uitoefenen. Samenwerken doe je niet omdat de jongere dat wel of niet goed vindt, maar omdat samenwerking en informatie-uitwisseling bijdragen aan de pedagogische doelstellingen,' aldus een van de initiatiefnemers.
>
> Inmiddels zetten diverse organisaties Talenthouse succesvol als methodiek in.
>
> Bron: Frank & Paulides, 2009

Vraag alleen informatie op als je ook bereid bent om je eigen gegevens met anderen te delen. Verwacht omgekeerd niet dat alle organisaties openlijk belangrijke commerciële gegevens delen. Uit ervaring blijkt dat de meeste organisaties graag bereid zijn om de meeste informatie te delen als er vanaf het begin een correct partnerschap ontstaat. Dus: respecteer de ander en werk als partners. Kijk op de website voor meer informatie over benchlearning.

Concurrenten
Concurrenten zijn organisaties die zich richten op dezelfde klanten en die een min of meer vergelijkbaar aanbod hebben. Ieder wil de eigen positie op die markt handhaven en het liefst verbeteren.

De mate van concurrentie in een sector hangt af van factoren als het aantal aanbieders in een gebied. Als er (te) veel aanbieders zijn, ligt concurrentiestrijd voor de hand. De klant kan daar baat bij hebben. Immers: als er veel aanbieders op de markt zijn, zijn zij gedwongen goede kwaliteit te leveren en hun prijzen te verlagen tot in de buurt van de kostprijs, anders stappen de klanten naar de concurrent.

Deze theorie gaat ervan uit dat klanten rationeel te werk gaan, voldoende informatie hebben over alle kosten en baten van ons handelen en voortdurend streven naar de gunstigste kosten-batenverhouding. Steeds vaker blijkt echter dat mensen helemaal niet zo rationeel handelen. Als sociaal en emotioneel wezen reageren we soms juist in strijd met onze eigen belangen en geven hier

FASE 2

achteraf dan een goede verklaring voor (rationaliseren). We kiezen dan voor de gemakkelijkste of de goedkoopste oplossing in plaats van voor de beste oplossing van ons probleem.

Om grip te krijgen op de concurrenten moet je, zeker bij krapte op de markt, te weten komen wat ze (anders) doen om de problemen van de klant op te lossen. Andersom is het belangrijk dat je heel goed weet wat je zelf anders doet of wilt gaan doen dan de concurrenten – dit kan immers concurrentievoordeel of juist -nadeel opleveren. Dergelijke informatie verzamel je aan de hand van alles wat een concurrent zelf naar buiten brengt, zoals jaarverslagen, persberichten en reclame-uitingen, maar ook personeelsadvertenties. Daarnaast leveren berichten in de diverse (online) media, databanken en informatie van klanten en collega's een schat aan gegevens op.

Naast het aantal aanbieders speelt ook de verhouding tussen de diverse aanbieders een rol. Zien zij elkaar echt als concurrenten of levert samenwerking voor alle partijen meer voordeel op? Zoals hiervoor al is aangegeven zien zorg- en welzijnsorganisaties steeds vaker in dat samenwerken meer voordelen oplevert dan elkaar beconcurreren. Er wordt in dit verband ook wel gesproken van concullega's: samenwerking tussen concurrenten is in sommige situaties het vruchtbaarst. Gebruikmaken van elkaars kracht is een veelgehoord motief om samen te werken.

Samenwerkingspartners
Onze maatschappij is een onderhandelingssamenleving, met strijd, maar ook met pogingen tot samenwerking tussen publieke organisaties (overheid), burgers (klanten) en private organisaties (bedrijven). De grenzen tussen de traditionele rollen van deze partijen zijn vervaagd. Je las hiervoor al dat private organisaties zich allang niet meer uitsluitend concentreren op winst maken. Klanten blijven niet meer langs de zijlijn staan om kritiek te leveren op alles wat mis is of anders moet. En publieke organisaties hebben geleerd van de negatieve gevolgen van een te ver doorgeschoten verzorgingsstaat.

De complexe maatschappelijke vraagstukken raken iedereen, terwijl geen enkele maatschappelijke groep in staat is om dergelijke vraagstukken alleen op te lossen. Partijen hebben elkaar nodig. Middelen, kennis en capaciteiten moeten gezamenlijk worden ingezet en ook de risico's moeten worden gedeeld.

Dat vraagt een andere houding van partijen ten opzichte van elkaar. Wanneer ze bereid zijn om met elkaar samen te werken, moeten ze kennis met elkaar delen, elkaars specifieke en unieke capaciteiten onderkennen en benutten, en elkaar op minder sterke punten aanvullen. Het vraagt ook om acceptatie van elkaars nieuwe rol.

Samenwerking kan in diverse vormen plaatsvinden. Het kiezen voor een samenwerkingsvorm vindt plaats naar aanleiding van strategische beslissingen.

Deze hebben betrekking op de mate van samenwerking, het doel waar de samenwerking toe dient en de partner waarmee wordt samengewerkt.

In het voorbeeld hierna zie je dat er samengewerkt wordt door organisaties uit geheel verschillende sectoren. Ze werken weliswaar met verschillende doelen, maar deze hangen wel nauw met elkaar samen. Het resultaat is een win-win-situatie voor alle deelnemende partijen. Ook dit is weer een voorbeeld van recombineren.

Unieke combinatie bank en bieb

Rabobank Graafschap-Noord en bibliotheek West-Achterhoek zijn samen gevestigd in het kantoor van de bank in Steenderen. De bank heeft het concept van het nieuwe bankieren toegepast. Een vast dagdeel per week is een bankmedewerker ter plaatse, de rest van de tijd kan de klant in een aparte kamer en met behulp van moderne videotechniek met één druk op de knop videocontact maken met een medewerker van de bank. De ruimte die de bank dankzij deze nieuwe vorm van dienstverlening overheeft is 'om niet' aan de bibliotheek beschikbaar gesteld. Daarmee beschikt bibliotheek West-Achterhoek nu over een vast servicepunt ter vervanging van de bibliobus, die jarenlang eenmaal per week een uur op het marktplein stond. Daarmee investeren bank en bibliotheek in de leefbaarheid van het dorp.

In een doordachte samenwerking met Zozijn Op Pad runnen mensen met niet-aangeboren hersenletsel (NAH) de bibliotheek. Zozijn Op Pad is een professionele dienstverlener, die volwassenen met NAH ondersteunt om tot maximale zelfontplooiing te komen.

Sinds enige tijd is in het pand ook de lokale Kunstuitleen gevestigd, waaraan twintig kunstenaars meewerken die jarenlang schilderervaring hebben via Zozijn Op Pad. Het werken in de bibliotheek in Steenderen en het schilderen voor de Kunstuitleen zijn succesvolle initiatieven om cliënten van Zozijn een goede daginvulling te geven.

Bron: www.deweekkrant.nl

FASE 2

Zo'n samenwerking kan op verschillende manieren plaatsvinden. In tabel 3.1 zijn diverse samenwerkingsvormen opgenomen, die in bijlage 1 nader toegelicht worden. De samenwerkingsvormen zijn gerangschikt naar de hechtheid tussen de samenwerkende partners, variërend van een losse marktcombinatie waarbij de partners enkel vanwege hun positie op de markt een samenwerking aangaan, tot een samenwerking waarbij een van beide partners ophoudt te bestaan (zoals bij de overname).

Tabel 3.1 Overzicht intensiteit samenwerkingsvormen

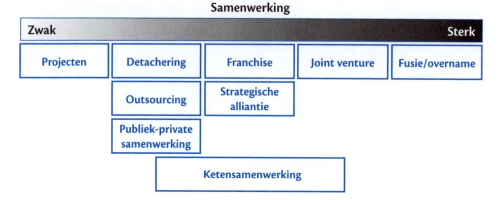

Enkele opmerkingen bij dit overzicht van samenwerkingsvormen:

- Genoemde samenwerkingsvormen zijn geen ondernemingsvormen. De samenwerking zal altijd in een ondernemingsvorm gegoten moeten worden. Daarover lees je meer in paragraaf 3.3.3.
- Samenwerking doet over het algemeen geen afbreuk aan de eigen identiteit. Wel heeft samenwerking tot gevolg dat beslissingen dienen te worden overlegd met de samenwerkingspartner en dat in sommige gevallen de beslissingsbevoegdheid dan ook in zekere mate wordt beperkt. Alleen bij een fusie of een overname verdwijnt de eigen identiteit van de onderneming en wordt de strategische beslissingsbevoegdheid naar een nieuwe instantie overgeheveld, bijvoorbeeld een nieuw bestuur.

Een relatief oude ondernemingsvorm is de coöperatie. Deze vorm wint de laatste jaren weer aan populariteit, met name door haar samenwerkingsmogelijkheden: de coöperatie vormt een koepel waaronder ieder lid als een zelfstandig ondernemer kan opereren. Een coöperatie oprichten is relatief eenvoudig: er hoeft niet aan veel voorwaarden te worden voldaan en er zijn geen kapitaalvereisten. De coöperatie is open en daarmee is het voor leden relatief eenvoudig om in of uit te treden (Groen e.a., 2006).

Veel zzp'ers verenigen zich in coöperaties, omdat zij op deze wijze hun vrijheid kunnen behouden maar toch sterker richting de markt staan dan wanneer zij als enkele ondernemer hun activiteiten zouden uitvoeren. Zie ook bijgaand kader. Meer informatie over zzp'ers is te vinden in bijlage 2.

> ## Een Broodfonds: collectief en betaalbaar, een inkomen uit schenking
>
> Word je als ondernemer ziek, dan heb je tijdelijk geen inkomen. Je wilt dit risico graag goed afdekken. Hoe doe je dat? Samen met andere ondernemers. In een broodfonds ondersteun je elkaar op vrijwillige en gelijkwaardige basis.
>
> ### Hoe het werkt
>
> Broodfondsen zijn gebaseerd op vertrouwen. Een broodfonds bestaat uit minimaal twintig en maximaal vijftig ondernemers, die elke maand geld opzijzetten op hun persoonlijke broodfondsrekening.
>
> Wie langdurig ziek is, krijgt van de anderen in zijn broodfonds maandelijks schenkingen om van rond te komen. Vrijwel alle zieke ondernemers zijn binnen twee jaar weer aan het werk, daarom duren deze schenkingen maximaal twee jaar. Er is ook een eigen risico: de eerste maand na ziekmelding is voor eigen rekening.
>
> In ieder broodfonds bestaan verschillende inkomens naast elkaar. Deelnemers kiezen hun schenkingsniveau en zetten elke maand het bedrag opzij dat bij dat inkomen hoort. Wie een hoog schenkingsniveau kiest, schenkt hogere bedragen dan iemand die voor een laag schenkingsniveau kiest. De voorwaarden zijn voor iedere deelnemer gelijk. De schenking moet passen bij het maandinkomen dat iemand heeft.
>
> In een broodfonds neem je samen de besluiten. Deelnemers besturen hun eigen broodfonds en hebben direct invloed op het beleid. Dat werkt nu al goed voor duizenden zelfstandigen in heel Nederland.
>
> Bron: www.broodfonds.nl

FASE 2

Overige externe partijen

In deze oriëntatiefase ga je ook na welke andere externe partijen belang kunnen hebben bij je innovatieve idee. Denk bijvoorbeeld aan de vermogensverschaffers, media/publieke opinie, lokale overheid en belangenorganisaties.

Vermogensverschaffers

De vermogensverschaffers (zoals aandeelhouders) zijn van belang, omdat zij de mogelijkheid bieden het eigen vermogen te vergroten. Hoe meer eigen vermogen een organisatie heeft, hoe minder afhankelijk zij is van verschaffers van vreemd vermogen (waaronder banken). Het is heel belangrijk dat deze financiers goed worden geïnformeerd over ophanden zijnde vernieuwingen. Als zij niet akkoord gaan, heb je wellicht een probleem.

Media/publieke opinie

De berichtgeving in de diverse (sociale) media heeft invloed op de resultaten van de organisatie. Dat kan zowel positief als negatief zijn. Misstanden in zorg- en welzijnsinstellingen (fraudezaken, slechte hulp- en dienstverlening) worden vaak breed uitgemeten in de diverse media. Vooral in consumentenprogramma's en op vergelijkingssites, klantenfora en weblogs hoor, zie en lees je allerlei klantenervaringen. Bedenk daarbij dat mensen vooral vertrouwen op het oordeel van anderen en veel minder op dat van de organisatie zelf, dat ze als promotiepraat zien.

Het is dus belangrijk om via de media met klanten en andere stakeholders in contact te komen en te blijven. Luister naar wat ze te zeggen hebben, neem hun verhalen serieus, leer ervan en ga de dialoog aan. Sommige organisaties hebben speciale medewerkers aangesteld om onjuiste berichtgeving op te sporen en onjuistheden te ontkrachten in dialoog met de klanten.

Lokale overheid

De lokale overheid oefent ook invloed uit op je innovatieve idee. De gemeente is in de zorg- en welzijnssector vaak opdrachtgever en/of financier, en daarmee samenwerkingspartner. De gemeente oefent ook op een andere manier invloed uit op je vernieuwingsplannen, alleen al door de regelingen waarmee je te maken zou kunnen hebben. Enkele voorbeelden hiervan zijn de vestigingsvergunning voor als je een nieuw pand wilt betrekken. Ook voor een verbouwing heb je een vergunning nodig: de omgevingsvergunning. Soms is een bestemmingsplanwijziging nodig, bijvoorbeeld als je in een bestaand woonhuis commerciële activiteiten wilt gaan uitvoeren. Over dergelijke zaken kun je je uiteraard laten adviseren door deskundigen.

Lees vanuit welke missie en visie Stichting VanHarte inmiddels in tientallen gemeenten in Nederland aan het werk is.

Resto VanHarte: recept voor een betere buurt

Missie

Stichting VanHarte vindt dat iedereen erbij hoort in de samenleving. Om tal van redenen kan iemand de aansluiting missen en in een isolement raken. Vanuit de gedachte dat eten verbindt, biedt Stichting VanHarte een kans om uit dit isolement te komen en de draad weer op te pakken. Samen koken en eten brengt mensen van verschillende achtergronden in contact met elkaar, met hun buurt en met hun eigen mogelijkheden. Zo vormen de keuken en aanschuiftafel van Stichting VanHarte een plek waar mensen elkaar inspireren en nieuw perspectief ontstaat. Stichting VanHarte wil de energie aanboren die in buurten aanwezig is bij bewoners, professionals, bedrijven en vrijwilligers. Want zorgen dat niemand buiten de boot valt is een verantwoordelijkheid van iedereen.

Visie

Door sociale buurtrestaurants en pop-up-Resto's op te zetten, wil Stichting VanHarte ontmoetingen tussen mensen tot stand brengen. Deze ontmoetingsplekken spreken buurtbewoners aan met uiteenlopende achtergronden, medewerkers van

---

bedrijven en instellingen, lokale politici, maatschappelijk dienstverleners, leerlingen en leerkrachten van scholen. Het Resto is een plek waar je mensen ontmoet, iets kunt leren, ideeën kunt opdoen, samen plezier kunt maken en vooral lekker en gezond kunt eten. Plekken waar mensen graag actief zijn, van waaruit een beweging ontstaat voor en door mensen die met aandacht en kracht iets willen toevoegen aan hun eigen leven en dat van anderen. Stichting VanHarte is het recept voor een betere buurt.

Bron: www.restovanharte.nl

Belangenorganisaties

Belangenorganisaties stellen onder andere kwaliteitscriteria op, waaraan de organisatie, en dus ook je innovatie, moet voldoen. Er vallen brancheorganisaties onder, zoals:

- Actiz, de brancheorganisatie van zorgondernemers;
- MOgroep, de brancheorganisatie voor Welzijn & Maatschappelijke Dienstverlening;
- Aedes, de branchevereniging van woningcorporaties;
- Jeugdzorg Nederland;
- Brancheorganisatie Kinderopvang.

Tot de belangenorganisaties behoren tevens politieke partijen, vakbonden en werkgeversorganisaties. Ook heb je rekening te houden met consumentenorganisaties (zoals patiëntenverenigingen), die de belangen van klanten behartigen. Zij oefenen invloed uit op het imago, de beleidsvoering en de resultaten van de organisatie.

Welke organisatie relevant is, hangt uiteraard af van het soort ideeën die jullie als team hebben opgesteld. In deze oriëntatiefase is het voldoende om de stakeholders te identificeren en aan te geven wat hun eventuele belang zou kunnen zijn.

3.3   Oriëntatie op de organisatie

Als volgende stap oriënteer je je op de micro-omgeving: de organisatie zelf. In deze oriënterende fase kijk je met name naar het innovatieklimaat binnen de organisatie (paragraaf 3.3.1). In paragraaf 3.3.2 geven we aan welke factoren van invloed zijn op het innovatief gedrag van medewerkers. Daarna komen in paragraaf 3.3.3 diverse organisatievormen aan bod. Ook de soort organisatie is immers van invloed op de manier waarop je je innovatieve idee verder kunt ontwikkelen en implementeren.

FASE 2

3.3.1   De innovatietienkamp

Sommige organisaties innoveren succesvol, andere niet. Uit onderzoek van Jacobs en Snijders (2008) blijkt dat er sprake is van een formule voor succesvol innoveren, met andere woorden: succes bij innovatie kun je organiseren. Jacobs en Snijders beschrijven tien organisatiefactoren die er echt toe doen als het gaat om innovatie. Juist dat scoren op alle verschillende disciplines is cruciaal. Daarom wordt dit ook wel de innovatietienkamp genoemd.

1 *De organisatie heeft een helder strategisch profiel*
Het belang van innovaties en ondernemendheid is duidelijk in missie, visie, doelen en strategie van de organisatie opgenomen. Men weet wat men wil en dus ook wat men niet wil. Het management gaat en blijft in gesprek met de medewerkers en vertaalt de strategie naar alle niveaus. De organisatie concentreert zich op waar ze al goed in is, richt zich op versterking daarvan en zoekt daarin verdere groeimogelijkheden. Er worden duidelijke keuzes gemaakt, waarbij daadwerkelijk ruimte is voor innovatie. 'Laat zien hoe je je geld besteedt en ik zeg je wat je belangrijk vindt': er worden tijd en budget vrijgemaakt voor experimenteren, om innovaties te kunnen ontwikkelen en testen. Innovatie wordt gestimuleerd.

Nieuwe initiatieven moeten worden beloond. De beloning moet niet alleen afhangen van getoonde efficiëntie. Dit vermindert immers de mogelijkheden tot experimenteren en daarmee tot innovatief gedrag. Geld is niet de enige vorm van beloning. Erkenning kun je ook tonen door bijvoorbeeld een innovatieprijs uit te reiken of door een foto en/of publicatie over de innovatie op het intranet te plaatsen.

2 *De organisatie is maatschappijgericht*
De organisatie kijkt met open ogen naar wat zich in de wereld afspeelt en probeert daarop te anticiperen. Er is ruimte voor open innovatie. De organisatie is actief op zoek naar externe ideeën (outside-in-innovatie) en stelt ook haar eigen ideeën beschikbaar aan de buitenwereld (inside-out-innovatie). Zie ook paragraaf 1.4.2.

3 *De organisatie is klantgericht*
De organisatie luistert naar wat de klanten willen, en formuleert geen oplossingen voordat ze de vragen kent. Succesvol innoveren vereist meer dan 'gewoon' aan klanten vragen wat ze willen. Het gaat om een echt begrijpen van klanten, inclusief hun omgeving, dagelijkse routines, zorgen en aspiraties. (Grote) innovatieve organisaties hebben doorgaans sociale wetenschappers in dienst zoals sociologen, antropologen en psychologen om dit begrip te bereiken.

4 *De organisatie is ambitieus en durft*

De organisatie neemt risico's, maar geen onnodige. Men weet: er is geen tegen-spraak tussen ambitie en kleine stappen. Dat betekent dat men niet zozeer ge-richt is op radicale innovatie als wel op incrementele innovatie. Men heeft oog voor het doorontwikkelen van (succesvolle) producten. Bestaande initiatieven en projecten worden versterkt. De toegevoegde waarde hoeft niet groot te zijn, zolang deze er maar is.

5 *De organisatie leert en ontwikkelt door*

In een lerende organisatie wordt van alle medewerkers op alle niveaus verwacht dat zij bereid zijn om voortdurend kritisch te kijken naar de eigen manier van werken. Reflecteren, elkaar feedback geven en aanspreken op keuzes en gedrag, zelf aanspreekbaar zijn, fouten durven maken en daarvan leren zijn dan be-langrijke eigenschappen. Het betekent dat er ook ruimte wordt geboden voor reflectie: medewerkers moeten het bestaande kunnen evalueren en aanpassen aan nieuwe omstandigheden.

6 *De organisatie leert van en gebruikt reële getallen*

Het is belangrijk dat regelmatig wordt nagegaan of de organisatie-, team- en in-dividuele doelen zijn behaald. Dat betekent dat er met meetbare doelstellingen wordt gewerkt. Dat is vooral van belang om met elkaar in gesprek te raken over wat er bereikt moet worden en hoe dat moet worden aangepakt. Wat kan ie-dereen bijdragen om de doelen te behalen, hoe komt het dat de beoogde doelen niet worden gehaald en waar kan het fout zijn gegaan? Werken met meetbare doelen is geen exacte wetenschap, maar een bereidheid om vooraf na te denken over wat en waarom en achteraf je handelen ter discussie te durven stellen, met een open blik naar verbetering te zoeken en er gezamenlijk van te leren. Als er goede resultaten zijn behaald, moet daar ook tijd en aandacht voor genomen worden. Vier met elkaar de successen!

7 *De organisatie zoekt de beste mensen*

De belangrijkste strategische beslissing betreft het werven en doorontwikkelen van de beste, slimste en meest ondernemende professionals op alle niveaus. De organisatie zoekt voor elk innovatieproject de best mogelijke teamcombinaties bij elkaar, met name ook met mensen van buiten de organisatie.

De beste mensen werven is één ding, maar hen ook weten te behouden is weer een heel ander verhaal. Dan is het belangrijk dat de taken, bevoegdheden, verantwoordelijkheden en onderlinge relaties in een organisatie – de organi-satiestructuur – innovatief gedrag bevorderen. Innovaties worden met name bevorderd door een organisatiestructuur met de volgende kernmerken:

- niet te veel regels en procedures;
- een platte organisatie met niet te veel managementlagen;
- veel onderlinge samenwerking in teams of projecten;

FASE 2

117

- een uitdagend takenpakket voor alle medewerkers met veel externe contacten. Hierdoor staan medewerkers bloot aan meer bronnen van innovatiekansen;
- voldoende afwisseling binnen het takenpakket van alle medewerkers;
- voldoende autonomie, zodat medewerkers relatief vrij en zelfstandig kunnen beslissen hoe zij het werk aanpakken;
- een beloningssysteem dat inspeelt op innovatief gedrag.

Er is dan ruimte voor mensen om te experimenteren en om kritisch te zijn vanuit het verantwoordelijkheidsgevoel om de organisatie vooruit te helpen. Vrijheid van denken en handelen moet altijd gerelateerd zijn aan het behalen van de organisatiedoelen.

8 *De organisatie heeft een open cultuur*

Er wordt een open communicatie over wat goed maar ook over wat minder goed gaat gestimuleerd. Er is een leuke sfeer, maar mensen worden ook bij de les gehouden: afspraken zijn afspraken. Een open, niet al te formele organisatiecultuur houdt ook in dat er ruimte is voor diversiteit. Werknemers worden aangesproken op hun capaciteiten, maar ook aangemoedigd om verschillen te erkennen en te benutten.

Kennisdeling is tevens een belangrijke stimulans voor innovatief gedrag. Met name 'in de hoofden' van medewerkers is veel kennis en ervaring opgeslagen, en die moeten zo veel mogelijk benut worden. Kennisdeling vergemakkelijkt de verspreiding van ideeën binnen de organisatie en draagt bij aan een organisatiecultuur waarin innovaties meer kans van slagen hebben.

Het is dus belangrijk dat de organisatie tijd en ruimte vrijmaakt voor kennisdeling, inspiratie en creativiteit. Sommige organisaties hebben een inspiratieruimte/innovatieruimte ingericht waar brainstormsessies worden gehouden en waar resultaten van dergelijke sessies zichtbaar zijn voor iedereen. Nieuwe ideeën, experimenten en noodzakelijke fouten zijn oké, maar blijven een middel en niet het doel. Het doel is succesvolle resultaten laten zien.

9 *De organisatie bouwt sterke netwerken*

We hebben het al eerder aangegeven: wat je als organisatie wilt bereiken kan steeds minder alleen. Er wordt binnen en buiten de organisatie gezocht en gekeken naar leerpunten. Waar mogelijk worden partners gezocht om mee samen te werken. Dat vraagt om onderlinge afstemming, dus om het inzichtelijk maken van wat je als organisatie doet: transparantie. Dat betekent dat de basis van de samenwerking 'onderling vertrouwen' is.

10 *Er is sprake van een innovatiefocus en betrokkenheid in de organisatie*

Het is belangrijk dat medewerkers meedenken en dat diverse afdelingen en teams kennis met elkaar kunnen delen. Het stimuleren van ideevorming bij medewerkers is essentieel. Zij moeten het gevoel hebben serieus genomen te worden en zich betrokken voelen.

Wil je weten hoe innovatief jouw organisatie is? ZorgZijn Werkt, de werkgeversvereniging voor zorg en welzijn, heeft een Innovatiezelfscanwebsite ontwikkeld. Met deze online zelfscan kunnen organisaties hun innovatievermogen in kaart brengen. De scan meet het innovatiemanagement van de organisatie. Meer informatie hierover vind je op de website.

Je weet nu aan welke criteria een organisatie moet voldoen om succesvol te kunnen innoveren. In de volgende paragraaf wordt nader ingegaan op het innovatieve gedrag van professionals: hoe kan dat worden gestimuleerd?

3.3.2   Innovatief gedrag

In een innovatieve organisatie wordt van iedere individuele medewerker innovatief gedrag verwacht. Niet elke medewerker is van zichzelf innovatief. Hoe kan innovatief gedrag gestimuleerd worden?

Veel professionals in zorg- en welzijnsorganisaties hebben voor dit werk gekozen om mensen te 'helpen' en voor hen te 'zorgen'. Ze zijn bang voor uitholling van hun functie, nu er andere zaken van hen worden verwacht. Immers, de zorg- en welzijnssector is volop in beweging, en dat vraagt om een andere manier van werken. Dit heeft een organisatorische kant, zoals een efficiëntere inrichting van de werkprocessen. De andere kant betreft het personeel: het zijn de medewerkers die de vernieuwde werkprocessen uitvoeren en hun nieuwe rol invullen.

Het model van Schmalenbach (2001) biedt hulp bij het inzichtelijk maken van de voorwaarden voor succesvol innoveren met medewerkers. Volgens dit model (zie figuur 3.2) treedt innovatief gedrag op als men kan, wil en mag innoveren.

Kunnen innoveren

De eerste voorwaarde is dat de professional *kan* innoveren. Dat houdt in dat hij de vakkennis, de vaardigheden en de ervaring heeft om mee te denken over product- en procesinnovatie. Daarnaast moet hij kennis hebben over de organisatie zelf en het verloop van een innovatieproces, en ten slotte zijn organisatorische en communicatieve vaardigheden vereist.

Medewerkers moeten dus goed geïnformeerd worden over mogelijke veranderingen. Daarbij moet de noodzaak tot innoveren worden onderbouwd en moeten de medewerkers de consequenties voor hun werk kunnen overzien. Hierdoor kan worden voorkomen dat zij veranderingen ervaren als 'het uitkleden van hun werk'. Goed informeren en communiceren is dus een vereiste. Dat geldt uiteraard ook voor deskundigheidsbevordering: training en opleiding van medewerkers zodat zij zich kunnen blijven ontwikkelen, verbeteren en vernieuwen.

FASE 2

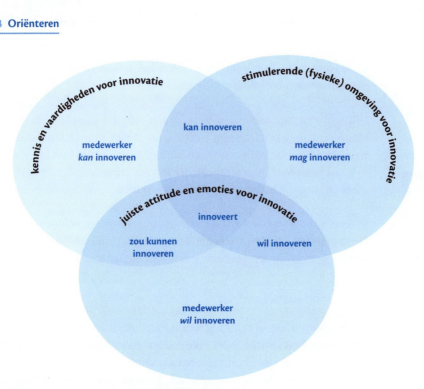

Figuur 3.1 Model van Schmalenbach (2001)

Willen innoveren

Een tweede voorwaarde is dat de medewerker *wil* innoveren. Het innovatieproces vereist gedrevenheid, vasthoudendheid en overtuigingskracht. Er moet motivatie zijn voor innovatie. Het is belangrijk dat de medewerker de kans krijgt om de dialoog te voeren met het management over de wijze waarop veranderingen kunnen worden aangepakt. Invloed op besluitvorming helpt weerstanden verminderen.

Mogen innoveren

De derde voorwaarde is dat de medewerker *mag* innoveren. Hij moet de ruimte, de tijd en de bevoegdheden hebben om te kunnen experimenteren. Denk bijvoorbeeld aan de 20 procentregeling van Google, die hiervoor al werd aangehaald (zie paragraaf 2.5.3).

Het is dus belangrijk dat medewerkers – binnen bepaalde kaders – mogelijkheden hebben om zaken uit te proberen en ruimte krijgen om fouten te maken en daarvan te leren. De organisatie moet een hoge mate van veiligheidsbeleving bieden: medewerkers ervaren dat zij met ideeën mogen komen en dat afwijkende standpunten zijn toegestaan. Medewerkers moeten elkaar kunnen steunen om ideeën te realiseren.

Dit alles vraagt uiteraard om een andere manier van aansturen. Er wordt vaak beweerd dat innovatie afhankelijk is van visionaire leiders. Dergelijke leiders zijn zeker belangrijk bij de totstandbrenging van een innovatieve cultuur, maar leiders moeten vooral zorgen dat die cultuur van ambitie structureel verankerd wordt in de organisatie en dus niet van henzelf afhankelijk blijft.

Als een leidinggevende zich vooral richt op strikte controle van zijn medewerkers, dan richten zij zich uitsluitend op het nauwgezet uitvoeren van bestaand werk en weinig op innoveren. Veel beter is het dus om medewerkers:

- te inspireren;
- te laten participeren;
- concrete steun te geven.

Inspireren betekent dat de leidinggevende het belang van innovatie steeds benadrukt en medewerkers uitdaagt om na te denken hoe dingen beter of anders kunnen. Daarin geeft hijzelf uiteraard steeds het goede voorbeeld.

Verder zijn medewerkers gemotiveerder als zij de besluitvorming kunnen beïnvloeden en enige vrijheid hebben om hun werk in te delen zoals zij dat zelf willen. Innovatiebevorderend leiderschap vraagt uiteindelijk om vertrouwen in medewerkers om zelfstandig initiatieven te nemen en die uit te voeren. Een leidinggevende kan dit bewerkstelligen door medewerkers te raadplegen, door meer gezamenlijke besluitvorming en door het ruimschoots delegeren van taken.

Steun betekent niet alleen verbale steun, maar ook middelen (tijd en geld) om ideeën te kunnen uitvoeren, en niet te zwaar te tillen aan het maken van fouten.

Nu je weet waaraan organisaties moeten voldoen om succesvol te kunnen innoveren en medewerkers daar actief in te stimuleren, is het zinvol je te verdiepen in de verschillende soorten organisaties. Het soort organisatie waar je werkt is immers ook van invloed, met name op het realiseren van je innovatieve idee: aan een innovatief idee doorvoeren zitten in een grotere organisatie vaak meer haken en ogen dan in een kleinere organisatie, zoals de eenmanszaak. Bij een grote organisatie als de bv zijn er meer stakeholders die overtuigd moeten zijn van je innovatieve idee. Daarnaast spelen er over het algemeen uitgebreidere processen die aangepast moeten worden om je innovatieve idee door te voeren.

3.3.3 Organisatie-/ondernemingsvormen

Een organisatie waar men aanbod produceert met het doel dit te verkopen op een afzetmarkt is een bedrijf. Een bedrijf met winstoogmerk is een commerciële organisatie ofwel een profitorganisatie. Organisaties die producten aanbieden zonder winstoogmerk worden not-for-profitorganisaties genoemd. Zij hebben primair het profijt van de samenleving voor ogen. Tussen profitorganisaties en not-for-profitorganisaties bestaan ook veel overeenkomsten. De verschillen en overeenkomsten leer je kennen aan de hand van de diverse ondernemingsvormen.

FASE 2

In de profitsector wordt geregeld gewerkt met een eenmanszaakstructuur, een vof, een bv of een nv; in de not-for-profitsector met de vereniging en de stichting. Van deze ondernemingsvormen noemen we hier de belangrijkste kenmerken. Hierbij gaan we ook in op de mogelijkheid tot innoveren. Als het op innoveren aankomt, is iedere organisatie anders. De mogelijkheden tot innoveren worden met name bepaald door de opzet en het management van de organisatie, zoals eerder al aan bod kwam.

Social enterprise

Een nieuwe vorm van ondernemen die de laatste jaren is opgekomen, is de social enterprise. Je las er al over in paragraaf 1.3.4. Bij een social enterprise wordt de bedrijfsvoering op eenzelfde wijze gedaan als in de profitsector maar met een duidelijke link naar de not-for-profitsector. Er is een winstoogmerk aanwezig maar de winst moet beschouwd worden als het middel en niet als het doel op zich. Een social enterprise heeft dan ook een maatschappelijke missie als doel.

Het grootste onderscheid tussen een social enterprise en een organisatie in de not-for-profitsector is dat een social enterprise een duidelijk winstoogmerk heeft met als gevolg dat de social enterprise, anders dan de organisaties in de not-for-profitsector, volledig zelfstandig is en onafhankelijk van subsidies of giften.

In Nederland ontwikkelt de social enterprise zich gestaag.

Ten opzichte van Nederland is het principe van social enterprise in andere landen in Europa verder ontwikkeld. Met name in het Verenigd Koninkrijk is de ontwikkeling van het principe social enterprise al langer gaande en daarmee ook verder doorontwikkeld.

Een interessante ontwikkeling in het kader van social enterprise is het initiatief van Big Society Capital. Big Society Capital is opgezet als een onafhankelijk financieel instituut met de missie om de investeringen in sociaal ondernemingen te stimuleren. Daarnaast biedt Big Society Capital ondersteuning aan social enterprises op het gebied van regelgeving en belastingen. Door Big Society Capital kunnen social enterprises in het Verenigd Koninkrijk gericht financiële middelen aanvragen voor hun sociaal onderneming. Big Society Capital hanteert eisen en condities met betrekking tot de verstrekte financiering die specifiek is toegespitst op sociaal ondernemingen. Een van deze gehanteerde methoden is de sroi-analyse. Meer informatie over deze analyse vind je in paragraaf 6.5.

Meer informatie over Big Society Capital en social enterprise in Nederland en het Verenigd Koninkrijk kun je vinden op de website.

Bron: www.bigsocietycapital.nl; www.sociaalondernemen.nu; social-enterprise.nl; www.socialenterprise.org.uk

Ondernemingsvormen in de profitsector

De ondernemingen binnen de profitsector hebben een duidelijk winstoogmerk. De winst wordt getoond in het jaarverslag van de onderneming, bestaande uit de resultaatrekening en de balans. Op de resultaatrekening staan de kosten en opbrengsten van een onderneming. Doordat deze resultaatrekening over een langere periode loopt, wordt duidelijk hoe de onderneming er op langere termijn voor staat. Zijn er meer kosten dan opbrengsten, dan is er sprake van een verlieslijdende onderneming. Zijn er meer opbrengsten dan kosten, dan is er sprake van een winstgevende onderneming.

Winst is het verschil tussen de kosten om een product te produceren (de kostprijs) en de prijs die het product heeft opgeleverd (verkoopprijs). Voor profitorganisaties geldt dat de verkoopprijs altijd hoger moet zijn dan de kostprijs. Het maken van winst is bij deze organisaties de graadmeter voor het al dan niet succesvol functioneren.

Dit winstoogmerk heeft ook tot gevolg dat organisaties binnen de profitsector over het algemeen op zoek zijn naar innovatieve ideeën die een vergroting van de winst tot gevolg hebben. Zo kan er een betere concurrentiepositie verworven worden waardoor de verkoop stijgt, maar er kan bijvoorbeeld ook een verlaging van de kostprijs optreden waardoor de winst wordt vergroot. Wanneer je een innovatief idee wilt invoeren in de profitsector, dien je dan ook een duidelijke financiële analyse te hebben waaruit blijkt dat het de organisatie iets oplevert in de winstsfeer. Je zult zien dat dit anders is als het gaat om innovatie binnen de not-for-profitsector.

De ondernemingsvormen binnen de profitsector hebben als gemeenschappelijk kenmerk dat de behaalde winst zonder specifiek doel besteed mag worden. Dat houdt in dat het aan de onderneming is om de winst in eigen activiteiten te investeren dan wel uit te keren aan de aandeelhouders, de medewerkers of bijvoorbeeld aan een goed doel. Er kunnen wel voorwaarden verbonden zijn aan het uitkeren van de winst, voornamelijk bij de grotere ondernemingsvormen, de bv en de nv. Deze zijn vastgelegd in de **statuten** en zijn voor iedere onderneming verschillend. De statuten vormen de grondregels van de onderneming en maken duidelijk hoe de onderneming is opgebouwd, wat het startkapitaal is en wat de basisregels zijn waaraan iedereen die verbonden is aan de onderneming zich moet houden. De statuten dienen vastgelegd te worden bij een notaris en kunnen niet zomaar worden gewijzigd.

Sinds de wetswijziging per 1 oktober 2012 is de oprichting van de bv vergemakkelijkt door de wetgever. Als gevolg hiervan is de bv, zeker voor sociaal ondernemingen, een stuk aantrekkelijker geworden. Meer informatie over de bv kan gevonden worden in bijlage 2.

Naast de overeenkomst met betrekking tot de besteding van de behaalde winst zie je binnen de ondernemingsvormen in de profitsector ook een verschil,

FASE 2

namelijk dat tussen de groep die belast wordt binnen de inkomstenbelasting en de groep die belast wordt binnen de vennootschapsbelasting. Je zult zien dat dit afhangt van de rechtspersoonlijkheid die al dan niet verbonden is aan de ondernemingsvorm. Rechtspersoonlijkheid kan volgens het Burgerlijk Wetboek enkel aan een ondernemingsvorm worden toegekend door de wetgever. Wanneer er geen rechtspersoonlijkheid is toegekend, houdt dit in dat de beheerder van de onderneming met zijn privévermogen aansprakelijk gesteld kan worden voor alle schulden van zijn onderneming bij bijvoorbeeld faillissement. Dat betekent dus dat wanneer er wel rechtspersoonlijkheid is toegekend aan een onderneming, de beheerders van deze onderneming niet aansprakelijk gesteld kunnen worden met hun privévermogen wanneer er grote schulden ontstaan die de onderneming niet langer kan afbetalen of wanneer de onderneming failliet gaat.

Ondernemingsvormen in de not-for-profitsector

De doelstelling van een not-for-profitorganisatie is de ondersteuning van private of publieke aangelegenheden voor niet-commerciële, maatschappelijke doeleinden, zoals onderwijs, welzijn, zorg, kunst, politiek en onderzoek. Hoewel deze organisaties niet naar winst streven, hebben zij wel inkomsten nodig. Not-for-profitorganisaties zijn daarvoor aangewezen op verschillende financieringsbronnen, zoals:

- eigen bijdragen van klanten/gebruikers (meestal dekken deze niet volledig de kostprijs);
- giften van sympathisanten;
- bijdragen van de overheid (subsidies);
- sponsoring door profitorganisaties;
- extra gelden uit commerciële activiteiten;
- fondsen (voor een bijzonder doel vastgelegd kapitaal waarop men een beroep kan doen in verband met kosten die niet voor vergoeding door andere instanties in aanmerking komen).

Not-for-profitorganisaties die subsidie ontvangen worden door de overheid op kwaliteit gecontroleerd. Als de organisatie niet aan de kwaliteitseisen van de overheid voldoet, kan de subsidie worden stopgezet. Bij ernstige overtredingen van de subsidienormen kan de verleende subsidie zelfs worden teruggevorderd.

Het financiële beleid van not-for-profitorganisaties kenmerkt zich door het feit dat zij over het algemeen activiteiten ontplooien waar geen winstmarge op zit. Dit heeft tot gevolg dat zij bij de realisatie van hun doel een evenwicht moeten zien te bereiken tussen de inkomsten uit de diverse bronnen en uitgaven. Daarvoor is het nodig dat de begroting sluitend is: de inkomsten moeten voldoende zijn om de uitgaven te financieren. Dat is dan ook de reden dat het beter is te spreken van not-for-profitorganisaties dan van non-profitorganisaties, want

ook al streven zij niet naar winst, de kosten moeten uiteraard wel zo veel mogelijk worden terugverdiend.

Ook bij deze organisaties moet men, net als in de commerciële sector, effectief en efficiënt werken. Als je dit vertaalt naar de mate van innovatie zie je hier
het verschil in doel van het innovatieve idee. Waar innovatie, in de profitsector
met name gericht is op het vergroten van de winst, is dit in de not-for-profitsector slechts in beperkte mate het geval. Over het algemeen richt innovatie
binnen de not-for-profitsector zich op het versterken van het sociale doel door
kwaliteitsverbetering binnen de organisatie. Het vergroten van de winst verdwijnt hierbij naar de achtergrond en er wordt gefocust op kwaliteitsbeleving
bij de klanten en ook bij bijvoorbeeld de medewerkers. Daardoor kan het eenvoudiger zijn om een innovatief idee door te voeren. Maar hoewel innovatieve
ideeën binnen de not-for-profitsector geen winst hoeven op te leveren, mogen
ze de organisatie ook geen, dan wel niet te veel, verlies opleveren. Immers, ook
de not-for-profitorganisatie moet de kosten zo veel mogelijk terugverdienen.
Meer over het bepalen van het financiële beleid en de daarbij horende begroting lees je in paragraaf 3.4.

De twee ondernemingsvormen die het meest gebruikt worden binnen de
not-for-profitsector zijn de vereniging en de stichting. Het grote verschil tussen
beide zit in het karakter van de onderneming, dat democratisch dan wel autoritair is. In een democratische onderneming dienen altijd minimaal twee organen
te zijn. Bij een onderneming met een autoritair karakter is deze verplichting van
meerdere organen er niet. De organen van een onderneming zijn de verschillende onderdelen van de organisatie. Je kunt hierbij denken aan het bestuur, de
algemene ledenvergadering of een raad van commissarissen. Bij een onderneming met een autoritair karakter betekent dit dus dat er enkel een bestuur hoeft
te zijn, terwijl er bij een onderneming met een democratisch karakter naast het
bestuur verplicht ook nog een ander orgaan zoals een raad van commissarissen
dient te zijn.

Voor een uitgebreide uitleg van de verschillende ondernemingsvormen verwijzen we je naar bijlage 2. In tabel 3.2 zie je waar de verschillende ondernemingsvormen zich bevinden binnen de kaders die door de wet gesteld zijn, wat
verplichte eigenschappen zijn en wat hun rechtspersoonlijkheid is en op welke
markt (profit of not-for-profit) zij vooral actief zijn.

FASE 2

Tabel 3.2 Overzicht van ondernemingsvormen

	Geen rechtspersoonlijkheid	Rechtspersoonlijkheid
Profit	*Eenmanszaak (zzp'er)* ■ Joli ■ Loco-motion ■ Yokidoki *VOF* ■ VOF Buitenkans ■ Thuiszorg Summazorg VOF ■ Zorgkracht VOF ■ Kind-Zijn VOF	*Bv* ■ Achmea, onderdeel van Eureko bv ■ Driekant bv ■ Buurtzorg Concepts bv ■ Buitenschoolse opvang De Berkel bv *Nv* ■ Unilever nv ■ ASN Bank nv ■ nv Sportfondsen Nijmegen
Not-for-profit		*Vereniging* ■ Vereniging Gehandicaptenzorg Nederland ■ Vereniging Zorgboerderijen Overijssel ■ Landelijke Vereniging Kind en Ziekenhuis *Stichting* ■ Pluryn ■ Buurtzorg ■ Dichterbij ■ Fier4Grunn ■ Humanitas

Wanneer je dieper ingaat op de verschillende ondernemingsvormen, wordt duidelijk dat er ook overeenkomsten zijn tussen profitorganisaties en not-for-profitorganisaties. Over het algemeen is bij beide sprake van een dagelijks bestuur en een orgaan dat het dagelijks bestuur controleert. In de statuten ligt vast hoe de bevoegdheden en taken binnen een organisatie zijn verdeeld.

Al deze gegevens over de organisatie vormen de input voor de interne analyse, die je in de volgende fase gaat uitvoeren (zie hoofdstuk 4).

3.4   Oriëntatie op de financiën

Het is belangrijk te weten wat de financiële speelruimte voor je innovatieve idee binnen én buiten de organisatie is. Naast een oriëntatie op de interne financiën is het dan ook van belang te kijken naar de externe financiële mogelijkheden voor je idee: zijn er subsidiemogelijkheden of is er nog een andere bron waar de benodigde financiën vandaan kunnen komen?

3.4.1 Intern: begroten en budgetteren

Een organisatiedoelstelling kan op diverse manieren en met verschillende middelen worden gerealiseerd. Aan elke manier hangt een ander prijskaartje. Als doelstellingen worden vertaald in geld is het resultaat een begroting of een budget.

Een **begroting** is de financiële vertaling van het voorgenomen beleid van een organisatie in een bepaalde beleidsperiode. Over het algemeen vindt het begroten op jaarlijkse en op meerjaarlijkse basis plaats. Men werkt vaak met een meerjarenbegroting om in lijn te blijven met de meerjarige strategie die bepaald wordt zodat er een duidelijke financiële onderbouwing van de strategie ligt. Daarnaast werkt men met een jaarlijkse begroting om de strategie tijdig te kunnen bijstellen wanneer dit nodig blijkt. De begroting wordt opgesteld door de verwachte kosten en opbrengsten tegenover elkaar te zetten en zo te bepalen of en hoeveel winst er gemaakt zal worden. Vanuit een analyse van eventuele verschillen kunnen er, indien nodig, passende maatregelen worden getroffen, zoals bezuinigen doorvoeren. Deze cyclus wordt constant doorlopen. De begroting is als het ware het financiële kompas van de organisatie waarmee ze nagaat of zij nog steeds de juiste koers vaart. De analyse wordt samengevat in het jaarverslag. Als na controle van de begroting door middel van het jaarverslag blijkt dat de organisatie financieel de verkeerde kant opgaat, dient de koers te worden bijgesteld om vervolgens weer opnieuw te beginnen aan de cyclus door de begroting op te stellen.

De begroting wordt dan ook vaak gehanteerd als controlemiddel. Door te vragen om een juiste begroting krijgt een kredietverstrekker zoals een subsidieverlener een gedegen inzicht in de financiële situatie van de organisatie of het project. Ook wordt hierdoor duidelijk welke lasten gedragen worden door het verstrekte krediet.

Door de begroting te analyseren kan dan ook een helder beeld verkregen worden van de financiële mogelijkheden voor je innovatieve idee. Door een begrotingsvergelijking kun je inschatten of er budget beschikbaar zal zijn voor het idee en of je idee gericht moet zijn op winst of dat dit geen noodzaak is. Verkeert de organisatie in zwaar weer, dan zal een innovatief idee dat geen aanmerkelijke winstverhoging tot gevolg heeft lastiger door te voeren zijn. Daarnaast kun je aan de begroting zien waar de financiële belangen van de organisatie liggen en waar wellicht nog terrein gewonnen kan worden door bijvoorbeeld een innovatief idee door te voeren.

Naast de (meer)jaarlijkse begroting wordt er binnen een organisatie ook gewerkt met budgetten. Een **budget**, onderdeel van een begroting, wordt vaak vastgesteld per activiteit of per project, afhankelijk van de grootte van het project en de activiteit. Een budget kan worden omschreven als de maximale kosten die gemaakt mogen worden ter uitvoering en voltooiing van de activiteit of het project. Een overschrijding van het budget geeft dan ook aan dat er voor-

FASE 2

afgaand geen juiste kostenschatting gemaakt is en een overschrijding van het budget zal niet altijd worden vergoed. Zoals gesteld volgt een budgetbepaling na een kostenschatting. Deze kostenschatting wordt gemaakt naar aanleiding van ervaringen met vergelijkbare activiteiten of projecten. Ook kan de kostenschatting worden gemaakt op basis van de marktanalyse die gemaakt is voorafgaand aan de strategische beslissing en kan zij worden gebaseerd op offertes die zijn aangevraagd.

Buiten deze kostenschatting kan ook intern een bepaald doel aan de activiteit gekoppeld zijn, zoals een minimale winst, die de hoogte van het budget beïnvloedt. Daarnaast is er, in tijden van bezuiniging, soms gewoonweg niet meer budget beschikbaar. Op dat moment is het zaak om de activiteit of het project op creatieve wijze binnen het vaststaande budget te plaatsen.

Het budget en de begroting maken deel uit van de strategie van de onderneming. Dit heeft tot gevolg dat de begroting in alle volgende stappen mee zal lopen, immers: zowel bij de uitvoering als bij de evaluatie en verbetering komt het financiële aspect van de onderneming terug. Je zult daarom in volgende hoofdstukken een uitgebreider beeld krijgen van de rol van de begroting binnen een project en een organisatie.

Of het nu gaat om profitorganisaties of om not-for-profitorganisaties: begroten is een van de belangrijkste financiële taken van de leiding van een organisatie. Daarnaast moet de leiding van een organisatie onder meer:

- financiële bronnen verkennen en benutten: eigen inkomsten en/of bijdragen van de overheid, de **subsidies**;
- registreren en verantwoorden: administratie bijhouden en het financieel jaarverslag opstellen.

Deze gegevens zijn uiteraard niet alleen van belang voor de leiding van een organisatie. Ook voor jou als professional is het belangrijk inzicht te hebben in de begroting, budgetten, kosten en opbrengsten, in ieder geval van projecten waarbij je zelf betrokken bent.

Bij een groot aantal organisaties moeten de beroepskrachten nauwkeurig registreren hoeveel uren zij besteden aan welke projecten. Het is goed dat je je bewust bent van wat jij en je collega's kosten per uur en welke andere kosten er bij jullie projecten komen kijken. Dan kun je meedenken, meepraten en meebeslissen over zaken als prijs-kwaliteitverhoudingen en kostenbesparingen.

Het opstellen van een begroting kan door beginnende professionals als lastig worden ervaren, hoewel het geen grote valkuilen bevat. Essentieel is om realistisch te werk te gaan. Wanneer op basis van realistische schattingen een begroting wordt vastgesteld, zal bij de nacalculatie blijken dat er geen budgetoverschrijding is.

Een begroting/budget heeft dus een aantal belangrijke functies in een organisatie, die hierna worden besproken.

Bezinning op de toekomst

Het maken van een begroting dwingt de leiding van een organisatie na te denken over de toekomst. De voornaamste functie van het werken met begrotingen en budgetten is dat de leiding van een organisatie zich vooraf realiseert wat de financiële toekomst brengt en of iets makkelijk of moeilijk (financieel) haalbaar is.

Het machtigen van de budgethouder

Een budget geeft de budgethouder (de leiding van de organisatie, de projectleider, teamleider) de bevoegdheid om bepaalde financiële beslissingen te nemen in het kader van het uitvoeren van het beleid(splan).

Het verstrekken van een taakopdracht

De begroting en het budget verstrekken als het ware een opdracht aan de budgethouder om het beleid(splan) binnen de financiële grenzen uit te voeren. Met andere woorden: het budget geeft aan tot waar de (financiële) verantwoordelijkheid van de budgethouder reikt.

Het toetsen van het beleid(splan)

De begroting en het budget zijn een controlemiddel waarmee gemeten kan worden op welke manier het beleid wordt uitgevoerd. De cijfers uit de begroting worden vergeleken met de werkelijk behaalde resultaten. Het belangrijkste is niet dat de begroting en/of het budget klopt met de werkelijkheid. Veel leerzamer is dat je nagaat:

- wat de oorzaken zijn van de verschillen;
- wie verantwoordelijk is/zijn voor de geconstateerde verschillen;
- welke oplossingen er zijn om de vastgestelde gebreken te verbeteren en de zwakke plekken van de organisatie aan te pakken.

Deze verschillenanalyse vormt de basis voor het leren van de organisatie. Met behulp van de informatie uit de verschillenanalyse kan het beleid worden bijgestuurd en kan verantwoording worden afgelegd aan zowel de interne als de externe belanghebbenden.

3.4.2 Extern: fondsen en subsidies

Bij de oriëntatie op de financiën hoort ook een oriëntatie op een eventuele subsidieaanvraag. Een subsidie dan wel een fondsuitkering kan een bron van inkomsten vormen voor een project of een organisatie.

FASE 2

Wanneer je een project opzet, moet gekeken worden naar de financiële achtergrond. Wat zal het project gaan kosten en hoe verwacht je deze kosten te dekken, met andere woorden: hoeveel inkomsten heb je nodig? Of een project nu een sociaal doel heeft of wordt opgezet om de kwaliteit binnen een organisatie te verbeteren: in alle gevallen zul je een financieel kloppend businessplan moeten hebben. Projecten mogen slechts in zeer uitzonderlijke gevallen verlieslijdend zijn; gebruikelijker is het dat het project een winst oplevert of op zijn minst break-even (gelijk) speelt.

Een manier waarop een project winst kan maken is door de kosten zo laag mogelijk te houden en inkomsten met het project te genereren. Deze inkomsten kunnen voortvloeien uit een dienst die of een product dat binnen het project verkocht wordt of door het efficiënter maken van de processen. Door die laatste methode neem je een kostenpost weg of verlaag je deze. Met de bespaarde kosten kun je het project financieren.

Wachttijdvermindering

Het management van ziekenhuis X wil graag dat proces A – de behandeling van een versleten knie – efficiënter gaat verlopen. Om die efficiëntie te bereiken en om de kwaliteit van proces A te verbeteren laat het management project B uitvoeren. Hierdoor zal de wachttijd korter worden, kan de patiënt eerder geholpen worden en kan het ziekenhuis meer patiënten helpen. Uit project B moeten enkele aanpassingen voortvloeien die zullen zorgen dat de doelen van het management gehaald worden. Concreet houdt dit in dat de ontslagprocedure verbeterd moet worden, zodat er een vlottere doorstroom in patiënten ontstaat.

Voordat project B wordt toegepast, geldt de volgende situatie in proces A:

- proces A kost maandelijks 50: 30 meer dan nodig doordat het ziekenhuis niet alle patiënten kan helpen.

Naar verwachting zal na uitvoering van project B de situatie voor proces A als volgt zijn:

- proces A kost maandelijks 20;
- het verschil in kosten à 30 vormt dan de inkomstenbron voor project B.

Een andere mogelijkheid om inkomsten te verwerven voor een project is een subsidieaanvraag dan wel een aanvraag bij een fonds. Hier komt veel bij kijken, en je moet aan strenge voorwaarden voldoen. Hierna zullen we eerst subsidies bespreken voordat we deze vergelijken met een fondsuitkering.

Subsidies

Een **subsidie** is een tijdelijke bijdrage van de overheid of een non-commerciële organisatie. In uitzonderlijke gevallen kan de subsidie ook permanent worden uitgekeerd. De verlening en de uitkering van subsidies zijn geregeld in de Algemene wet bestuursrecht (Awb). Hierin is precies vermeld hoeveel tijd het bestuursorgaan (de overheid) heeft om een beslissing te nemen over een subsidieaanvraag, maar bijvoorbeeld ook welke eisen mogen worden gesteld aan een subsidieaanvraag.

Uit deze wet volgt dat er in elk geval aan de eisen voor een subsidieaanvraag is voldaan wanneer er een correct businessplan is opgesteld. Er moet namelijk bij een volledige subsidieaanvraag sprake zijn van een activiteitenplan – wat wil je doen en wat wil je bereiken met je subsidie? – en een financieel verslag. Dit financiële verslag moet bestaan uit een balans en een exploitatiebegroting (een omzetvoorspelling) en moet goedgekeurd zijn door een accountant.

De gelden die ontvangen worden uit een subsidie moeten besteed worden volgens de bij de aanvraag ingediende begroting. Wanneer je toch meer besteedt aan een onderdeel dan begroot, dien je dit onmiddellijk te melden bij de subsidieverlener.

Er zijn meerdere vormen waarin een subsidie kan worden verleend. Naast gelden uitkeren kan de overheid ook een fiscaal voordeel geven door een uitzonderingspositie binnen de belastingen te verklaren, en kan zij garant staan voor leveranciers. Ook deze garantstelling is een vorm van subsidie. Garantstelling door de overheid betekent dat wanneer project A zijn leverancier B niet kan betalen, B bij de overheid terechtkan om alsnog betaald te krijgen. Aangezien de subsidieaanvragers vaak risicovolle ondernemingen dan wel projecten zijn, willen leveranciers niet altijd met hen in zee gaan. Door middel van een garantstelling door de overheid krijgt de onderneming/het project een betere handelspositie. Dit is een van de voorbeelden waarmee de overheid steun kan bieden aan maatschappelijk nuttige maar financieel risicovolle projecten.

Er zijn veel verschillende subsidies en per subsidie kunnen de voorwaarden verschillen. Een overeenkomst is dat bij alle subsidies een uitgebreid projectplan/businessplan een voorwaarde dan wel een pre is. Hoe maak je nu de keuze tussen de diverse subsidies?

Het belangrijkste hierbij is het zorgvuldig afmeten van de doelstellingen van een subsidie aan je eigen projectplan. Hoe groter de overeenkomst tussen de subsidiedoelstellingen en de doelstellingen van je eigen project, hoe groter ook de kans is dat je een subsidie krijgt toegewezen.

Daarnaast is het goed om de schaal waarop je het project wilt gaan uitvoeren bij je keuze te betrekken. Wanneer het een project betreft dat slechts kleinschalig binnen één gemeente zal plaatsvinden, is het verstandiger een subsidieaanvraag bij deze gemeente in te dienen dan bij het Rijk. De subsidie wordt enkel verleend als het belang ervan duidelijk is bij de subsidieverlener; daarom is het verstandig om de subsidieverlener te benaderen die het dichtst bij je pro-

FASE 2

ject staat. Overigens zijn er voor alle subsidies en alle subsidieverleners diverse adviespunten waar je terechtkunt met vragen.

Wanneer gesproken wordt over subsidieverleners, gaat dit over het algemeen over de overheid, bestaande uit alle lagen – dus ook gemeenten – of over sociale instellingen die subsidie verlenen. Deze sociale instellingen zijn over het algemeen stichtingen die subsidie verlenen aan de hand van hun doelstellingen, die zijn geformuleerd in de statuten (zie bijlage 2).

Fondsen

Fondsen zijn zelfstandige organisaties, zij zijn dus geen onderdeel van de overheid. Fondsen zijn opgericht met een specifieke doelstelling en stellen gelden beschikbaar voor projecten dan wel ondernemingen die kunnen bijdragen aan het behalen daarvan.

Oranje Fonds

Het Oranje Fonds heeft als doel de betrokkenheid in de samenleving te vergroten. Daartoe organiseert het fonds de jaarlijkse Burendag, waarin betrokkenheid in je eigen buurt centraal staat. Zo worden diverse projecten in het kader van Burendag gefinancierd met gelden van het Oranje Fonds. Wanneer je een idee hebt voor een activiteit die de buurt meer betrokken maakt, kun je een aanvraag doen bij het Oranje Fonds voor een fondsuitkering. De eisen die het fonds aan deze aanvraag stelt, komen in hoofdlijnen overeen met de eisen die gesteld worden aan een subsidieaanvraag.

Bron: www.oranjefonds.nl

Over het algemeen kunnen de eisen van de fondsen ook vastgelegd worden in een businessplan. In een businessplan worden standaard het activiteitenplan en het financieringsplan opgenomen; de gegevens in dit businessplan komen daarmee overeen met de informatie gevraagd door het fonds.

Crowdfunding

Een nieuwe manier van financiering wordt ook wel **crowdfunding** genoemd. Crowdfunding houdt in dat een groep mensen gezamenlijk geld inlegt om een bijzonder initiatief te financieren. Crowdfunding wordt over het algemeen ingezet door goede doelen of bij de hulpinzet bij een grote (natuur)ramp. Waar de geijkte financieringsmethoden bepaalde zekerheden met zich meebrengen, ontbreken die volgens de critici op dit moment nog bij crowdfunding. De laatste jaren heeft crowdfunding een significante vlucht genomen. Er zijn meer aanbieders gekomen voor crowdfunding en meer ondernemers hebben aanspraak gemaakt op crowdfunding ter financiering van hun initiatieven. Daarmee samenhangend zijn ook de regels omtrent crowdfunding meer gefundeerd. Het blijft echter een medium waar voorzichtigheid geboden is.

SellaBand

SellaBand is een website waarop door middel van crowdfunding geld kan worden opgehaald om muziekartiesten van het benodigde geld te voorzien om hun album te kunnen produceren en uit te brengen.

Een van de artiesten die gebruik heeft gemaakt van crowdfunding via SellaBand is de zangeres Hind. Zij is bekend door haar deelname aan het eerste seizoen van *Idols* en had in 2009 geld nodig om haar derde plaat uit te brengen. Aangezien zij hierbij geen platenlabel wilde betrekken, heeft zij SellaBand ingezet. Binnen een halfjaar had zij het benodigde geld binnengehaald en kon zij haar album produceren en uitbrengen.

Wanneer je geld investeert via SellaBand kun je een aandeel in een artiest kopen (meestal minimaal € 10,-). Hiervoor ontvang je dan één aandeel. De artiest heeft over het algemeen vijfduizend aandeelhouders – ook wel *believers* genoemd – nodig om het geldbedrag te krijgen. Vooraf wordt tussen de artiest en SellaBand het minimum aantal believers afgesproken. De behaalde winst door albumverkoop wordt vervolgens verdeeld tussen de artiest, SellaBand en de aandeelhouders volgens de vooraf besproken percentages.

Bron: www.sellaband.com

Naast SellaBand zijn er ook andere organisaties op de markt die crowdfunding aanbieden, gericht op andere sectoren dan muziek. Een voorbeeld hiervan is Oneplanetcrowd (www.oneplanetcrowd.nl), een organisatie speciaal gericht op de financiering van sociale en groene initiatieven. Tevens kan crowdfunding heel eenvoudig binnen de eigen omgeving plaatsvinden.

Crowdfunding kan met andere woorden gezien worden als een manier van financieren van een project of onderneming door gelden/donaties op te halen bij particulieren en andere ondernemingen. Zo leveren lokale ondernemers en buurtbewoners een bijdrage om het wijkproject Soepie doen te financieren. Door deze extra financiering kan de organisatie wekelijks een kop soep aanbieden tegen een gereduceerde prijs, om op die manier het contact in de wijk te verbeteren (www.wijkatelierlindenholt.nl).

Crowdfunding verloopt over het algemeen via internet. Van belang bij deze financieringsmethode is dat je vooraf heel helder hebt welke voorwaarden aan de betalingen verbonden zijn. Kan de investeerder rekenen op een winstuitkering en op welk percentage is dit gebaseerd? Daarnaast staat of valt crowdfunding met de publiciteit die je initiatief krijgt; zorg dus voor de nodige aandacht!

Ruileconomie

Nederland heeft de laatste jaren te maken gehad met een economische crisis, waardoor het vinden van geschikte financiering voor projecten en onder-

FASE 2

nemingen steeds moeilijker wordt. Hoewel de economie inmiddels aantrekt, wordt steeds duidelijker dat financiering een heikel punt blijft.

Een interessante ontwikkeling in dit kader is het principe van ruileconomie of deeleconomie. In de traditionele economie kocht iedereen zijn of haar benodigde goederen zelf, maar in de ruileconomie is aankoop helemaal niet nodig: men ruilt en deelt. Op de website vind je links naar meer informatie.

Nu je je georiënteerd hebt op de financiën van een organisatie, kun je verder om je ideeën om te zetten in basisconcepten. Dat komt aan bod in de volgende paragraaf.

3.5   Oriëntatie op de innovatie

De oriëntatie op de omgeving en op de organisatie levert het innovatieteam een grote hoeveelheid informatie op. Ieder teamlid presenteert zijn bevindingen aan de rest van het innovatieteam. Het is vervolgens van belang gezamenlijk de meest relevante gegevens te selecteren. Die selectie vindt plaats op basis van de klantfricties die jullie 'ontdekt' hebben: problemen van klanten waarvoor jullie een oplossing (basisconcepten) bedenken. Het formuleren van de klantfrictie en daarmee de doelen van je innovatie komt aan bod in paragraaf 3.5.1.

De oplossingen voor een klantfrictie zijn in zorg en welzijn veelal diensten. Dit begrip lichten we in paragraaf 3.5.2 nader toe. Vervolgens stellen we vast hoe je meerwaarde kunt creëren (paragraaf 3.5.3). In paragraaf 3.5.4 gaan we in op **rapid prototyping**: een methode om als team samen met diverse stakeholders mogelijke oplossingen voor de klantfrictie (basisconcepten) te bedenken.

3.5.1   Probleemverkenning

Het gaat erom dat je de klantfrictie goed omschrijft. Je moet dus goed weten met welk probleem de klant worstelt. Je innovatie moet daar immers een oplossing voor bieden. Hiervoor kun je gebruikmaken van een probleemboom en een doelenboom.

Een doelenboom helpt om de oorzaken en gevolgen van een probleem te achterhalen en de juiste oplossing daarvoor te formuleren. Daarvoor maak je eerst een probleemboom (zie figuur 3.2). Die start met het concreet en scherp formuleren van het centrale probleem dat je hebt gesignaleerd.

Vervolgens ga je op zoek naar de directe oorzaken van het probleem. Als je die gevonden hebt probeer je de belangrijkste achterliggende oorzaken daarvan te achterhalen. Zo ga je op steeds 'diepere' niveaus aan het werk.

Hetzelfde doe je met de gevolgen van het centrale probleem: wat gebeurt er niet of gaat er fout omdat het centrale probleem bestaat? En wat zijn de verdere gevolgen daar weer van? Zo werk je door tot je maximaal vijf niveaus van belangrijkste oorzaken en gevolgen hebt benoemd.

PROBLEEMBOOM

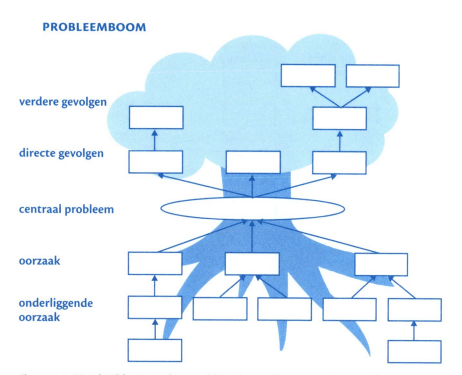

Figuur 3.2 Voorbeeld van een lege probleemboom (Bron: www.hetccv.nl)

Na het opstellen van de probleemboom ga je deze omzetten naar een doelenboom (zie figuur 3.3). Alles wat je in de probleemboom negatief hebt benoemd (dit is er niet, dit gaat fout, dit is niet goed geregeld, dit is ongewenst) zet je om in een positieve uitspraak. Op die manier wordt direct duidelijk wat je centrale doelstelling is, wat er moet veranderen om het doel te bereiken en welke positieve gevolgen het behalen van het doel kan hebben.

Je kunt zelf wel enthousiast zijn over de nieuwe kans(en) die je ziet voor het oplossen van een probleem, maar je moet anderen (zowel intern als extern) weten te motiveren om er samen voor te gaan. Daarom is het belangrijk dat je de probleemboom en de doelenboom vanuit de belangen van de directbetrokkenen (met name klanten) en in dialoog hebt opgesteld en dat je hebt geprobeerd daar evenwicht in aan te brengen. Dat zorgt ervoor dat de doelstellingen van je innovatie concreet en reëel zijn en vergroot de kans dat je innovatie met succes de volgende fasen van het innovatieproces zal doorlopen. Een voorbeeld van een uitgewerkte doelenboom vind je op de website.

FASE 2

135

DOELENBOOM

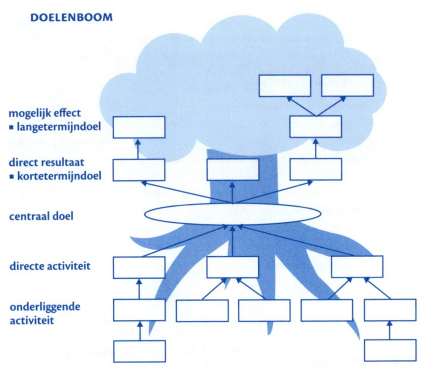

mogelijk effect
▪ langetermijndoel

direct resultaat
▪ kortetermijndoel

centraal doel

directe activiteit

onderliggende
activiteit

Figuur 3.3 Voorbeeld van een lege doelenboom (Bron: www.hetccv.nl)

Zoals al eerder aangegeven: in zorg en welzijn zijn de oplossingen voor klant-fricties meestal diensten. Het is goed om even bij dit begrip stil te staan.

3.5.2 Diensten

Diensten zijn producten waarvan de specifieke kenmerken in belangrijke mate immaterieel (niet-tastbaar) van aard zijn. Met niet-tastbaar wordt bedoeld dat diensten geen goederen zijn. Je kunt een dienst niet vastpakken, meenemen, bewaren of opslaan. Een dienst kun je niet bezitten, je kunt deze slechts erva-ren, ondergaan en wachten op en eventueel meewerken aan de prestatie die uiteindelijk geleverd wordt.

Je kunt stellen dat elk product, dus ook een dienst, in een behoefte voorziet, anders zou geen klant het product afnemen. Het doel van het dienstverlenings-proces is derhalve het voorzien in de behoefte van de klant. Het uiteindelijke resultaat van dit proces wordt aangeduid als de **kerndienst**, ook wel **core service** genoemd.

De kerndienst van bijvoorbeeld een onderwijsinstelling is goed onderwijs verzorgen. Behalve over het resultaat van het proces (diploma behaald) koeste-ren klanten bepaalde verwachtingen over allerlei aspecten van het proces zelf (prettige leeromgeving). Deze verwachtingen worden ook wel aangeduid als **bijdiensten** (**auxiliary services**). Het zijn vaak deze bijdiensten die je onderscheiden van andere aanbieders. Hieruit kun je dus je concurrentievoordeel halen. Enkele belangrijke bijdiensten zie je terug in tabel 3.3.

Tabel 3.3 **Dimensies van kwaliteit van dienstverlening (Heuvel, 2005; Morgan & Murgatroyd, 1994)**

Bijdiensten	Omschrijving	Instrument voor de aanbieder
Betrouwbaarheid	Vindt de klant dat de medewerker het beste met hem voorheeft? Is de medewerker eerlijk en betrouwbaar? Worden diensten op de afgesproken manier en binnen de te verwachten tijd uitgevoerd?	Duidelijkheid Eerlijkheid Openheid Geloofwaardigheid Consistente kwaliteit Foutloosheid
Individualiteit	Voelt de klant zich als persoon welkom en geaccepteerd? Wordt zijn privacy gewaarborgd?	Persoonlijke behandeling Participatie Keuzemogelijkheden Flexibiliteit Maatwerk
Professionaliteit	Beschikken de medewerkers over de noodzakelijke kennis, houding en vaardigheden om diensten te verlenen?	Deskundigheid Ervaring Probleemoplossend vermogen
Snelheid	Is de organisatie/afdeling goed bereikbaar? Kan de klant gemakkelijk contact opnemen met de organisatie/afdeling?	Toegankelijkheid Bereikbaarheid Wachttijd Actietijd
Hoffelijkheid	Zijn de medewerkers in het contact met de klant beleefd, respectvol en vriendelijk? Doen de medewerkers moeite om de behoeften van de klant te begrijpen?	Persoonlijke aandacht Vriendelijkheid Zorgzaamheid Respect Begrip Extra service
Communicatie	Wordt de klant (steeds) op begrijpelijke wijze geïnformeerd? Heeft de klant het gevoel dat er naar hem geluisterd wordt? Worden diensten en mogelijkheden goed uitgelegd?	Advies Uitleg
Sfeer	Voelen klanten zich thuis bij de organisatie? Wordt er in de inrichting van het gebouw rekening gehouden met de specifieke kenmerken van de klanten?	Interieur Exterieur Houding contactpersoneel Andere klanten

FASE 2

Veiligheid	Moet de klant beducht zijn op geva-ren of risico's in het contact met de organisatie/afdeling?	Privacy Discretie Fysieke omgeving
Presentatie	Zien de medewerkers er verzorgd uit? Hoe zijn de ontvangstruimten aangekleed? Is het gebruikte materiaal in orde?	Verzorging personeel Interieur/exterieur Frontoffice/backoffice

Diensten verschillen van producten in de vorm van goederen met name wat betreft de manier waarop in de behoefte van de klant wordt voorzien:

- bij goederen gebeurt dit door een voorwerp;
- bij diensten gebeurt dit door een kortere of langere reeks van activiteiten die plaatsvinden in de vorm van een interactieproces tussen aanbieder en afnemer. In dat proces wordt weliswaar gebruikgemaakt van allerlei tastbare goederen (foto's, video, voorlichtingsmateriaal, spelmateriaal, et cetera), maar dat zijn slechts hulpmiddelen om de dienst te kunnen verlenen.

Meidenmethodiek SuperWoman

Met meisjes praten over hun zelfbeeld, seks of gevoelens? Met het themaspel *SuperWoman* is dit een stuk makkelijker. Het brengt meisjes op speelse wijze met elkaar in gesprek over belangrijke thema's en keuzes die zij in hun leven maken. Naast dit spel bestaat de meisjesmethodiek *SuperWoman* uit een kant-en-klaar methodisch groepsprogramma, training en coaching. *SuperWoman* is geschikt voor het jongerenwerk, maar wordt ook gebruikt binnen het maatschappelijk werk, de jeugdzorg en het (praktijk)onderwijs.

Bron: flyer *SuperWoman*; www.super-woman.nl

De belangrijkste basiskenmerken van diensten zijn:

- het immateriële (niet-tastbare) resultaat van het proces;
- het rechtstreeks contact tussen aanbieder en afnemer;
- de 'meeproductie' van de afnemer in het proces;
- elke dienst is daarmee uniek (heterogeniteit).

De niet-tastbaarheid is hiervoor al ter sprake gekomen. Wat betreft het rechtstreekse contact tussen klant en aanbieder: bij dienstverlening is contact, in welke vorm en mate dan ook, noodzakelijk, al is het maar om het dienstverleningsproces in gang te kunnen zetten.

Het derde kenmerk van diensten is de participatie door de klant in het dienstverleningsproces. Het contact tussen klant en aanbieder impliceert dat de eerste in meerdere of mindere mate zelf een rol speelt in de dienstverlening. De klant heeft dus een dubbele rol: die van gebruiker en die van medeproducent. Dat maakt elke dienst uniek. Deze is immers het resultaat van een unieke interactie tussen aanbieder en klant.

Lees het kader hierna over de bijzondere aanpak bij de Repair Cafés.

Repair Cafés

Repair Cafés zijn gratis toegankelijke bijeenkomsten die draaien om (samen) repareren. Op de locatie waar het Repair Café wordt gehouden, zijn gereedschap en materiaal aanwezig om alle mogelijke reparaties uit te voeren. Op kleding, meubels, elektrische apparaten, fietsen, speelgoed, et cetera. Ook reparatiedeskundigen zijn aanwezig, zoals elektriciens, naaisters, timmerlieden en fietsenmakers.

Bezoekers nemen van thuis kapotte spullen mee. In het Repair Café gaan ze samen met de deskundigen aan de slag. Zo valt er altijd wel wat te leren. Wie niets heeft om te repareren, neemt een kop koffie of thee, of gaat helpen bij een reparatie van iemand anders. Je kunt ook altijd inspiratie opdoen aan de leestafel, waar boeken over repareren en klussen ter inzage liggen.

Waarom een Repair Café?

In Nederland gooien we ontzettend veel weg. Ook dingen waar bijna niets mis mee is, en die na een eenvoudige reparatie weer prima bruikbaar zouden zijn. Helaas zit repareren bij veel mensen niet meer in het systeem. Mensen weten niet meer hoe dat moet. Mensen die deze praktische kennis nog wel bezitten, worden door de maatschappij niet altijd even hoog gewaardeerd. Hun ervaring wordt niet of nauwelijks benut.

Het Repair Café brengt daar verandering in. Mensen die anders misschien ongewild aan de kant staan, doen weer mee. Waardevolle praktische kennis wordt overgedragen. Spullen worden langer bruikbaar gemaakt en hoeven niet te worden weggegooid.

In het Repair Café leren mensen op een andere manier naar hun spullen te kijken. En er opnieuw de waarde van in te zien. Het Repair Café draagt bij aan een mentaliteitsverandering. Die is noodzakelijk om mensen enthousiast te maken voor een duurzame samenleving.

Bron: www.repaircafe.nl

3.5.3   USP: waarde creëren

Van een innovatie wordt verwacht dat deze een probleem oplost of een gewenste situatie helpt te bereiken. Dat is de meerwaarde van de innovatie. Een innovatie heeft alleen kans van slagen als ze die meerwaarde kan bieden ten opzichte van andere (vergelijkbare) producten. De meerwaarde bestaat dus uit de unieke en onderscheidende eigenschappen van een product, de **unique selling-points** of usp's.

Startpunt bij innovatie is het klantperspectief en het draait bij het bepalen van het usp dus vooral om de meerwaarde die de klanten ervaren bij de innovatie. Klantgerichtheid betekent focussen op wat het product te bieden heeft of oplost vanuit de optiek van de klant (de klantfrictie). Dit betekent dat je:

- je verplaatst in de klant;
- begrijpt waarom een klant een product koopt/afneemt;
- in je usp weergeeft wat maakt dat de klant voor dit product kiest en niet voor een vergelijkbaar product.

Waarde is datgene waarop de klant de aanschaf baseert. Een waarde hoeft niet altijd in geld uitgedrukt te worden, maar kan ook betrekking hebben op de voordelen die de klant ermee denkt te krijgen qua prijs, kwaliteit of functionaliteit, et cetera. Je zag in tabel 3.3 al dat je ook meerwaarde kunt toevoegen met de bijdiensten.

Bronnen van waarde zijn ook imago, relatie met merk/organisatie, gebruikersgroepen, toegang tot informatie, juiste informatie, gemak, serieus genomen worden, 7 dagen per week 24 uur bereikbaar zijn, et cetera. Een belangrijke waarde die je kunt toevoegen is het leveren van reële en specifieke informatie die niet algemeen voorhanden is. Geen standaardinformatie dus over wat het product kan, maar informatie over wat het product specifiek kan doen of opleveren voor de betreffende klant.

De toegevoegde waarde moet dus heel ruim worden opgevat. Het gaat hier duidelijk niet alleen om het eindresultaat, maar ook om de manier waarop dat resultaat wordt verkregen.

Bij het nadenken over het creëren van meerwaarde moet je je realiseren dat emoties een belangrijke rol spelen. 85 tot 95 procent van onze keuzes is gebaseerd op emoties. Met behulp van sociale media als Twitter en Facebook verspreiden positieve en negatieve emoties zich razendsnel. Wees er alert op dat mensen elkaars emoties rondom bijvoorbeeld een product heel snel overnemen. Neem dus kennis van de positieve en negatieve emoties die jouw innovatieve idee bij de klant kan oproepen.

Tegenwoordig wordt in bepaalde sectoren gewerkt met waardebepaling achteraf (wba). Het is een andere manier van kijken naar waarde en waardetransacties. Het basisidee is dat je als klant mag bepalen wat een dienst waard is. In het kader hierna lees je hoe dat bij Durftevragen in z'n werk gaat.

Waardebepaling achteraf

Waardebepaling achteraf (wba) is een andere manier van kijken naar waarde en waardetransacties. Het basisidee is dat jij als klant/ontvanger mag bepalen wat een Durftevragensessie jou waard is. In de onderstaande FAQ's vertellen we meer over hoe we wba hanteren bij Durftevragen.

Hoe werkt waardebepaling achteraf bij Durftevragen?

Als je deelneemt aan Durftevragen, betaal je niet van tevoren inschrijfgeld. Je komt, je doet mee, je ervaart Durftevragen. En je ervaart wat Durftevragen waardevol voor je maakt: de tips die je krijgt, de nieuwe contacten die je opdoet, maar ook geregeld een andere kijk op zaken en een flinke boost voor de projecten waar je mee bezig bent.

Wat is dat je waard? Na de workshop bepaal je wat je het waard vond. Dat kun je uitdrukken in geld, nog steeds het meest gebruikelijke en beproefde waardesysteem in onze maatschappij. Je vraagt dan om een factuur voor het bedrag dat je bepaald hebt en die sturen we je dan toe. Maar je kunt ook op een andere manier waarde teruggeven aan Durftevragen en de Durftevragenbegeleider.

Wat zijn de Durftevragenverlanglijstjes?

Alle Durftevragenbegeleiders hebben een verlanglijstje online staan. Dat gebruiken ze overigens niet alleen voor Durftevragen, maar ook voor andere dingen die ze doen met wba.

Op het verlanglijstje staat waar je ons blij mee maakt. Dat kunnen boeken zijn, hulp bij een project, een iPad, de tuin aanharken, advies, et cetera. Kijk maar eens op onze verlanglijstjes om te zien hoe divers onze wensen zijn.

Maar hoe bepaal je nou de waarde van Durftevragen?

Een moeilijke vraag. In de praktijk blijkt dat iedereen dat op zijn eigen manier doet. Zo zijn er mensen die Durftevragen vergelijken met iets wat ze kennen. Wat kost het volgen van een workshop? Of een lezing? Het inhuren van een consultant per uur? Of het bijwonen van een congres? Anderen kijken naar de tips die ze hebben gekregen. Hoe waardevol zijn die? Besparen ze je tijd, geld en/of moeite? Geven ze je inspiratie? Zorgen ze voor een versnelling van je project of wordt je project er leuker door? En dan zijn er nog mensen die de waarde intuïtief bepalen. Onbewust tellen ze de tips, de sfeer, de nieuwe contacten, de nieuwe inzichten die ze hebben verkregen op, en ze weten meteen welke waarde dat vertegenwoordigt.

Bron: durftevragen.com; interview met Nils Roemen.

FASE 2

3.5.4   Rapid prototyping

Al tijdens de oriëntatiefase bemerk je dat je terechtkomt in een vrij rommelig en onvoorspelbaar proces, zelfs als je probeert een en ander te structureren door tussentijds verslagen/rapportages te maken van je excursies naar organisaties en je interviews met deskundigen. Het is inherent aan het innovatieproces. Daarbij is het nu eenmaal een vereiste dat je je focust op mogelijkheden creëren in plaats van op beslissingen nemen, en hierbij hoort het voortdurend heen en weer navigeren tussen informatie verzamelen, gegevens analyseren, ideeën genereren en selecteren. Dat vraagt de moed om om te gaan met chaos, risico's en onzekerheid.

Er zijn diverse manieren om dat proces van divergeren en convergeren te doorlopen. Belangrijk daarbij is dat je de stakeholders er in een vroeg stadium bij betrekt. Op die manier kun je al vanaf het begin peilen of je daadwerkelijk vanuit het perspectief van de klant denkt. Bovendien creëer je al direct medeverantwoordelijkheid door samen in dialoog de ideeën uit te werken.

Zeker wanneer de klanten hun wensen nog niet helder voor ogen hebben of opdrachtgevers hun behoeften niet precies kunnen uitdrukken, is rapid prototyping een goede manier om hun specifieke vraag helder te krijgen. Dit begrip is ontleend aan de praktijk van onder meer industriële ontwerpers. Het duidt op een proces waarin ideeën en concepten worden gebouwd en getest voordat ze af zijn. Dit gebeurt op diverse manieren, met name door inschakeling van de beoogde gebruikers. Op die manier komen producten en processen beter, goedkoper en sneller tot stand en kan men beter inspelen op gebruikerswensen. Tevens komen mogelijke misverstanden tussen gebruikers en ontwikkelaars snel boven water.

Het doel van deze methode is om in plaats van met abstracte concepten met concrete uitwerkingen van het voorstel te werken en zo sneller tot goede gesprekken te komen.

Bij rapid prototyping worden ideeën, inzichten et cetera omgezet in een eerste tastbaar model van een product of proces. Denk daarbij aan een papieren schets, een proefproduct, een moodboard (een visualisatie van een concept, idee, gedachte of gevoel), eenvoudige maquettes zonder veel detail om ruimtelijke verhoudingen te bespreken, een fotomontage, een collage, een computeranimatie of een storyboard. Behalve van beelden wordt ook gebruikgemaakt van videomateriaal, interviews, geluiden, muziek en teksten.

Doordat al in een vroeg stadium een tastbaar model wordt gebruikt, krijgen de gebruikers hands-on inzicht in het product. Voor hen werkt het 'spelen' met prototypes motiverend en stimulerend. Je voorkomt daarmee dat stakeholders in de beginfase al afhaken omdat ze de ideeën te weinig concreet vinden.

Een gemeente kan bijvoorbeeld de jeugd in een wijk actief betrekken bij het ontwikkelen van haar meerjarenbeleid. Tieners kunnen hun idee over 'de ideale wijk' met behulp van videoclips, foto's en ander beeldmateriaal vormgeven, en jonge kinderen kunnen tekeningen, collages en maquettes maken van hun ideale speelplekken in de wijk.

Zo'n eerste model wordt voorgelegd aan de gebruikers en opdrachtgevers om te zien in hoeverre het aan hun wensen en behoeften voldoet. Rapid prototyping is in wezen een groepsproces, waarbij de gezamenlijke feedback wordt gebruikt om de eerste versie te bewerken en aan te passen. Ook die verbeterde versie wordt dan weer getoetst bij de gebruikers. Op die manier wordt de feedback op de diverse versies gebruikt om het ontwerp te verbeteren.

Het testen en bijstellen van een prototype is een zoektocht naar alternatieven. De zoektocht wordt gestaakt als er een door de (eind)gebruikers bevredigend alternatief is gevonden. Rapid prototyping wordt vooral gebruikt in de zoektocht naar een bevredigende oplossing en niet naar de allerbeste oplossing (Kune & Van Erkel, 2003).

Zodra enkele ideeën zijn uitgewerkt in een aantal (al dan niet tastbare) basisconcepten, gaat het innovatieteam deze nader analyseren op bruikbaarheid en haalbaarheid aan de hand van de volgende vragen:

- *Zien we extern mogelijkheden voor deze basisconcepten?*
  Bieden de basisconcepten mogelijke oplossingen voor een of meer klantfricties? Zo ja, wie heeft er baat bij? Zijn deze klantfricties en mogelijke oplossingen in samenspraak met stakeholders geformuleerd? Zo ja, hoe (via website, brainstormsessies, via dialoogtafels, anderszins)? Sluiten de basisconcepten aan bij wat we nu weten over de maatschappelijke ontwikkelingen? Sluiten de basisconcepten aan bij wat we nu weten over de klanten, goede praktijkvoorbeelden, concurrenten, mogelijke samenwerkingspartners en andere stakeholders?
- *Zien we intern mogelijkheden voor de innovatie?*
  Zien we op dit moment mogelijkheden om een of meer van deze basisconcepten in de organisatie zelf te produceren? Zo nee, wat kunnen we halen bij anderen? Zien we hiervoor op dit moment intern financiële mogelijkheden? Zo nee, wat kunnen we bij wie halen? Zien we op dit moment voldoende potentie in deze basisconcepten? Is er in principe draagvlak om deze basisconcepten verder te bestuderen? Zijn er (voldoende) gegevens beschikbaar (zowel intern als extern) om verder onderzoek te doen?

Op basis van deze analyse kan een keuze worden gemaakt voor de (maximaal drie) bruikbaarste basisconcepten. De oriëntatiefase kan dan in principe worden afgesloten, maar niet voordat een tweede beslisdocument is geschreven: het onderzoeksplan.

FASE 2

3.6   Onderzoeksplan

Aan het einde van deze tweede fase sta je weer stil om terug te kijken en vooruit te blikken. Je kijkt terug op de activiteiten die het innovatieteam in deze fase heeft uitgevoerd. In het onderzoeksplan geven jullie antwoord op deze vragen:

- Hebben we een duidelijke klantfrictie ontdekt, en zo ja: welke?
- Hebben we daarvoor bruikbare oplossingen kunnen bedenken (basisconcepten), en zo ja: welke?

Met de beslissingsbevoegden buig je je vervolgens over de vraag: kunnen we op basis van deze gegevens besluiten om hier nader onderzoek naar te doen? Net als bij de vorige gates geldt: is het antwoord bevestigend, dan begin je aan de volgende fase (go) ofwel besluit je het proces nu niet verder te doorlopen, maar tijdelijk stop te zetten (stop). Is het antwoord ontkennend, dan ga je nog op zoek naar aanvullende informatie (retry) of je besluit je idee in de prullenbak te gooien (kill).

Bij een go kan de onderzoeksopdracht worden geformuleerd. Daarin wordt het volgende vastgelegd:

- het doel van het onderzoek;
- wat wordt onderzocht: op welke hoofd- en deelvragen jullie je richten;
- welke soort gegevens jullie nodig denken te hebben;
- waar de gegevens vandaan worden gehaald: welke bronnen jullie daarvoor kunnen gebruiken;
- hoe jullie de informatie gaan verzamelen en selecteren;
- hoe de informatie wordt verwerkt;
- hoe de onderzoeksresultaten worden gepresenteerd;
- wie wat wanneer doet: wanneer de onderzoeksfase afgerond moet zijn;
- hoe jullie het onderzoeksproces gaan evalueren.

Uiteraard gelden hier nog steeds de criteria die in de innovatieopdracht zijn opgenomen.

Je werkt hier met MAGIE-doelen: meetbaar, acceptabel, gecommuniceerd, inspirerend en engagerend. Op de website vind je korte handleidingen voor het formuleren van deze MAGIE-doelen en andere meetbare doelstellingen.

3.7 Samenvatting

In dit hoofdstuk stond de oriëntatiefase centraal. Doel van deze fase is het ontwikkelen van een of meer basisconcepten aan de hand van een oriëntatie op de omgeving en op de organisatie zelf. Voorbeelden van gegevens over de externe omgeving die in dit hoofdstuk aan bod kwamen zijn de maatschappelijke ontwikkelingen, marktontwikkelingen, de externe stakeholders als klanten, goede praktijkvoorbeelden, concurrenten en samenwerkingspartners.

Voorbeelden van gegevens over de interne omgeving zijn het innovatieklimaat binnen de organisatie, het innovatieve gedrag van medewerkers, ondernemingsvormen, de financiële situatie en kenmerken van de innovatie zelf.

Met behulp van deskresearch en fieldresearch heb je deze gegevens boven tafel gekregen. Je innovatieve oplossingsrichtingen (ideeën) uit de vorige fase heb je op basis daarvan concreter uitgewerkt tot basisconcepten.

Het eindresultaat van deze oriëntatie is een onderzoeksplan waarin de onderzoeksopdracht is geformuleerd. Wordt dit beslisdocument afgekeurd (nogo), dan ga je nog op zoek naar aanvullende informatie (retry) of je besluit je idee in de prullenbak te gooien (kill). Bij goedkeuring (go) beland je in de fase van 'onderzoeken'. In die fase voer je een interne en externe analyse uit om sterkten, zwakten, kansen en bedreigingen van de basisconcepten op te sporen. Op basis daarvan ga je een strategie uitzetten voor je innovatie. Dat komt in het volgende hoofdstuk aan bod.

FASE 2

4

Onderzoeken

FASE 3 Van basisconcepten naar concept

De pessimist ziet problemen in elke kans. De optimist ziet kansen in elk probleem. (Winston Churchill)

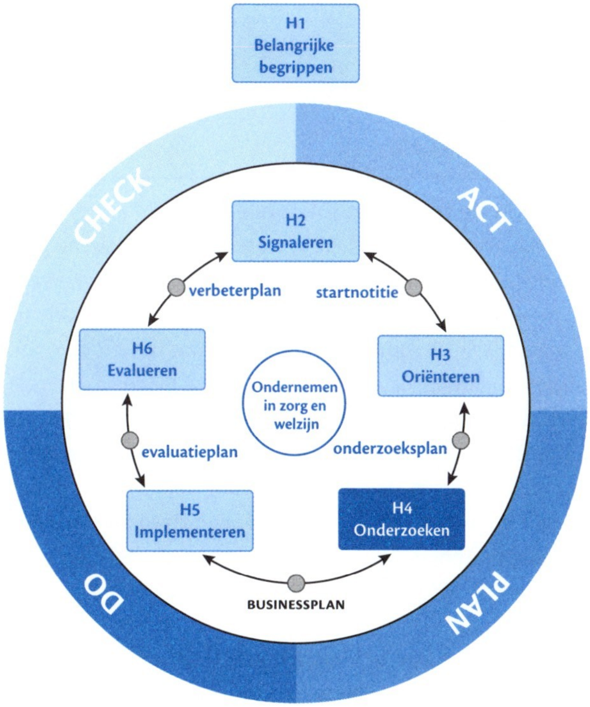

LEERDOELEN

Na bestudering van dit hoofdstuk:

- weet je hoe je een omgevingsanalyse kunt uitvoeren;
- weet je hoe je een organisatieanalyse kunt uitvoeren;
- weet je hoe je een strategie kunt uitzetten;
- weet je hoe je een of meer concepten kunt ontwikkelen;
- weet je wat er in een businessplan staat;
- weet je hoe je een businessplan presenteert.

In dit hoofdstuk staat de derde fase van het innovatieproces centraal:	onderzoeken
Doel van deze fase:	een kansrijk concept uitwerken
Activiteiten in deze fase:	▪ je onderzoekt sterkten en zwakten, kansen en bedreigingen van de basisconcepten ▪ je formuleert een duidelijke klantfrictie ▪ je maakt een keuze uit de bruikbaarste basisconcepten ▪ je werkt deze uit tot een kansrijk concept ▪ je bepaalt een strategie voor het implementeren van dit concept
Resultaat:	een businessplan

4.1   Inleiding

Nieuw in de regio: het Joliconcept

Jolanda van Gerwe is in 2008 gestart met haar onderneming Joli. Al tijdens haar opleiding pedagogiek zette zij stappen in de richting van een eigen bedrijf. Zij volgde de minor Ondernemerschap, die ze succesvol afrondde met haar ondernemingsplan voor Joli. Zij moest keuzes maken wat betreft de ondernemingsvorm, de specifieke doelgroep waarmee zij aan de slag wilde gaan en de diensten die zij kon en wilde aanbieden. Zij verzamelde informatie in de regio waar zij haar bedrijf wilde starten: wat was daar het aanbod en waar was behoefte aan? Maar ook betrok Jolanda haar eigen visie op begeleiding van ouders en kinderen én haar persoonlijke kwaliteiten erbij. Op basis van alle externe en interne informatie en de analyse daarvan kon zij vervolgens haar strategie bepalen. In haar ondernemingsplan formuleerde zij: als ik op deze manier te werk ga, kan ik met mijn onderneming succesvol zijn.

Joli begeleidt vooral kinderen met stoornissen binnen het autismespectrum en met ADHD. Jolanda's uitgangspunt is om het positieve, leuke gedrag van kinderen te bevestigen en te stimuleren. Vandaar de naam Joli, Frans voor 'leuk'.

Jolanda vertelt: 'Door het schrijven van mijn ondernemingsplan heb ik inzicht gekregen in de mogelijkheden van mijn bedrijf. Zo bood de concurrentenanalyse perspectief. In mijn vestigingsplaats, tevens woonplaats, waren nog geen concurrenten. Voor de afnemersanalyse hield ik interviews met potentiële klanten. Daaruit kwam naar voren wat de ouders, in feite mijn klanten, belangrijk vinden: kwaliteit en een persoonlijke begeleiding, het liefst in hun eigen omgeving. De geïnterviewden gaven aan bereid te zijn om over te stappen naar mijn praktijk. Enerzijds omdat ze mij als dorpsgenoot kennen en weten dat ik kwaliteit lever, anderzijds om het voor de kinderen minder beladen te maken. Ouders denken dat het gemakkelijker is wanneer de hulpverleenster toevallig een buurvrouw is.

Ik heb indertijd gekozen voor de ondernemingsvorm eenmanszaak; dit was en is voor mij het meest aantrekkelijk omdat ik als oprichter en eigenaar helemaal zelfstandig ben en naar eigen inzicht beslissingen kan nemen en handelen.'

Bron: Gommers e.a., 2008; interview met Jolanda van Gerwe

Wanneer je, net als Jolanda, denkt dat je innovatie kans van slagen heeft, moet je anderen daar met een goed doordacht plan en een sterk verhaal van overtuigen. Je moet dus een goed beeld hebben van hoe je een en ander denkt aan te pakken. Op grond van de gegevens uit de oriëntatiefase kun je al aangeven op welke klantfrictie je je gaat richten en wat mogelijke oplossingen (basisconcepten) daarvoor zijn. Je kunt hier echter nog geen goede keuze uit maken.

Om dat verantwoord te kunnen doen, is meer onderzoek nodig. Dat houdt onder meer in dat je relevante gegevens uit de vorige fase nader analyseert en waar nodig aanvult. De gegevens over de externe omgeving analyseer je in termen van kansen en bedreigingen, en die over de organisatie in termen van sterkten en zwakten. Dit alles komt aan bod in paragraaf 4.2.

Door kansen, bedreigingen, sterkten en zwakten in hun samenhang te bekijken, zie je welke uitdagingen en knelpunten er liggen ten aanzien van je innovatie. Op basis daarvan kun je doelstellingen en strategie van de innovatie vaststellen. In paragraaf 4.3 lees je hoe dat in zijn werk gaat. In paragraaf 4.4 bespreken we hoe je vervolgens een selectie maakt uit de basisconcepten en hoe je deze kunt uitwerken tot een kansrijk concept. Het resultaat van dit onderzoek leg je vast in het businessplan (paragraaf 4.5). Dit businessplan presenteer je overtuigend aan belanghebbenden in een zogeheten elevatorpitch (paragraaf 4.6). Naar aanleiding daarvan wordt beslist of de concepten daadwerkelijk worden geïmplementeerd.

FASE 3

4.2   Situatieanalyse

In deze fase ga je verder aan de slag met de gegevens die je al had, aangevuld met nieuwe informatie. Je voert nu een situatieanalyse uit, bestaande uit een externe en een interne analyse. Bij de externe analyse ga je na welke omgevingsfactoren kansen dan wel bedreigingen vormen voor de basisconcepten die jullie hebben ontworpen. Bij de interne analyse komen sterkten en zwakten aan het licht.

Je moet je realiseren dat het bij een situatieanalyse altijd om een momentopname gaat. De wereld draait intussen gewoon door; we leven in een zeer veranderlijke samenleving. Houd dat goed in je achterhoofd. Hecht niet te veel aan 'harde' onderzoeksgegevens: cijfers kunnen snel weer achterhaald zijn. Probeer zo realistisch mogelijk te blijven en schets zeker geen al te rooskleurig beeld van de ontwikkelingen die gaande zijn, omdat je zo graag je innovatie wilt lanceren. Dat kan je later zuur opbreken.

Ook nu moeten we benadrukken dat je niet voor elke innovatie zo uitvoerig te werk hoeft te gaan.

Pas in ieder geval op voor het risico van te diepgaand onderzoek verrichten, in de zin van 'steeds meer gegevens verzamelen en analyseren'. Je kunt prima diepgaande kennis over de klant vergaren, maar bij de andere onderzoeksgebieden moet je wat terughoudender zijn. Er kan gemakkelijk een 'verlamming' door te veel analyseren ontstaan: je bent dan niet meer in staat om conclusies te trekken.

Het werken met prototypes (paragraaf 3.5.4) helpt je concreet en gefocust te blijven. Je kunt op basis daarvan heel gericht gegevens verzamelen. Zoals eerder gezegd: gegevens verzamelen, begrijpen, analyseren en ontwikkelen gaan hand in hand, en de grenzen daartussen zijn niet altijd duidelijk te trekken. In dit hoofdstuk gaan we ervan uit dat je globale analyses maakt. Doorgaans is dat voldoende om een businessplan te schrijven. Wil je diepgaander te werk gaan, dan staan er op de website tips welke analysemodellen of welke bronnen je daarvoor het best kunt gebruiken.

4.2.1   Externe analyse

Net als in de oriëntatiefase werk je bij de situatieanalyse van buiten naar binnen. Vanuit het grotere geheel zoom je via de organisatie in op je innovatie. Je begint dus met de externe analyse, waarbij je op zoek gaat naar kansen en bedreigingen voor je innovatie.

Kansen en bedreigingen zijn externe factoren. Ze worden niet gecreëerd door de organisatie zelf, maar ontstaan door onder meer maatschappelijke ontwikkelingen, veranderingen in de markt en de activiteiten van de concurrentie. Een **kans** is een ontwikkeling of situatie uit de externe omgeving waarmee je met je innovatie je voordeel kunt doen. Een **bedreiging** is een ontwikkeling of situatie waardoor je innovatie nadelig wordt beïnvloed.

Realiseer je hierbij goed dat het gaat om een interpretatie van gegevens. Wat als een kans of bedreiging wordt gezien, hangt onder andere af van de diverse stakeholders en van wat zij van de ontwikkelingen verwachten. Deze verwachtingen hangen weer af van de (markt)positie die zij innemen.

Om een zo objectief mogelijk beeld te krijgen is het dan ook aan te raden de situatieanalyse op meerdere niveaus in de organisatie en met meerdere stakeholders uit te voeren. Het levert interessante inzichten op waarom iemand in een bepaalde positie een ontwikkeling positief (als kans) dan wel negatief (als bedreiging) beoordeelt.

Binnen de externe analyse kun je een macroanalyse en een mesoanalyse uitvoeren.

Macroanalyse

De **macroanalyse** heeft betrekking op de maatschappelijke ontwikkelingen.
Tijdens de oriëntatiefase heb je de meest relevante daarvan aan de hand van de
DESTEP-formule op een rijtje gezet. Daarmee ga je nu verder aan de slag via de
DESTEP-analyse. Je gaat per ontwikkeling na in hoeverre deze een kans dan wel
een bedreiging vormt voor je innovatie.

Zoals gezegd: het is een kwestie van interpretatie. Sommige professionals
zien marktwerking als een kans en anderen beschouwen haar als een bedreiging, zoals je ook in het voorbeeld hierna kunt lezen.

Marktwerking in de kinderopvang

'Door de marktwerking die vanaf 2005 in de kinderopvang werd ingevoerd, werd een
fundamentele basishouding ter discussie gesteld: mag je de zorg voor kinderen combineren met winst maken? Sommige ondernemingen hebben vernieuwende concepten ontwikkeld. Dag- en nachtopvang. Boodschappenservice. Kantoorruimte naast
de opvang waar ouders kunnen werken en afspreken. Maar grote groepen werknemers hebben toch veel moeite met de commerciële inslag. Met name mensen uit
het klassieke welzijnswerk. Kinderen, daar zorg je gewoon goed voor. En de overheid
moet dat faciliteren, liefst gratis. Die traditionele ideeën houden veel tegen.'

Bron: Aan de Brugh, 2011

Deze DESTEP-analyse resulteert in een aantal kansen en bedreigingen.

Mesoanalyse

Vervolgens voer je een **mesoanalyse** uit. In de oriëntatiefase heb je al gekeken
naar de markt waarin je organisatie zich beweegt. Je hebt je daarbij georiënteerd
op enkele belangrijke partijen: klanten, concurrenten, samenwerkingspartners
en enkele stakeholders: media en overheid. Je kunt in deze onderzoeksfase op
dezelfde manier te werk gaan. Je voert dan achtereenvolgens een klant-, con-
currentie- en externe stakeholdersanalyse uit. Je kunt daarbij gebruikmaken
van het vijfkrachtenmodel van Porter. Dit model is uitgewerkt op de website.

Klantanalyse

De **klantanalyse** is de belangrijkste analyse. Het innovatieproces wordt immers
gestuurd door het perspectief van de klant: zijn kijk op hoe zijn probleem het
best kan worden aangepakt. Hij gaat uit van zijn eigen behoeften en zijn eigen
portemonnee. De klant denkt niet aan de aanbieder, maar aan wat hij zelf denkt
nodig te hebben.

FASE 3

Als professional wil je hierop inspelen met je innovatie. Je hebt op basis van de vorige fase al een beeld gekregen van de klantfrictie: het probleem dat klanten ervaren. Door middel van een klantanalyse ga je je nog meer verdiepen in de klant door na te gaan welke basisconcepten (oplossingen voor het probleem) het best aansluiten op die klantfrictie.

Een klantanalyse is een gestructureerde manier om inzicht te krijgen in (het gedrag van) klanten. Door actief en bewust op zoek te gaan naar het klantperspectief kun je een betere aansluiting vinden bij de behoefte(n) van de klant.

Niet elke organisatie kan daarbij gebruikmaken van een team van sociale wetenschappers. Om een beter begrip te ontwikkelen van omgeving, gedrag, zorgen en aspiraties van klanten, zijn tools ontwikkeld zoals de *Empathy Map* (zie figuur 4.1). Daarin staan de volgende vragen centraal.

Wat ziet de klant? Beschrijf wat de klant ziet in zijn omgeving:
- Hoe ziet de omgeving eruit?
- Wie omgeeft hem?
- Wie zijn zijn vrienden?
- Aan wat voor soort aanbod wordt hij dagelijks blootgesteld?
- Welke problemen komt hij tegen?

Wat hoort de klant? Beschrijf hoe de omgeving de klant beïnvloedt:
- Wat zeggen zijn vrienden?
- Wie beïnvloedt hem echt, en hoe?
- Welke mediakanalen zijn invloedrijk?

Wat denkt en voelt de klant echt? Probeer een beeld te schetsen van wat er omgaat in het hoofd van de klant:
- Wat is echt belangrijk voor hem (wat hij misschien niet in het openbaar zegt)?
- Stel je zijn emoties voor: waar wordt hij door geraakt?
- Waar zou hij wakker van kunnen liggen?
- Probeer zijn dromen en aspiraties te beschrijven.

Wat zegt en doet de klant? Stel je voor wat de klant zou kunnen zeggen of hoe hij zich in het openbaar zou kunnen gedragen:
- Wat is zijn attitude?
- Wat zou hij aan anderen kunnen zeggen?
- Besteed veel aandacht aan potentiële conflicten tussen wat een klant zou kunnen zeggen en wat hij misschien echt denkt en voelt.

Waar zit de pijn van de klant? Beschrijf de grootste frustraties van de klant:
- Welke belemmeringen staan tussen hem en wat hij wil of moet bereiken?
- Welke risico's durft hij misschien niet te nemen?

Wat wint de klant? Beschrijf wat de klant echt wil of echt moet bereiken:

- Hoe meet hij succes?
- Bedenk een paar strategieën die hij zou kunnen gebruiken om zijn doelen te bereiken.

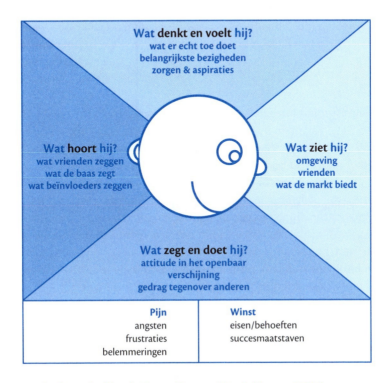

Figuur 4.1 De Empathy Map (vrij naar Osterwalder & Pigneur, 2010)

Op de website leggen we uit hoe je de Empathy Map kunt gebruiken.

Op basis van deze gegevens kun je een antwoord formuleren op de volgende vragen:

- Wie zijn de (potentiële) klanten?
- Welke problemen ervaren zij?
- Welke oplossingen zien zij daarvoor?
- Welke rol kunnen wij daarin spelen?
- Wie moeten daarbij nog meer betrokken worden?
- Welke prijs willen zij daarvoor betalen?
- Hoe kunnen zij ons bereiken?

Je moet ook rekening houden met het feit dat niet iedereen een innovatie op hetzelfde moment en op dezelfde manier oppakt. Rogers (1995) onderscheidt vijf groepen die ieder in eigen tempo en op eigen voorwaarden een nieuw pro-

FASE 3

duct accepteren: innovatoren (2,5%), pioniers (13,5%), voorlopers (34%), achter-lopers (34%) en achterblijvers (16%). Men neemt eerst kennis van een innovatie en laat zich daarna pas overhalen om deze uit te proberen. Als de innovatie be-valt, zal men deze in gebruik nemen en verliest ze uiteindelijk haar nieuwigheid.

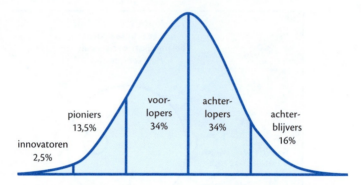

Figuur 4.2 **Verschillende groepen pakken de innovatie op een andere manier op** **(Bron: Rogers, 1995)**

Aan de hand van deze klantanalyse formuleer je enkele kansen en bedreigingen.

Concurrentieanalyse
Om de kansen en bedreigingen voor je innovatie te kunnen inschatten, is de **concurrentieanalyse** essentieel. Je hebt in de oriëntatiefase al een globaal beeld gekregen van je mogelijke concurrenten en hun aanbod. In een concurrentie-analyse besteed je aandacht aan de specifieke eigenschappen van je innovatie en die van het aanbod van je concurrenten. Daarnaast kijk je (voor zover mogelijk) naar de bedrijfsvoering van je concurrenten. Hiervoor onderzoek je de doel-stellingen die zij willen behalen en de strategie die ze daarbij volgen. Je beoor-deelt vervolgens hun strategie op sleutelsuccesfactoren. Daar kun je van leren. Je stelt jezelf in ieder geval de volgende vragen:
- Wie zijn dominante spelers op de markt?
- Wie zijn de belangrijkste concurrenten voor je innovatie?
- Wat zijn hun concurrentievoordelen of -nadelen?
- Hoe doorstaat jouw innovatie c.q. de organisatie de vergelijking met de con-currenten?
- Kan je innovatie zich meten met de producten van je concurrenten?
- Zal de concurrentie je proberen van de markt te dringen?

Het verzamelen van gegevens van je concurrenten kan aan de hand van het ma-teriaal dat je bij de oriëntatiefase hebt gebruikt. Er zijn verschillende manieren om de concurrentieanalyse uit te voeren. Op de website vind je een voorbeeld van een checklist waarmee je dat kunt doen.

Op basis van deze concurrentieanalyse formuleer je enkele kansen en bedreigingen.

Analyse overige externe stakeholders
In de vorige fase heb je de mogelijke relevante stakeholders in kaart gebracht. Je hebt daarbij per stakeholder aangegeven welke belangen deze kan hebben bij jouw innovatie. Hiermee ga je verder aan de slag. Niet alle stakeholders behoeven evenveel aandacht; je maakt dan ook een selectie. Vervolgens geef je van de meest relevante stakeholders aan welke kansen zij kunnen bieden dan wel welke bedreiging zij vormen voor je innovatieve idee. Je kunt op basis hiervan vaststellen wie je in welke mate wilt en kunt betrekken bij het verder ontwikkelen van je basisconcept. Ga dus ook na:
- Wie zijn mogelijke opdrachtgevers of financiers?
- Wie zijn mogelijke samenwerkingspartners?

Bepaal wat hun wensen en behoeften zouden kunnen zijn en hoe je hierop met je innovatieve idee kunt inspelen. Lees bijvoorbeeld hoe Job Jansweijer het spel *KonneKt* ontwikkelde en op zoek is gegaan naar investeringspartners om de productiekosten te kunnen financieren. Op de website is een stappenplan voor een stakeholdersanalyse uitgewerkt.

KonneKt

In het ziekenhuis geïsoleerde kinderen toch met andere kinderen laten spelen, dat is het doel van Job Jansweijer. Hij ontwikkelde als afstudeerproject het spel *KonneKt*, waarmee kinderen achter glas door middel van figuurtjes en magneetjes met elkaar kunnen spelen. Het Academisch Medisch Centrum (AMC) in Amsterdam en nog eens zeventien andere ziekenhuizen door Europa zijn enthousiast en hebben gezegd het spel dolgraag te willen gebruiken. Maar de eerste productiekosten voor onder andere de mallen om het spel in grotere aantallen te kunnen maken, zijn hoog en de ziekenhuizen hebben daar geen budget voor. Jansweijer startte daarom een campagne via het crowdfundingplatform Kickstarter, met steun van artsen en andere professionals uit de medische wereld.

Na de veertig dagen durende Kickstartercampagne hoopt Jansweijer aan honderd ziekenhuizen in Europa het spel te kunnen geven. Mensen die *KonneKt* willen ondersteunen, kunnen kiezen voor de optie 'Buy one – Give one'. Zij kopen zelf een spel en daarnaast doneren ze er een. 'Dit spel is niet alleen geschikt voor zieke geïsoleerde kinderen, maar kan natuurlijk ook gewoon thuis in de woonkamer gespeeld worden, zolang er maar een raam beschikbaar is,' zegt Jansweijer. 'Op deze manier hoop ik geld te kunnen ophalen dat ik kan investeren in de productie van de spellen voor ziekenhuizen.'

Bron: www.metronieuws.nl; konnektplay.nl

FASE 3

Ook al is de behoefte aan samenwerking groot, blijf wel kritisch. Het is met name van belang te weten of de opdrachtgever, financier of samenwerkings-partner vanuit dezelfde principes werkt. Staat bij jouw organisatie bijvoorbeeld duurzaamheid hoog in het vaandel, dan is dat uiteraard ook van belang voor de partner.

Wanneer je deze externe analyses goed hebt uitgevoerd, heb je een redelijk compleet beeld van alle kansen en bedreigingen voor je innovatie. Wanneer daaruit blijkt dat er weinig tot geen mogelijkheden zijn om je innovatie op de markt te zetten, is het niet zinvol om de interne analyse uit te voeren. Blijken er wel mogelijkheden te zijn, dan ga je verder met de interne analyse om de sterk-ten en zwakten te inventariseren.

4.2.2   Interne analyse

De interne analyse bestaat uit een organisatieanalyse en een financiële analyse.

Organisatieanalyse

Hierbij kunnen we een onderscheid maken tussen een analyse die door de 'ei-gen' mensen wordt uitgevoerd (*inside-in*) en een analyse die door buitenstaan-ders wordt uitgevoerd (*outside-in*).

Inside-in

Je kunt niet alles binnen de organisatie onder de loep nemen en dat hoeft ook niet. In deze analyse staat deze vraag centraal: welke organisatorische factoren dragen, in jullie ogen, bij aan het succes van de innovatie, en welke verhinderen dat juist? Dit resulteert in het benoemen van sterkten en zwakten.

Sterkten worden gevormd door kennis, vaardigheden en middelen die goed aansluiten bij de behoeften en wensen van de klanten en die concurrenten min-der of helemaal niet hebben.

Zwakten zijn tekortkomingen op het gebied van kennis, vaardigheden en middelen waardoor de positie op de markt mogelijk zou kunnen verslechteren.

In je onderzoek richt je je op een analyse van de huidige strategie, de orga-nisatiestructuur en de organisatiecultuur: wie zijn we (identiteit), wat willen we, wat kunnen we, wat doen we goed en wat kan volgens ons beter? Maar ook: welk beeld willen we als organisatie naar buiten brengen? Je kunt hierbij de innovatie-tienkamp (zie paragraaf 3.3.1) als 'meetlat' voor het innovatieklimaat gebruiken.

Je voert deze analyse uit met diverse personen vanuit diverse 'lagen' van de organisatie. De overeenkomsten en verschillen in de scores 'sterk' en 'zwak' le-veren interessante gespreksstof op. Tevens sluit je hiermee de subjectiviteit zo veel mogelijk uit.

Voor de organisatieanalyse kun je gebruikmaken van diverse modellen. Op de website is het 7S-model toegelicht.

Outside-in

Heel belangrijk is om ook van perspectief te wisselen, en de blik van buiten naar binnen te richten: hoe zien en ervaren 'buitenstaanders' de organisatie? Daarbij kun je de volgende vragen stellen:

- Wie zijn we in hun ogen?
- Wat kunnen we volgens hen?
- Wat doen we volgens hen goed?
- Wat kan volgens hen beter?

Op basis daarvan kun je vaststellen welk beeld buitenstaanders hebben van de organisatie (imago).

Dat kun je betrekken op alle manieren waarop de organisatie zich naar buiten presenteert: via de medewerkers en via reclame-uitingen, maar ook via (de aankleding van) het gebouw. Nodig klanten, samenwerkingspartners en andere stakeholders uit om dat beeld te schetsen. Het levert goede inzichten op in de sterkten en zwakten van de organisatie. Bespreek met elkaar zowel de overeenkomsten als de verschillen tussen hoe de organisatie zichzelf ziet en hoe buitenstaanders haar ervaren. Waar kun je als organisatie trots op zijn, en welke organisatie-elementen kunnen beter, anders? Een werkvorm om deze outside-in-analyse uit te voeren, vind je op de website.

Financiële analyse

De financiële analyse geeft je inzicht in de manier waarop de organisatie omgaat met haar middelen en laat zien of ze een realistisch inzicht heeft in haar financiële mogelijkheden. Dit financiële beeld kun je vinden in het **jaarverslag** van een organisatie, een door haarzelf opgesteld verslag dat onder andere inzicht geeft in de financiën van het afgelopen jaar. Het jaarverslag wordt gemaakt aan de hand van de begroting die aan het begin van het jaar is opgesteld en een schatting geeft van de inkomsten en uitgaven voor het aankomende jaar.

Aan het einde van het jaar wordt de begroting geëvalueerd. Het management en de professional bekijken of de geschatte inkomsten en uitgaven ook gerealiseerd zijn en of er mee- of tegenvallers zijn geweest. Deze evaluatie wordt samengevat in het jaarverslag. Zijn er meer inkomsten geweest dan verwacht, dan is dit natuurlijk gunstig, maar als het tegenovergestelde het geval is, kunnen er problemen binnen de organisatie ontstaan. De organisatie kan immers niet oneindig meer uitgeven dan zij begroot.

Van belang is dan ook dat de organisatie beoordeelt of er slechts incidenteel sprake is van hogere uitgaven of dat dit een structureel probleem is. Wanneer er structureel meer uitgaven zijn dan begroot, kan dit in de toekomst tot problemen leiden en zelfs tot een faillissement.

Een jaarverslag bestaat uit verschillende onderdelen, waaronder een begin- en een eindbalans. Een balans is een weergave van de schulden en bezittingen van een organisatie. Door die van het einde van het jaar te vergelijken met het

FASE 3

157

die van begin van het jaar kun je zien hoe ze zich door het jaar ontwikkeld hebben. Daarnaast vind je in een jaarverslag een rentabiliteitsgetal, een liquiditeitsgetal en een solvabiliteitsbeoordeling. Deze getallen worden ook wel **kengetallen** genoemd.

Kengetallen

De kengetallen hangen allemaal met elkaar samen, maar geven elk een eigen specifieke waarde weer aan de hand waarvan je de organisatie kunt beoordelen. Om te beginnen zijn er het liquiditeits- en het solvabiliteitsgetal. Deze beide getallen geven aan in hoeverre een organisatie in staat is om haar schulden af te betalen. **Liquiditeit** betreft de schulden op een korte termijn: de schulden die binnen een jaar afbetaald dienen te worden. Dit zijn over het algemeen werkkredieten, maar ook subsidies worden tot het moment van daadwerkelijke toekenning tot de kortlopende schulden gerekend.

Solvabiliteit betreft de mate waarin een onderneming in staat is haar schulden terug te betalen op langere termijn. Het gaat dan met name om langlopende kredieten en bijvoorbeeld hypotheken. Banken bekijken de solvabiliteit geregeld voordat ze een langlopende lening toekennen. Solvabiliteit is dan ook een belangrijk aandachtspunt wanneer je een eigen onderneming wilt opstarten.

Als een organisatie een te lage liquiditeit of solvabiliteit heeft, kan de schuldeiser – over het algemeen de bank – besluiten om zijn lening terug te vragen, wat kan leiden tot een faillissement.

De **rentabiliteit** van een organisatie geeft aan hoeveel winst er gemaakt wordt met de middelen die erin gestoken worden, dus met het eigen en het vreemd vermogen. De rentabiliteit is niet alleen voor de schuldeisers van belang – zij willen weten hoeveel hun investering oplevert en hoeveel rente zij kunnen vragen op hun lening –, maar ook voor de organisatie zelf. Zij kan hierdoor namelijk zien hoeveel zijzelf verdient op haar eigen vermogen. Je kunt het rentabiliteitsgetal vergelijken met een rentepercentage op je spaarrekening. In plaats van het eigen vermogen op een spaarrekening te zetten heeft de organisatie dit gebruikt om er haar activiteiten mee uit te voeren. Door het uitvoeren van deze activiteiten heeft de organisatie een winst behaald en de rentabiliteit geeft aan hoe hoog deze winst is in vergelijking met het bedrag aan ingebracht eigen vermogen.

Voor deze kengetallen bestaan bepaalde marges: wanneer de getallen onder deze marge zitten, moet de organisatie zich zorgen maken en is het belangrijk de manier waarop de activiteiten uitgevoerd worden aan te passen. Wanneer de kengetallen zich op of boven de marges bevinden, kan de organisatie eraan gaan denken haar activiteiten uit te breiden, want dan is er een mogelijkheid tot groei. En wanneer er ruimte is voor groei, is er vaak ook ruimte voor innovatie en nieuwe ideeën.

Wanneer je deze interne analyses hebt uitgevoerd, heb je een redelijk compleet beeld van alle sterkten en zwakten. Deze combineer je vervolgens met de kansen en bedreigingen uit de externe analyse: de swot-analyse.

4.3 swot-analyse

Uit de situatieanalyse volgen twee resultaten: een momentopname van waar de organisatie nu staat (sterkten en zwakten) en enkele mogelijke toekomstige richtingen (kansen en bedreigingen). Op basis van deze inventarisatie kun je nog geen conclusies trekken over welke basisconcepten bruikbaar en kansrijk zijn en welke strategie de beste is. Je moet daarvoor de kansen en bedreigingen relateren aan de sterkten en zwakten. Een van de meest gebruikte modellen daarbij is de **swot-analyse**. swot staat voor **strengths** (sterkten), **weaknesses** (zwakten), **opportunities** (kansen) en **threats** (bedreigingen).

Doel van de swot-analyse is na te gaan hoe kansrijk de basisconcepten zijn. Je kunt hiermee de positie in de markt ten opzichte van de concurrenten helder krijgen. Het gaat er daarbij om de belangrijkste uitdagingen en knelpunten te definiëren. Op basis van deze analyse kunnen de doelstellingen voor je innovatie geformuleerd worden, evenals de mogelijke strategieën. De swot-analyse is dus in feite de verbindende schakel tussen de situatieanalyse en de uiteindelijke strategiekeuze. Daarmee is zij een essentieel onderdeel van het innovatieproces. De swot-analyse bestaat uit:

- het selecteren van sterkten, zwakten, kansen en bedreigingen;
- het combineren hiervan met behulp van de confrontatiematrix.

4.3.1 Een selectie maken

De situatieanalyse levert een groot aantal kansen, bedreigingen, sterkten en zwakten op. Waarschijnlijk zie je door de bomen het bos niet meer. Je moet dus een keuze maken: je selecteert maximaal zes items per categorie, oftewel maximaal zes kansen, zes bedreigingen, zes sterkten en zes zwakten. De volgende punten zijn daarbij belangrijk.

- De selectie van belangrijkste sterkten, zwakten, kansen en bedreigingen moet door meerdere personen in de organisatie en samen met relevante externe stakeholders worden uitgevoerd. Op die manier beperk je subjectiviteit zo veel mogelijk.
- Bekijk bij de selectie nogmaals goed of de sterkten en zwakten vanuit klantperspectief geformuleerd zijn, dus met de behoeften en wensen van de klanten als uitgangspunt.
- Een sterkte kan nooit tevens een zwakte zijn. Wanneer dit toch zo lijkt, is de omschrijving niet juist of is het item niet ver genoeg onderverdeeld in de verschillende componenten. Wanneer bijvoorbeeld de solvabiliteit goed

is en de liquiditeit niet en het item is 'financiële situatie', dan kan 'financiële situatie' zowel een zwakte als een sterkte zijn. In dat geval moet het item dus nog verder uitgewerkt worden.

- Hetzelfde geldt voor kansen en bedreigingen. Wanneer de overheid een wet uitvaardigt die de organisatie veel geld kost is dit een bedreiging. Wanneer een wettelijke subsidie verkregen kan worden is dit een kans. Wordt slechts gekeken op het niveau van 'wettelijke bepalingen', dan komt deze bij zowel kans als bedreiging te staan. Ook in deze situatie moet je het item dus meer in detail omschrijven.

4.3.2   Confrontatiematrix

De vervolgstap is deze geselecteerde items met elkaar te confronteren met behulp van de confrontatiematrix. Hiermee kun je analyseren welk(e) effect(en) de kansen en bedreigingen hebben op de sterkten en zwakten. Doel hiervan is om te kijken in hoeverre je innovatie en de organisatie zijn afgestemd op de omgeving en waar zich de echte knelpunten en uitdagingen bevinden. Op die manier ontstaan vier kwadranten (zie tabel 4.1).

Tabel 4.1 Confrontatiematrix: kansen en bedreigingen worden gerelateerd aan sterkten en zwakten

	Sterkten (strengths: S) 1 2 3	Zwakten (weaknesses: W) 1 2 3
Kansen (opportunities: O) 1 2 3	Scenario: groeien SO-strategieën SO1 SO2 SO3	Scenario: versterken WO- strategieën WO1 WO2 WO3
Bedreigingen (threats: T) 1 2 3	Scenario: verdedigen ST-strategieën ST1 ST2 ST3	Scenario: terugtrekken WT-strategieën WT1 WT2 WT3

Sterkten met kansen (SO)
Stelt deze sterkte ons in staat om deze kans te benutten? Deze optie levert het scenario 'groeien' op: grote kans op succes, want er kan iets en wij kunnen dat ook.

Zwakten met kansen (WO)

Verhindert deze zwakte ons om deze kans te benutten? Deze optie levert het scenario 'versterken' op: er liggen mogelijkheden, maar we hebben er (nog) geen goed antwoord op.

Sterkten met bedreigingen (ST)

Stelt deze sterkte ons in staat om deze bedreiging af te weren? Deze optie levert het scenario 'verdedigen' op: succes wordt bedreigd, want er kan iets niet of niet zo gemakkelijk, maar we kunnen ons verweren.

Zwakten met bedreigingen (WT)

Verhindert deze zwakte ons om deze bedreiging af te weren? Deze optie levert het scenario 'terugtrekken' op: er is een grote kans op mislukking, want we worden bedreigd en we hebben geen wapens om het gevaar te keren.

De confrontatiematrix geeft je inzicht in hoe de organisatie zich zou moeten opstellen in de markt, met andere woorden: de strategie kan worden bepaald in termen van groeien, verdedigen, versterken of terugtrekken.

Het laatste scenario, terugtrekken, betekent dat er geen mogelijkheid is om je innovatie te ontwikkelen. Dat houdt in dat er nu al een no go gegeven wordt en er geen businessplan geschreven hoeft te worden. In deze situatie informeer je alle betrokkenen duidelijk welke aspecten de oorzaken zijn van de no go.

Een voorbeeld van een ingevulde confrontatiematrix vind je op de website.

4.3.3 Strategie bepalen en doelen formuleren

Een **strategie** betreft de vraag hoe je met je innovatie extern waarde kunt toevoegen en hoe je dat intern, dus binnen de organisatie, mogelijk maakt. Kortweg: hoe je de zaken gaat aanpakken. Op grond van de voorgaande informatie kies je een of meer strategieën waarmee je aan de slag gaat. Je kiest voor het basisconcept dat het kansrijkst is.

Met name de kwadranten 'groeien' (SO) en 'versterken' (WO) van de confrontatiematrix bieden mogelijkheden voor innovatie: er liggen immers kansen. Door het verbeteren en/of het ontwikkelen van nieuwe producten kan de organisatie haar positie voor deze kansen versterken.

De andere twee kwadranten, 'verdedigen' (ST) en 'terugtrekken' (WT), bieden inzicht in de risico's die met je innovatie verbonden zijn. Dit levert input voor de risicoanalyse die je gaat uitvoeren (zie paragraaf 4.5.3).

Een organisatie heeft allerlei verbeter- en groeimogelijkheden. Een overzicht daarvan vind je in de product-marktmatrix van Igor Ansoff (tabel 4.1), waarin vier groeiopties worden onderscheiden.

Tabel 4.1 Ansoffmatrix: product-marktcombinaties

product ╱ markt	bestaande producten	nieuwe producten
bestaande markten	1 marktpenetratie	3 productontwikkeling
nieuwe markten	2 marktontwikkeling	4 diversificatie

Marktpenetratie

Marktpenetratie is een groeistrategie waarbij bestaande producten op bestaande markten worden aangeboden. Hierbij kun je denken aan:

- herhalingsbezoek stimuleren, zoals bij een museum, activiteit of evenement;
- meer klanten werven door gebruik van andere kanalen, bijvoorbeeld via sociale media;
- herpositioneren: een product op een andere manier promoten, bijvoorbeeld in het kader van imagoverbetering;
- prijsverlaging doorvoeren via kostenreductie door middel van samenwerking en/of door over te schakelen op een goedkopere toeleverancier.

Marktontwikkeling

Marktontwikkeling is een groeistrategie waarbij bestaande producten op nieuwe markten worden geïntroduceerd. Enkele voorbeelden daarvan zijn:

- de financieel adviseur richt bestaande trainingen als 'ondernemerschap', 'netwerken', 'jezelf presenteren' en 'kostprijs berekenen' niet alleen op startende ondernemers, maar ook op professionals in zorg- en welzijnsorganisaties;
- het kinderdagverblijf gaat zijn diensten ook aanbieden aan werknemers van bedrijven die in de buurt gevestigd zijn;
- vmbo-leerlingen van de opleidingen Consumptief/Zorg en welzijn bereiden elke dag maaltijden in het kader van hun opleiding. Deze worden thuisbezorgd bij mantelzorgers, zodat zij enigszins worden ontlast (VMCA met I cook 4 you, Almere);
- hetzelfde aanbod niet alleen lokaal, maar ook regionaal, landelijk of zelfs internationaal aanbieden.

Lees in bijgaand kader over het concept van Thuisafgehaald, dat ook internationaal aanslaat.

Thuisafgehaald

Thuisafgehaald is een virtueel kookplein waar liefhebbers van lekker eten samenkomen. Je kunt er je maaltijden delen met mensen uit jouw buurt door actief te worden als kok op Thuisafgehaald. Heb je zelf geen zin om te koken? Kijk dan welke maaltijden er bij jou in de buurt aangeboden worden en haal iets lekkers op. Naast maaltijden delen kun je nu ook zelf Food Events aanmaken die je organiseert bij jou in de buurt!

Thuisafgehaald wil het delen van eten ook internationaal faciliteren. Hiervoor zijn we altijd op zoek naar partners die het delen van eten groot willen maken in hun eigen land. Thuisafgehaald is al actief in Spanje, Duitsland, België, de Verenigde Staten, Engeland, Oostenrijk, Frankrijk, Italië, Portugal, Zweden en Slovenië.

Bron: www.thuisafgehaald.nl

Productontwikkeling

Productontwikkeling is een groeistrategie waarbij nieuwe producten op bestaande markten worden geïntroduceerd. De organisatie probeert aan bestaande klanten ook andersoortige producten te leveren, gericht op andere behoeften van deze afnemers. De bestaande bezoekersgroepen van een museum krijgen bijvoorbeeld nu ook rondleidingen door het depot aangeboden.

Diversificatie

Diversificatie is een groeistrategie waarbij nieuwe producten op nieuwe markten worden geïntroduceerd. Enkele voorbeelden:

- een welzijnsorganisatie biedt nieuwe cursussen aan in verschillende talen aan immigranten;
- een orkest ontwikkelt nieuw aanbod voor een nieuw publiek.

Zie ook het voorbeeld van de WijkSafari in het kader hierna.

FASE 3

WijkSafari

In 2012 organiseerde theatermaakster Adelheid Roosen in de Amsterdamse wijk Slotermeer de zogenoemde WijkSafari, toneel tot achter de voordeur. Het publiek (de bezoekers) werd door Marokkaanse jongeren op scooters door de hele buurt gereden, tot in de huizen aan toe, waar acteurs het leven van de wijkbewoners uitbeeldden. In 2013 hield Adelheid Roosen de WijkSafari in het Utrechtse Ondiep. En in 2014 in Tepito, het gevaarlijkste getto van Mexico-Stad. Het project sloeg daar zo aan dat het met een maand werd verlengd en in 2015 opnieuw werd uitgevoerd. Op de website vind je een link naar een radio-uitzending waarin Adelheid Roosen erover vertelt.

Wat maakt de WijkSafari uniek?

- Unieke werkwijze: de theatermakers wonen ter voorbereiding twee weken in bij een buurtbewoner.
- Avontuurlijke citytrip waar de bezoeker via de ogen van wijkbewoners als gastheren en gastvrouwen deze stadswijken beleeft en daarna achter op de scooter van een jeugdige Marokkaan springt die hem/haar 'draagt' naar een volgende onverwachte plek. Inclusief heerlijke lunch.
- Verheviging van de realiteit: met de WijkSafari wordt de werkelijkheid van de wijkbewoners, die zo veraf leek, dichtbij gehaald. Grenzen tussen spel, theater en werkelijkheid vervagen door de intense betrokkenheid van wijkbewoners bij de voorbereiding en uitvoering van de WijkSafari.
- De bezoeker wordt gegidst langs verschillende aspecten van de wijk: architectuur, buurthuis, moskee, watertoren, tienhoog-flats, winkelcentrum et cetera.

Bron: www.femaleeconomy.nl

Je kunt de doelen van je innovatie nu nog concreter formuleren. De strategisch-tactische (MAGIE-)doelen werk je SMART uit: specifiek, meetbaar, acceptabel, realistisch en tijdgebonden.

Het is belangrijk dat je goed kunt beargumenteren waarom de gekozen strategie de beste is. Maak dit ook inzichtelijk voor de lezer(s) van je businessplan, en beschrijf waarom andere strategieën zijn afgevallen. Het kan altijd zo zijn dat de uiteindelijke beslisser meer ziet in een andere strategie.

4.4 Concept(en) ontwerpen

Je hebt een strategie uitgezet. Je (team) gaat met dat gegeven weer aan de slag, ditmaal met de basisconcepten. Je belandt andermaal in een creatief proces van divergeren en convergeren. Ook nu spelen stakeholders, deskundigen en wilde ganzen een belangrijke rol. Een vervolgstap van de rapid-prototypingmethode (paragraaf 3.5.4) kan weer worden toegepast.

Uiteraard is het divergeren, veel mogelijkheden onderzoeken, ook nu weer belangrijk. Het komt echter vooral aan op het kundig selecteren, immers: bij het kansrijkste concept klopt in principe alles: er is aan alle randvoorwaarden voldaan. De selectie vindt in een aantal rondes plaats.

4.4.1 Criteria voor een succesvolle innovatie

Jullie gaan na welke basisconcepten voldoen aan de criteria waaraan een succesvolle innovatie moet voldoen (Van Leeuwen, 2005; Van Wulfen, 2012; Kanter, 1988).

De innovatie is aantrekkelijk voor klanten

1 *De innovatie heeft een overtuigende meerwaarde voor de klant*
De klant moet ervan overtuigd zijn dat de innovatie voordeel biedt ten opzichte van de huidige situatie. Dit voordeel moet aansluiten bij de werkelijke, bestaande behoefte. De innovatie moet beter, makkelijker, sneller, goedkoper, et cetera zijn dan de bestaande oplossingen.

2 *De innovatie sluit aan bij het gedrag van de klant*
Wil een innovatie succesvol zijn, dan moet zij aansluiten bij de normen en waarden van de klant en gemakkelijk in te passen zijn in zijn huidige gedrag en werkwijze.

3 *De innovatie is eenvoudig in gebruik*
Hoe complexer de vernieuwing, hoe minder succes. De klant moet ervan overtuigd zijn dat een innovatie makkelijk te gebruiken is. Met name bij innovaties die technisch van aard zijn (een telefoon, een magnetron, een video-/geluidsinstallatie, een alarmsysteem) is er vaak onvoldoende aandacht voor belangrijke zaken als eenvoud en gebruiksvriendelijkheid. Zeker wanneer het gaat om de doelgroep senioren, mindervaliden en chronisch zieken is 'gebruiksgemak' cruciaal voor het succes van innovaties. Fabrikanten en leveranciers onderschatten dit nogal eens.

FASE 3

4   *De innovatie is uit te proberen en omkeerbaar*

Mensen willen nieuwe dingen eerst uitproberen. Pas daarna zullen zij de aanschaf van de innovatie gaan overwegen, dus de klant moet je innovatie kunnen testen. Innovaties zijn succesvoller als de klant ze zonder veel moeite en extra kosten kan uitproberen, bijvoorbeeld in een pilot. Dat geeft hem een veilig gevoel: hij zit er niet aan vast als hij er niet tevreden over is. Het betekent ook dat de innovatie moet kunnen worden teruggedraaid als ze tijdens de experimenteerfase niet blijkt te werken of anderszins niet de gewenste resultaten oplevert.

5   *De innovatie is honderd procent betrouwbaar*

Een innovatie moet natuurlijk wel werken bij introductie, kleine kinderziektes in het begin daargelaten. Als een innovatie niet blijkt te werken, wordt ze niet opgepikt door de pioniers en zal verdere verspreiding ervan vanzelf stoppen. Aanbieders brengen nog weleens innovaties op de markt die de laboratoriumfase nog niet ontgroeid zijn. De afgelopen periode zijn er bijvoorbeeld diverse nieuwe mobiele alarmsystemen op de markt gekomen, speciaal bestemd voor senioren en ambulante zorgverleners. Zulke nieuwe producten zijn alleen succesvol als ze in alle gevallen honderd procent betrouwbaar zijn, iets wat veel leveranciers op dit moment niet kunnen garanderen. De ov-chipkaart en DigiD zijn voorbeelden van innovaties waarmee nog van alles mis was toen ze grootschalig werden ingevoerd.

De innovatie is aantrekkelijk voor de organisatie

6   *De innovatie past in de strategie en binnen de productportfolio van de organisatie*

De innovatie is consistent met de huidige manier van denken en doen in de organisatie.

7   *De innovatie is haalbaar voor de organisatie*

De organisatie kan de innovatie (intern of extern) ontwikkelen en beschikt over de competenties om de innovatie te vermarkten.

8   *De kritische massa kan worden bereikt*

Bij de klantanalyse las je al over het onderscheid tussen vijf groepen die elk op een eigen manier de innovatie accepteren (zie paragraaf 4.2.1). Innovatoren zijn er als de kippen bij, terwijl de achterblijvers over de streep getrokken moeten worden. Wanneer vijftien tot twintig procent van de totale doelgroep een innovatie geadopteerd heeft, is de kritische massa bereikt. Er zijn dan zo veel schapen over de dam dat verdere verspreiding van de innovatie min of meer vanzelf verloopt. De meeste innovaties in zorg en welzijn hebben de kritische massa nog (lang) niet bereikt en worden via pilotprojecten getest bij de innovatoren. Daarover lees je meer in hoofdstuk 5.

9 *De communicatie kan op maat worden geleverd*
De hiervoor genoemde vijf verschillende groepen moeten apart benaderd worden wil een innovatie succesvol worden. Innovatoren willen alles horen over de nieuwste mogelijkheden en kunnen meestal nog wel met enig gebruiksongemak (kinderziektes) leven. De achterlopers zijn over het algemeen alleen geïnteresseerd in foutloze en gemakkelijke bruikbaarheid van een innovatie. Daarnaast kunnen verschillende groepen klanten onderscheiden worden. Actieve senioren hebben nu eenmaal andere wensen en behoeften dan minder actieve senioren, mindervaliden of chronisch zieken. Een standaardaanpak werkt dikwijls niet. Aanbieders in zorg en welzijn moeten daarom steeds verder differentiëren in hun doelgroepbenadering. Dat kan bijvoorbeeld door het gebruik van de Empathy Map (zie figuur 4.1).

10 *De innovatie kan gefaseerd ingevoerd worden*
Dat mensen een innovatie kopen/afnemen is nog geen garantie voor gebruik op lange termijn. Vaak haken mensen na enige tijd weer af. Bij het invoeren van innovaties gaat het om drie fasen:
- het aanbieden en verspreiden van de innovatie (diffusieproces);
- het laten besluiten om een vernieuwing te gaan gebruiken (adoptieproces);
- het daadwerkelijk gebruiken van een nieuw product en de verankering daarvan (implementatie).

Aanbieders kiezen vaak voor een groots communicatieoffensief dat snel wegebt. Dit is onvoldoende om door de groep pioniers opgemerkt te worden, laat staan door de hele doelgroep: de kritische massa wordt niet gehaald. Kortom, om de hele doelgroep te bereiken en de innovatie op grote schaal te verankeren moet men alle vijf groepen zien te bereiken: innovatoren, pioniers, voorlopers, achterlopers en achterblijvers. Dit kost in de regel eerder jaren dan maanden, hoewel er allerlei manieren zijn om de adoptiesnelheid positief te beïnvloeden.

Soms gaan de digitale ontwikkelingen (te) snel voor de grote groep van achterlopers en achterblijvers (samen vijftig procent) en worden er tussenstappen ingevoerd om hen over de streep te trekken om een nieuw product uit te proberen. Een voorbeeld daarvan lees je in bijgaand kader.

FASE 3

EBook te koop in boekhandel
Digitale boeken – eBooks – kunnen ook worden aangeschaft in de fysieke boekhandel. De boekhandels hopen samen met enkele uitgeverijen met de eBookkaart de verkoop van digitale boeken een impuls te geven. Door ze als kaart tastbaar in een boekhandel te leggen, worden eBooks zichtbaarder voor de reguliere boekhandelklant en kunnen boekhandelaren ze actiever aanbieden.

> De eBookkaarten staan in een display in de boekwinkels. Ze zijn zo groot als een normale briefkaart. Voorop staat de originele voorkant van het boek. Achterop staat een code waarmee het eBook kan worden gedownload. Het gaat om alle genres, zowel romans en thrillers als non-fictieboeken.
>
> Bron: vrij naar Nieuwenhuis, 2011

11 *Er is een toereikend budget beschikbaar*

Met name technologisch gedreven innovaties zijn kostbare aangelegenheden. Denk alleen al aan research & development-, productie- en marketingkosten. Ook is vooraf moeilijk in te schatten hoe snel een innovatie door de doelgroep afgenomen zal worden. De periode tussen marktintroductie en grootschalige adoptie door de doelgroep is vaak lang, evenals de terugverdientijd. Wanneer en in welke mate de innovatie geld oplevert, is vooraf moeilijk in te schatten. Aanbieders moeten dus voldoende financiële adem hebben om deze periode te kunnen overbruggen. Het is essentieel dat innovaties zichzelf kunnen terugverdienen. Dit kan via inkomsten uit de reguliere zorgfinanciering (formele erkenning van de nieuwe behandeling is dan een vereiste), via inkomsten uit eigen bijdragen van klanten of via samenwerking met partners. Veel pilotprojecten sterven een vroege dood omdat (eenmalige) subsidies opraken en bekostiging vanuit de reguliere zorgfinanciering of klantbijdragen (nog) niet mogelijk is.

De innovatie is aantrekkelijk voor andere externe stakeholders

12 *De innovatie is zichtbaar veelbelovend*

Net als in andere sectoren zijn innovaties in zorg en welzijn succesvoller als er zichtbare voordelen zijn bij gebruik, ook voor anderen. Potentiële klanten hebben daardoor zicht op de resultaten en voordelen van de innovatie. Dit verlaagt de drempel voor nieuwe gebruikers en versterkt automatisch het **member-get-membereffect**. Dit houdt in dat (vaste) klanten wordt gevraagd om kennissen, familieleden et cetera over te halen een soortgelijk product af te nemen, dus om ook klant te worden.

13 *Alle betrokken partijen hebben structureel baat bij de innovatie*

De innovatie moet een structurele win-winsituatie bewerkstelligen voor alle betrokken partijen, zowel aanbieders, klanten, financiers en klanten als andere stakeholders. De innovatie moet dus gericht zijn op de lange termijn en niet alleen op de pilot-/testfase.

Als deze kenmerken niet aanwezig zijn, kunnen innovaties makkelijker doorgaan als:

- ze marginaal zijn, dus bescheiden inspanningen vergen en bijna onopgemerkt zijn door te voeren;
- er voor succes slechts de steun nodig is van een beperkt aantal mensen binnen de organisatie.

4.4.2 SCHAVEN

Op basis van voorgaande criteria zijn een of meer basisconcepten als 'veelbelovend' geselecteerd. Hieraan ga je verder SCHAVEN. Buijs en Valkenburg (1996) introduceerden dit acroniem als methode om een of meer veelbelovende basisconcepten uit te werken tot een kansrijk concept:

- **S**ubstitueren: kun je onderdelen of aspecten van het basisconcept vervangen door andere zaken, waardoor het beter wordt?
- **C**ombineren: zijn er onderdelen van je basisconcept die gecombineerd kunnen worden met andere producten of concepten?
- **H**erschikken: kun je je basisconcept verbeteren door andere volgordes, relaties of locaties?
- **A**anpassen: zijn er elementen van het basisconcept die kunnen worden aangepast, waardoor het in waarde stijgt?
- **V**ergroten of verkleinen: als je het basisconcept groter of juist kleiner maakt, hoe zou het er dan uitzien? Kijk er op een andere manier naar.
- **E**limineren: kun je bepaalde elementen van je basisconcept weglaten? Hoe ver kun je daarmee doorgaan totdat het geen waarde meer toevoegt?
- **N**ieuw nut geven: wat kun je allemaal weglaten van je basisconcept zonder dat de eigenlijke functie nadelig wordt beïnvloed?

Na deze schaafmethode kun je alsnog zogenoemde *kill/thrill*-sessies organiseren. Alle deelnemers krijgen dan eerst de opdracht twintig minuten te brainstormen over redenen waarom het concept geen succes zal worden (kill-sessie). Vervolgens gaan ze brainstormen over waarom het concept juist wel succesvol zal worden (thrill-sessie). Dit is een effectieve manier om de essentiële waarde van een concept ter discussie te stellen.

Op basis hiervan en op basis van de resultaten van de confrontatiematrix schets je de eventuele risico's die met het concept verbonden zijn. Deze kun je in de risicoanalyse opnemen (zie paragraaf 4.5.3).

FASE 3

4.5 Businessplan

Het moment is aangebroken om de resultaten van de onderzoeksfase op papier te zetten. In het businessplan geef je aan: dit is een kansrijk concept en op deze manier gaan we het implementeren. Dit is een cruciaal moment in het innovatieproces, want op basis van het businessplan wordt beslist: 'Implementeren of niet'.

In een businessplan wordt de inhoud van de innovatie beschreven, inclusief argumenten waarom deze nodig is, mogelijk is en daadwerkelijk realiseerbaar is. Tevens bevat het een voorstel om de innovatie te implementeren ofwel uit te voeren (activiteitenplan). Meestal is dat een voorstel om proef te draaien. Zo'n pilot of try-out geeft de mogelijkheid om het nieuwe aanbod nog bij te stellen voordat het grootschalig wordt toegepast.

Er bestaan diverse formats voor het schrijven van een businessplan. Op de website is een voorbeeld opgenomen. Een businessplan bevat echter altijd een marketingplan, een financieel plan en een risicoanalyse. Deze komen respectievelijk in paragraaf 4.5.1, 4.5.2 en 4.5.3 aan bod.

4.5.1   Marketingplan

Je hebt een kansrijk concept ontwikkeld en daarvoor een strategie uitgezet. Een van de zaken die je vervolgens moet doen is bedenken hoe je je innovatie in de markt gaat zetten. Je moet de markt rijp maken voor je innovatie: **market-getting** ofwel **marketing**.

Marketing heeft een commerciële gevoelswaarde en dit vinden sommige professionals haaks staan op de soort dienstverlening in zorg en welzijn. Daarom wordt marketing nog niet in alle zorg- en welzijnsorganisaties waardevol en wenselijk gevonden (Vlaanderen, 2010).

Maar als je marketing ziet als het 'realiseren van de doelstellingen van een organisatie via het bevredigen van de behoeften van de afnemers' (Van Hoften, 2002), dan komt marketing feitelijk neer op 'goede vragen stellen en luisteren', en dat is precies waar professionals in zorg en welzijn goed in zijn. De aarzeling voor het inzetten van marketing is dan ook onterecht. Marketing dwingt om na te denken over en te blijven focussen op datgene waar een organisatie echt goed in is, dat actief in de markt zetten en naar alle stakeholders blijven communiceren. Marketing impliceert: 'Be good and tell it.'

Het op de markt zetten van een product verloopt succesvol wanneer het product goed is afgestemd op de behoeften van de klant, en een passend prijskaartje, een goede verkrijgbaarheid en een pakkende naam heeft. Voor dienstverlening geldt bovendien dat van belang is dat de klant te maken heeft met goed personeel. Centraal in het marketingplan staan dan ook de vijf P's van product, prijs, plaats, promotie en personeel. Deze P's moeten worden beschreven vanuit het klantperspectief.

Product
Onder dit kopje beschrijf je het nieuwe/verbeterde product: wiens probleem wordt door dit product opgelost? Geef exact aan welk probleem van de klant wordt opgelost en beschrijf zo concreet mogelijk welke oplossing je biedt. Je geeft daarbij niet alleen aan wat het kernproduct is, maar ook wat de bijproducten zijn (zie paragraaf 3.5.2). Je geeft tevens aan hoe het product:
- past binnen de organisatiestrategie;
- past bij de andere producten van de organisatie (de productportfolio);
- kan worden ontwikkeld (intern/extern);
- kan worden gemaakt/geproduceerd (intern/extern).

Prijs

Geef aan welke meerwaarde het product heeft voor de klant en wat hij terugkrijgt voor zijn inspanningen om er gebruik van te kunnen maken. Bij het bepalen van meerwaarde gaat het niet alleen om geld, zoals je in paragraaf 3.5.3 hebt kunnen lezen.

Ook bij het beschrijven van de inspanningen gaat het niet alleen om financiële zaken. Geef dus aan welke tijd, energie en competenties (kennis, vaardigheden, houding) je vraagt van klanten die van je aanbod gebruik willen maken.

Plaats

Waar maakt de klant kennis met het aanbod en waar kan hij het product verkrijgen? Hoe komen klanten met je in contact? Zoek je ze op of komen ze naar jou toe? Waar willen klanten het aanbod afnemen? Hierbij spelen afstanden, maar ook allerlei andere drempels een rol, zowel fysiek als in de beleving van mensen.

Promotie

Hoe maakt de klant kennis met het product? Voor wie is de organisatie zichtbaar? Via welke kanalen/promotiemiddelen kunnen klanten de organisatie vinden? Zijn dit de kanalen/promotiemiddelen die de beoogde klanten gebruiken? Welke informatie krijgen ze over de organisatie? Waarover worden ze nog meer geïnformeerd? Welk beeld vormen ze op basis van deze informatie van de organisatie (imago)? Klopt dat met het beeld dat je graag wilt uitdragen (identiteit)?

Personeel/People

Hiermee wordt bedoeld: met wie krijgen klanten te maken als ze gebruikmaken van het aanbod? Met welke 'eigen' medewerkers komen ze in contact, en met welke medewerkers van samenwerkingspartners? Wie ontmoeten de klanten nog meer (andere klanten, bezoekers, passanten, wijkbewoners)? Aangezien het hier dus niet alleen gaat om 'personeel', wordt vaak de term 'people' gehanteerd.

De benadering van de vijf P's wordt wel bekritiseerd omdat zij organisaties nog te veel ruimte biedt om vanuit het aanbod te denken in plaats van vanuit klantbehoeften. Marketing 'nieuwe stijl' werkt dan ook met het zogenoemde SIVA-model, waarbij het draait om de begrippen *Solution, Information, Value* en *Access*. Kijk op de website voor een toelichting op dit SIVA-model.

4.5.2 Financieel plan

Een financieel plan opstellen is nodig wanneer je een project wilt opstarten, maar bijvoorbeeld ook wanneer je voor een bestaand project een subsidie- of fondsaanvraag wilt indienen. Daarnaast kan het van belang zijn bij het opstellen

FASE 3

van een businesscase. Zeker indien er vooraf al aangegeven is door de organisatie dat er geen extra middelen beschikbaar zijn, is het van belang om in je financieel plan aan te geven hoe je van plan bent het initiatief te financieren. Ook is het een noodzakelijk onderdeel van je ondernemingsplan op het moment dat je een onderneming wilt beginnen.

Een **financieel plan** informeert verschillende partijen: jouzelf als aanvrager/ondernemer en de financier van het project. Een financieel plan bestaat uit een aantal onderdelen. Over het algemeen vind je in een financieel plan de volgende onderdelen terug: het financieringsplan, de investeringsbegroting, de openingsbalans, de liquiditeitsbegroting en de winst/omzetvoorspelling. Hierna zullen we al deze begrippen uitleggen.

Met een financieel plan krijg je inzicht in de zaken die je nodig hebt om je project te kunnen uitvoeren en de wijze waarop je deze zaken wilt financieren. Deze beide inzichten verkrijg je door een **openingsbalans** te maken. Daarin vind je namelijk je financieringsplan en je investeringsbegroting terug. De basisregel van de balans is dat deze aan beide zijden altijd gelijk moet zijn. Dit houdt dan ook in dat je financieringsplan en je investeringsbegroting ook op een gelijk getal moeten uitkomen. Eigenlijk is dit ook logisch, want in je financieringsplan geef je weer waar je het benodigde geld vandaan haalt: hoeveel de projectgroep zelf heeft om in het project te investeren en welk bedrag door middel van een lening of andere vorm van financiering moet worden verkregen. In de **investeringsbegroting** geef je weer welke zaken je nodig hebt om je project te kunnen uitvoeren, zoals computers en andere kantoorbenodigdheden. In het voorbeeld hierna vind je een uitwerking van een simpele investeringsbegroting en een financieringsplan.

Financieringsplan

Eigen vermogen	€ 3.000,-
Vreemd vermogen: subsidieaanvraag	€ 1.500,-
Totaal	**€ 4.500,-**

Investeringsbegroting

Bank	€ 2.750,-
Inventaris	€ 1.000,-
Voorraad	€ 750,-
Totaal	**€ 4.500,-**

Je kunt allereerst in het financieringsplan zien dat het project gefinancierd zal worden door een intern budget van € 3.000,- dat is goedgekeurd door de organisatie waarbinnen het project zal worden uitgevoerd. Daarnaast wil de projectgroep graag gebruikmaken van een subsidie ter hoogte van € 1.500,-. Deze subsidie zal als vreemd vermogen op de balans komen te staan. Vreemd vermogen is in principe al het vermogen (het geld) waarvoor een terugbetalingsverplichting bestaat. Ook subsidie dien je in eerste instantie als vreemd vermogen aan te merken. Pas na uitvoering van je project krijg je namelijk een definitieve subsidietoekenning. Je moet in de financiering van je project dan ook altijd rekening houden met een mogelijke verplichting tot terugbetaling van de uitgekeerde subsidiegelden.

De investeringsbegroting maakt duidelijk wat je hebt en wat je gaat gebruiken voor de uitvoering van je project. De in deze begroting aangegeven voorraad betreft de producten die korter dan één productieproces meegaan: zolang als je nodig hebt om één product te verkopen. In een project kun je hiervoor een termijn aanhouden van maximaal één jaar. Je kunt hierbij denken aan uitdeelmateriaal zoals folders en visitekaartjes. De term inventaris wordt gebruikt voor producten die langer dan één productieproces meegaan, oftewel kantoorartikelen zoals een computer, een printer en bureaus. Deze producten gaan over het algemeen tussen de twee en vijf jaar mee. Wanneer je kijkt naar een nieuw op te starten onderneming, behoort ook het pand waarin de onderneming gevestigd is tot de inventaris als het in eigendom is van de onderneming. Dit bedrijfspand wordt vaak apart op de investeringsbegroting getoond, omdat het over het algemeen dertig jaar meegaat.

Het totaalbedrag van het financieringsplan en dat van de investeringsbegroting zijn gelijk. Je kunt ze naast elkaar zetten in de openingsbalans. Deze ziet er dan als volgt uit:

Debet	Credit
Bank € 2.750,-	Eigen vermogen € 3.000,-
Inventaris € 1.000,-	Vreemd vermogen: subsidieaanvraag € 1.500,-
Voorraad € 750,-	

Je ziet dat het financieringsplan de rechterzijde (de creditzijde) van de balans weergeeft en de investeringsbegroting de linkerzijde (de debetzijde). De debetzijde geeft aan wat je hebt en de creditzijde hoe je dit gefinancierd hebt. Andere termen hiervoor zijn activa en passiva. Activa staan voor de dingen die je hebt oftewel de zaken die op je debetzijde staan. Passiva zijn de financieringsmiddelen, oftewel de zaken op de creditzijde. De bank die aan de debetzijde genoemd wordt, is de bankrekening van het project of de onderneming, en dus niet de bankrekening van de projectleider of ondernemer.

FASE 3

De **balans**, waarin het financieringsplan en de investeringsbegroting samenkomen, geeft dus een duidelijk beeld van wat je in je project hebt geïnvesteerd en hoe dit gefinancierd is. Een balans kan dan ook veel informatie over een project geven: heb je veel voorraad nodig, heb je een hoog banktegoed en, niet geheel onbelangrijk, heb je dit allemaal zelf kunnen bekostigen of heb je hiervoor een subsidieaanvraag ingediend of een andere vorm van financiering aangewend? Naast de informatie die het jou zelf als projectlid kan geven, geeft de balans ook informatie aan de (toekomstige) financier. De subsidieverstrekker kan door een balans duidelijk zien hoe je de subsidie wilt besteden en hoeveel geld je zelf als organisatie in een project wilt steken. Dit kan doorslaggevend zijn om positief dan wel negatief over je subsidieaanvraag te oordelen.

Nu je een beeld hebt van de zaken die bij de financiering van een project kunnen spelen, zal uit het onderstaande blijken hoe je een helder beeld kunt geven van je financiële toekomst door een liquiditeitsbegroting en een winst/omzetvoorspelling op te stellen.

Een **liquiditeitsbegroting** geeft voor het aankomende jaar weer hoe de **liquiditeitsstromen** (geldstromen) binnen een organisatie zullen lopen. In je liquiditeitsbegroting kun je zien met welk banksaldo je het jaar begint en hoe dit banksaldo zich ontwikkelt. Zo'n begroting kun je opstellen door het beginsaldo van bijvoorbeeld de maand januari te nemen en hier vervolgens de inkomsten bij op te tellen en de uitgaven van af te trekken. Na het opsommen van deze inkomsten en uitgaven komt er een nieuw eindsaldo van de maand januari, en dit vormt het beginsaldo van de maand februari. Een voorbeeld van een liquiditeitsbegroting kun je op de website vinden. Een inzicht in de geldstromen is voornamelijk voor de projectleider dan wel de ondernemer van belang: uit het verloop van de geldstromen volgt namelijk of er maandelijks sprake is van een stijgend banksaldo of juist niet. Daarnaast kun je hieruit aflezen of er wellicht bepaalde maanden zijn waarin er meer uitgaven zijn. Deze maanden komen voornamelijk voor wanneer een project of onderneming in de opstartfase zit, want dan zal er sprake zijn van meer uitgaven dan inkomsten. Ook kan een veranderlijke stroming in inkomsten te maken hebben met seizoensinkomsten. Wanneer het bijvoorbeeld gaat om een onderneming die buitensportactiviteiten organiseert, dan zal deze onderneming in de maanden mei, juni en juli meer activiteiten verkopen dan in de maanden november, december en januari. Dit zul je terugzien in het inkomstenverloop in de liquiditeitsbegroting.

Naast het inzicht in de geldstromen is het ook belangrijk te weten welk gedeelte de winst vertegenwoordigt. De **winstvoorspelling** vloeit voort uit een omzetvoorspelling. Een **omzetvoorspelling** is een vermenigvuldiging van het verwachte aantal verkopen maal de prijs waartegen het product verkocht zal worden. Dit getal verminder je met het verwachte aantal verkopen maal de kostprijs van het product. De **kostprijs** is het geldbedrag dat het product gekost heeft. Dit kan bijvoorbeeld bestaan uit het gedeelte van de voorraad dat in het product verwerkt is en het salaris van het personeel dat voor dit product is ingezet. Het bedrag dat hieruit voortvloeit is de winstvoorspelling.

De winstvoorspelling van een teambuildingsweekend

Bedrijf A verkoopt bijvoorbeeld teambuildingsweekenden voor € 1.000,- per vijf personen. Stel bedrijf A verwacht in de maand januari vier weekenden te verkopen met gemiddeld tien personen per keer. Dat betekent dat de omzetvoorspelling voor bedrijf A voor de maand januari uitkomt op € 8.000,-, namelijk viermaal € 2.000,-. Wanneer hiervan de winstvoorspelling gemaakt moet worden, dan moet de kostprijs per weekend bepaald worden. Voor het teambuildingsweekend wordt een gedeelte van de voorraad gebruikt, namelijk € 30,- per persoon. Daarnaast gaan er natuurlijk ook uren van het personeel in zitten. In totaal komt dit op een kostenpost van € 50,- per persoon. Bij deze kosten komen ook algemene kosten, die we per persoon op € 10,- kunnen stellen. In totaal heeft dit tot gevolg dat er per persoon € 90,- aan kosten moet worden gerekend per weekend. Per weekend is er dan een totaal aan kosten van € 900,-. Voor de maand januari komt dat uit op een kostprijs van € 3.600,-. De winstvoorspelling van de maand januari komt dan ook uit op € 8.000,- − € 3.600,- = € 4.400,-.

4.5.3 Risicoanalyse

Bij de SWOT-analyse zijn allerlei bedreigingen (threats) naar voren gekomen. Deze kun je gebruiken bij de risicoanalyse die je in je businessplan opneemt. Bij een **risicoanalyse** worden immers mogelijke bedreigingen benoemd en in kaart gebracht. Per bedreiging wordt de kans van het optreden ervan bepaald en wordt vervolgens ingeschat dan wel berekend wat de 'schade' is die hierdoor zou kunnen optreden.

Op grond van een risicoanalyse kunnen de volgende maatregelen worden genomen:

- *preventie*: het voorkomen dat iets gebeurt of het verminderen van de kans dat het gebeurt;
- *repressie*: het beperken van de schade wanneer een bedreiging optreedt;
- *correctie*: het instellen van maatregelen die worden geactiveerd zodra iets is gebeurd om het effect hiervan (deels) terug te draaien;
- *acceptatie*: geen maatregelen; men accepteert de kans op en het mogelijke gevolg van een bedreiging;
- *manipulatie*: het wijzigen van de wijze waarop de berekening is uitgevoerd om zo toch tot een gewenst resultaat te komen; op die manier valt het risico alsnog binnen het aanvaardbare niveau.

FASE 3

Na de risicoanalyse moet je vaststellen hoe de risico's beheerst kunnen worden of teruggebracht tot een aanvaardbaar niveau. Daartoe voer je ook een kosten-batenanalyse uit. Op voorhand hoeft niet ieder risico te worden afgedekt: wanneer de kosten van de maatregelen om een risico te beperken hoger zijn dan de mogelijke schade, kan besloten worden het risico te accepteren.

Het permanent uitvoeren van risicoanalyses wordt risicomanagement (ook wel **risk management** of **risk control**) genoemd. Op de website wordt een stappenplan gegeven voor het uitvoeren van een risicoanalyse.

4.6   Presentatie businessplan

Deze onderzoeksfase wordt afgesloten met een presentatie van het business-plan aan de leidinggevenden, mogelijke investeerders en andere stakeholders. In ieder geval zijn degenen aanwezig die het formele besluit nemen om het concept al dan niet te gaan ontwikkelen en implementeren.

Ga vooraf de aanwezigen en hun belangen na. Wat zijn hun kernwaarden? In je presentatie speel je daarop zo veel mogelijk in. Houden je leidinggevenden niet van risico's? Dan ga je tijdens je presentatie in op de risico's en hoe je die gaat tackelen. Zitten er vooral investeerders in het publiek die gewend zijn aan risico's? Dan besteed je vooral aandacht aan de potentie van je concept en aan de strategie.

4.6.1   Elevatorpitch

Een van de puurste en krachtigste presentatievormen is de *elevatorpitch*: een korte en bondige presentatie die net zo lang duurt als een 'ritje' met de lift (*elevator*) van de begane grond via enkele stops naar de achtste verdieping: maximaal drie minuten. Het verhaal hierachter is dat je altijd (in de lift) de ideale investeerder of je directeur kunt tegenkomen, die vanwege een overvolle agenda eigenlijk nooit tijd heeft om naar je verhaal te luisteren. Als je tijdens die korte rit met de lift heel overtuigend bent, krijg je zijn visitekaartje en/of goedkeuring zodat je een afspraak kunt maken.

Realiseer je dat een investeerder of het managementteam heel veel ideeën hoort en dat je vaak maar één kans hebt om je verhaal te houden. Zorg dus dat je bijzonder goed voorbereid bent. Trek er zeker een paar uur voor uit om de inhoud van je businessplan samen te vatten in maximaal drie minuten.

Je moet in die paar minuten precies tot de kern van je boodschap komen, ontdaan van alle franje en overbodige informatie. Je presenteert deze bovendien op zo'n manier dat het publiek jouw enthousiasme en energie ervaart. Uiteraard kun je je boodschap visueel ondersteunen met een aantal afbeeldingen. Het belangrijkst zijn echter je eigen houding en uitstraling: laat zien en voelen dat je met liefde, lol, en lef het innovatieproces door wilt gaan (interview met

Rob Kuiper). Kijk je publiek aan, breng je enthousiasme over en overtuig het ervan dat het concept kansrijk is.

Omdat je maar zo kort de tijd hebt, is het essentieel om heel concreet te zijn. Wat daarbij helpt is een duidelijke structuur aanbrengen in je verhaal. De volgende structuur blijkt vaak goed te werken (interview met Arthur Tolsma):

- probleem: wat is het probleem (van de klant)?
- product: wat is het product dat dit probleem oplost?
- voorbeelden: geef klantervaringen of situaties waarin jouw product noodzakelijk is;
- strategie: prijs, doelgroep, productie, et cetera;
- financiële getallen: investeringsbehoefte, terugverdientijd en verwachte winst;
- afsluiting: een krachtige conclusie: het product gaat een succes worden: argumenten noemen en eventueel aangeven hoe je risico's en onzekerheden gaat tackelen.

Bij ieder businessplan zijn andere onderdelen belangrijk, dus ga hier creatief mee om.

4.6.2 Een p(l)akkend verhaal

Je verhaal moet indruk maken en in het geheugen van het publiek blijven hangen. Dit wordt ook wel de plakfactor genoemd (Heath & Heath, 2008). Kenmerkend voor een verhaal met kleefkracht is SUCCES: *Simple, Unexpected, Concrete, Credible, Emotional* en *Story*.

Simple = eenvoudig
Houd het kort en bondig. Het is perfect als er niets meer kan worden weggehaald. Het gaat niet om simplisme, maar om prioriteiten stellen.

Start met het probleem. Als je je toehoorders laat beseffen hoe groot het probleem is, zijn ze veel ontvankelijker voor een oplossing. Ze zullen de potentie van je probleem dan veel groter inschatten.

Begraaf het nieuws dus niet, maar begin ermee zoals in een krantenbericht. Journalisten leren in hun opleiding dat ze moeten beginnen met de belangrijkste informatie. De eerste zin bevat de meest wezenlijke elementen van het verhaal. Na de eerste zin, de kern, wordt de informatie afnemend in belang gepresenteerd. Journalisten noemen dit de omgekeerde piramide. De belangrijkste informatie (het breedste deel van de piramide) bevindt zich bovenin.

Prioriteiten stellen valt niet mee, zeker als het om een complex verhaal gaat. Je wilt dan graag alle nuances en perspectieven toelichten, maar dat kan nu eenmaal niet. Je boodschap moet compact zijn, omdat je publiek slechts een beperkte hoeveelheid informatie kan opnemen en onthouden.

FASE 3

Figuur 4.3 Daklozen on Ice
(Bron: www.visavis.nl)

Unexpected = onverwacht

Verras, speel met de verwachtingspatronen van het publiek. Combineer zaken die het publiek niet bij elkaar vindt horen: jong en rimpelig, serieus en gek, arm en glamorous. Zie ook figuur 4.3.

Concrete = concreet

Noem de dingen bij de naam, en gebruik geen vage en abstracte termen. Zeg niet: 'De doelgroep zorgt voor overlast', maar vertel over 'de jongeren die bekend zijn bij de politie en die elk weekend in de wijk vernielingen aanrichten'. Houd oog voor details en zintuigen. Laat het publiek dus niet alleen beelden zien, maar maak ook gebruik van geluiden, geuren et cetera. Laat het publiek ook dingen voelen, proeven en ruiken. Uiteraard zijn de mogelijkheden hiervoor afhankelijk van de aard van het product.

Credible = geloofwaardig

Gebruik een autoriteit (idool, expert of antiautoriteit): aanbevolen door ...

Levensechte details vergroten de invoelbaarheid en daarmee de geloofwaardigheid. Geef statistieken een menselijk gezicht. Vertel zodanig dat het publiek gelooft: het gaat werken! Om een maximaal effect te bereiken is het verstandig aan te haken bij het referentiekader van je publiek, bij wat mensen al kennen.

Emotional = met gevoel

Spreek het hart aan, niet het hoofd: raak je publiek! Geef het een goed gevoel mee. Speel in op het eigenbelang van de diverse stakeholders.

Story = met een verhaal

Verpak de moraal in een aansprekend verhaal. Personifieer het probleem. Als je met en voor drugsverslaafden werkt, vertel je dus geen abstracte verhalen in vakjargon over 'de drugsverslaafden', maar een concreet verhaal over Jan, die na een bedrijfsongeval en een bureaucratisch gevecht niet meer aan de slag kon en na veel tegenslagen letterlijk in de goot terechtkwam. Je product moet een gezicht krijgen, en problemen moeten invoelbaar worden.

Bedenk, zeker als je presenteert voor mogelijke investeerders, dat er zoiets bestaat als het Moeder Teresa-effect. Zij zei ooit: 'Als ik naar de massa kijk, kom ik nooit in actie, als ik naar het individu kijk wel.' Instellingen die zich richten op goede doelen hebben het Moeder Teresa-effect al lang geleden ontdekt. Ze weten dat donateurs vrijgeviger reageren op individuele dan op abstracte gevallen. Je geeft niet aan 'Afrikaanse armoede', maar je sponsort wel David uit Benin, zodat hij goed onderwijs kan volgen. Zie ook het voorbeeld van Return to Sender (kader).

Het verhaal van Return to Sender

Alles heeft een verhaal. Gebouwen, tradities, kleding, maar ook de voorwerpen die in je huis staan. Daar sta je niet altijd bij stil.

Return to Sender vertelt het verhaal achter elk product. Over de makers, de productietechnieken en de eeuwenoude symboliek die er soms achter schuilgaat. Daarnaast gaan we op zoek naar de verhalen van de kopers: wat doe jij met jouw Return to Senderproduct? Return to Sender zoekt naar bijzondere producten in de armste gebieden van de wereld, die vervolgens worden verkocht in Nederland via HEMA en aan consumenten en de zakelijke markt via de eigen onlineshop.

Return to Sender gelooft dat eerlijke handel de motor is achter duurzame economische ontwikkeling. Wanneer de stichting winst maakt, vloeit deze terug naar educatieve projecten waarmee het ondernemerschap en de zelfstandigheid van de producenten gestimuleerd worden.

Bron: www.returntosender.nl

4.6.3   Go/no go

Na je presentatie is het woord aan de 'beslissers'. Zij geven doorgaans feedback op vier aspecten:

- *potential*: wat is het potentieel van het concept?
- *risk*: wat zijn de risico's als we met dit concept verdergaan?
- *effort*: hoeveel inspanning vraagt het om dit concept verder te ontwikkelen?
- *feeling*: wat voor een gevoel roept dit concept bij ons op?

Op basis van wat zij gezien en gehoord hebben beantwoorden zij bij deze gate de zevervolgvraag: gaan wij hiervoor? Is het antwoord bevestigend, dan begin je aan de volgende fase (go) ofwel besluit je het proces nu niet verder te doorlopen, maar tijdelijk stop te zetten (stop). Is het antwoord ontkennend, dan ga je nog op zoek naar aanvullende informatie (retry) of je besluit het productconcept in de prullenbak te gooien (kill).

FASE 3

179

4.7   Samenvatting

In dit hoofdstuk stond de fase van onderzoek centraal. Doel hiervan is om een kansrijk concept uit te werken en daarvoor een goede strategie uit te zetten. Om dat verantwoord te kunnen doen voer je een situatieanalyse uit. Deze bestaat uit een externe en een interne analyse.

Bij de externe analyse maak je gebruik van de macro- en mesoanalyse. Op basis daarvan formuleer je kansen en bedreigingen voor je innovatie.

De interne analyse bestaat uit een organisatieanalyse en een financiële analyse. Met behulp hiervan formuleer je sterkten en zwakten.

Kansen en bedreigingen, sterkten en zwakten vormen samen de input voor de swot-analyse. Deze mondt uit in de confrontatiematrix, waarin de meest relevante kansen en bedreigingen worden gerelateerd aan de meest relevante sterkten en zwakten. Op basis daarvan kun je strategische scenario's bepalen en uiteindelijk een strategie kiezen voor het implementeren van je innovatie, die dan de status krijgt van concept.

Het eindresultaat van deze fase is een businessplan, waarin je aangeeft hoe het kansrijkste concept verder ontwikkeld en geïmplementeerd kan worden. Dit businessplan presenteer je aan diegenen die hierover beslissen. Is hun besluit een go, dan ga je door naar de fase van implementeren. Ook daarbij is de inbreng van diverse stakeholders onontbeerlijk. Hoe dat in z'n werk gaat, lees je in het volgende hoofdstuk.

5
Implementeren

FASE 4 Van concept naar product

Successen uit het verleden bieden geen garanties voor de toekomst.

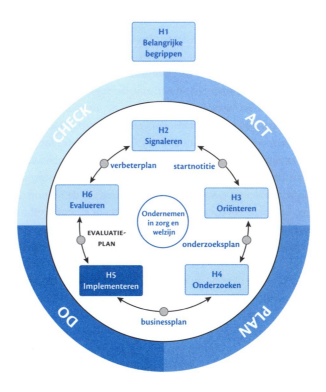

LEERDOELEN

Na bestudering van dit hoofdstuk:

- kun je enkele innovatieselectiesystemen beschrijven;
- kun je enkele communicatiestrategieën beschrijven;
- weet je wat fysieke implementatie betekent;
- weet je wat wordt bedoeld met mentale implementatie;
- weet je wat structurele implementatie inhoudt;
- weet je wat er in een evaluatieplan staat.

In dit hoofdstuk staat de vierde fase van het innovatieproces centraal:	implementeren
Doel van deze fase:	het in een pilot geteste product gereedmaken voor lancering
Activiteiten in deze fase:	<ul><li>je ontwikkelt het kansrijke concept tot een concreet product</li><li>je test het ontwikkelde product in een of meer pilots</li><li>je bereidt de lancering van het product voor</li></ul>
Resultaat:	een evaluatieplan

5.1   Inleiding

De nieuwe start van het sociaal werk: *Eropaf!*

'Als de sociale sector zich meer gaat bemoeien met het leven van cliënten, zal dit veel effectiever werken,' meent Jos van der Lans, auteur van het boek *Eropaf!*. 'Van garagehouder naar wegenwacht,' zo omschrijft hij de transformatie van traditionele welzijnswerker naar de nieuwe sociale werker. 'Als je auto kapot is, ga je naar de garagehouder en die repareert de auto. De wegenwacht echter gaat naar de mensen toe. Hij krikt de auto op en de mensen vervolgen hun weg. Die andere rol vraagt een ander type professional, iemand die dichter op de samenleving functioneert. Dichter op de leefwereld van de cliënt en daar verbindingen op gaat zoeken en mensen op eigen kracht verder helpt. Professionals moeten er dus op af!'

Welzijnsorganisatie Perspectief Zutphen heeft die uitdaging opgepakt en positioneert de sociaal werkers als ondernemers in de wijken. Zij werken tussen de burgers en zitten niet meer achter een bureau. Professionals zijn uitgerust met digitale hulpmiddelen en zijn gemakkelijk bereikbaar, ook na kantoortijden.

De Hogeschool van Arnhem en Nijmegen (HAN) begeleidt de professionals in dat veranderingsproces. Zij vormen een zogenoemde actieleergroep en leren al doende. 'Onderzoek je eigen werk' is het motto. De bedoeling is vanuit traditionele werkkaders over welzijn te komen tot vernieuwende werkkaders voor Welzijn Nieuwe Stijl.

Professionals leren omgaan met onzekerheid, durven de eigen gewenste voorspelbaarheid steeds beter los te laten, schorten eigen meningen op, gebruiken dialoog in plaats van discussie, zijn afhankelijker geworden van elkaars kennis en kunde. Het is de uitdaging om meer generalist te durven zijn. Aan de hand van netwerkanalyses zijn professionals zich bewust geworden van de noodzaak tot intensieve samenwerking met collega-instellingen.

Bron: interview met Martha van Biene; interview met Judith Arts; interview met Frank Oldenboom; Van der Lans, 2010; www.josvdlans.nl; www.perspectiefzutphen.nl

---

Net als bij vele andere welzijnsorganisaties in Nederland wordt ook bij Perspectief Zutphen een nieuwe manier van werken stap voor stap ingevoerd. Medewerkers bespreken samen hoe zij deze nieuwe aanpak in hun eigen organisatie vorm kunnen geven. Door ander gedrag uit te proberen, daarop te reflecteren en dit met elkaar te bespreken, groeien zij langzaam maar zeker in hun nieuwe rol. Uiteraard gaat zo'n omschakeling ook gepaard met weerstand; niet iedere sociale werker voelt zich direct prettig als 'generalist'.

Een eenduidige definitie van implementeren bestaat niet. Afhankelijk van het product en de context van de organisatie worden onder andere de termen 'in gebruik nemen', 'invoeren', 'uitvoeren', 'uitrollen', 'lanceren' en 'introduceren' gebruikt. Deze fase staat vooral in het teken van 'doen' en communiceren over wat je doet. Doel is het nieuwe product daadwerkelijk met elkaar te realiseren. Dat samen (door)ontwikkelen van je concept tot een concreet product en dit 'in de markt zetten' betekent dat er weer selectie plaatsvindt. Allereerst beschrijven we in dit hoofdstuk dan ook hoe selectiemechanismen werken en welke communicatiestrategieën zijn te onderscheiden (paragraaf 5.2). Vervolgens gaan we in op de drie sporen van implementeren: maken, leren en inpassen. Bij 'maken' gaat het om het daadwerkelijk ontwikkelen en testen van de inhoud van de innovatie en deze vormgeven, ofwel de fysieke implementatie (paragraaf 5.3). Bij 'leren' gaat het om mentale implementatie: het organiseren van betrokkenheid ofwel het creëren van draagvlak voor de innovatie (paragraaf 5.4). 'Inpassen' houdt in dat de innovatie in de organisatie wordt verankerd. Dit wordt ook wel de structurele implementatie genoemd (paragraaf 5.5). Ook deze fase wordt weer afgesloten met een beslisdocument, het evaluatieplan. Dit plan komt in paragraaf 5.6 aan bod.

5.2 Inzicht in selecteren en communiceren

Je hebt in de voorgaande fasen van het innovatieproces al diverse selectieronden doorlopen. Aan het einde van elke fase hield je het betreffende beslisdocument immers tegen het licht en besliste je: doorgaan of niet. Nu het concept daadwerkelijk wordt doorontwikkeld en getest in een of meer pilots of try-outs, vinden ook allerlei selectiemechanismen plaats. Het is belangrijk dat je begrijpt hoe dit verloopt. Dan is het allereerst zaak na te gaan waar selectieprocessen plaatsvinden en wie belangrijke selectoren zijn (paragraaf 5.2.1). Als je daar een goed beeld van hebt, kun je adequate communicatiestrategieën inzetten (paragraaf 5.2.2).

5.2.1 Selectieomgevingen

Om de kansen voor succes van je innovatie in de markt te vergroten, moet je enig inzicht hebben in de verschillende selectieomgevingen. Innovaties wor-

FASE 4

183

den immers geselecteerd in een complex van selectiesystemen, elk met zijn eigen waardesysteem. Je kunt daarbij een onderscheid maken in hiërarchische selectie, marktselectie en een combinatie van beide: hybride selectie (Jacobs, 2007; Jacobs, 2008). Deze selectiesystemen hebben we in figuur 5.1 schematisch weergegeven.

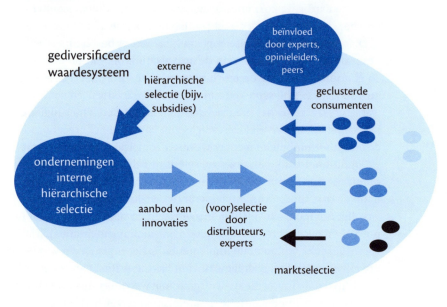

Figuur 5.1 Hybride selectie als interactie tussen selectiesystemen (Bron: Jacobs, 2008)

Hiërarchische selectie

Zoals je in de vorige hoofdstukken al hebt kunnen lezen, moet een innovatievoorstel eerst binnen de eigen organisatie geselecteerd worden om doorontwikkeld te kunnen worden. Deze interne hiërarchische selectie (links in de figuur) wordt gemaakt door selectoren, zoals leden van het innovatieteam, leidinggevenden, directieleden en andere stakeholders. Zij beoordelen de verschillende innovatievoorstellen en accepteren en financieren het in hun ogen kansrijkste concept. Deze selectoren hebben de bevoegdheid om op basis van bepaalde regels (structuren, normen) top-down dan wel bottom-up selectiebeslissingen te nemen.

Ook nadat het businessplan is goedgekeurd, tijdens het ontwikkelen van het concept tot concreet product, vindt selectie plaats. In zorg en welzijn gebeurt dat meestal aan de hand van een of meer pilots. Dit geeft je de mogelijkheid om samen met diverse stakeholders het nieuwe product op bepaalde punten te verbeteren.

Marktselectie

Zodra het nieuwe product op de markt wordt geïntroduceerd (in figuur 5.1 aangeduid met 'aanbod van innovaties'), gaat ook marktselectie een rol spelen. Consumenten beslissen of ze al dan niet van het product gebruik willen en kunnen maken. Marktselectie vindt grotendeels anoniem en via commerciële mechanismen plaats.

Het aanbod van innovaties wordt in de markt mogelijk voorgeselecteerd door verschillende soorten **gatekeepers**. Soms zijn er experts die selecteren wat klanten 'moeten' consumeren. Denk daarbij aan artsen die medicijnen en behandelingen voorschrijven en aan docenten die studieboeken en andere lesmaterialen uitkiezen. Als gevolg daarvan richten marketingafdelingen van aanbieders hun inspanningen vaak op de betreffende selectoren. Farmaceutische ondernemingen hebben bijvoorbeeld artsenbezoekers in dienst. Ook zelfstandige zorg- en welzijnsprofessionals bezoeken artsen om hun 'kaartje' af te geven, en uitgevers van studieboeken gaan bij docenten op scholen langs om hun aanbod aan te prijzen.

Rechts in figuur 5.1 zie je de klanten, de consumenten. Zoals gezegd selecteren zij het uiteindelijke aanbod dat hun wordt voorgeschoteld. Zij kiezen echter nooit autonoom, maar zijn op verschillende wijzen geclusterd in subculturen, onder meer op basis van leeftijd, leeffase, geloof, beroepsgroep en interesses. Bovendien worden mensen in hun selectieproces voortdurend beïnvloed door massamedia, experts, opinieleiders en *peers*: vrienden, collega's, familie.

Er wordt wel gesteld dat hoe minder bekend (innovatiever) het aanbod is voor de klant, hoe groter de mogelijke invloed van experts en opinieleiders is. Deze voegen dan dus letterlijk waarde toe aan de innovatie. Het kan dan ook nuttig zijn hen te benaderen en te proberen hen over te halen het nieuwe aanbod te promoten (lobbyen). Dat moet wel op subtiele en integere wijze gebeuren, want als bekend wordt dat experts of opinieleiders onder druk zijn gezet of 'omgekocht', verliezen deze hun geloofwaardigheid. In paragraaf 5.4.1 komt lobbyen aan de orde.

Hybride selectie

Hiërarchische selectie en marktselectie worden op talloze wijzen gecombineerd tot vormen van hybride selectie. Markten worden bijvoorbeeld door overheden gereglementeerd. Denk daarbij aan kwaliteitsnormen voor producten, consumentenbescherming, milieuwetgeving, et cetera. Een voorbeeld van zo'n kwaliteitsnorm staat uitgewerkt in het kader hierna.

FASE 4

> **Het sa 8000-certificaat**
>
> Door te voldoen aan de eisen van het Social Accountability-certificaat (sa 8000) kunnen leveranciers aantonen dat zij producten onder verantwoorde omstandigheden realiseren. Daarbij is ook sprake van eigenbelang. Want wat zou er gebeuren indien in de pers bekend werd gemaakt dat hun producten tot stand komen met behulp van kinderarbeid onder bedroevende omstandigheden? De norm sa 8000 bevat voorschriften met betrekking tot:
>
> - kinderarbeid;
> - gedwongen arbeid;
> - gezondheid en veiligheid;
> - vakbondsrecht en recht op collectieve onderhandelingen;
> - discriminatie;
> - disciplinaire maatregelen;
> - werktijden;
> - beloning;
> - management en monitoring.
>
> Bron: Nagel, 2011

Wanneer innovaties aan keurmerken, kwaliteitsnormen, regelingen, wetgeving en dergelijke worden getoetst, is er sprake van externe hiërarchische selectie. Ook hier spelen gatekeepers die voorselecteren een rol. Denk daarbij niet alleen aan vertegenwoordigers van overheidsinstanties, maar ook aan redacteuren van vaktijdschriften, vakjury's, vertegenwoordigers van belangengroepen zoals brancheverenigingen en consumentenorganisaties. Zij bepalen aan welke innovaties zij meer of minder aandacht willen besteden.

Soms zijn verschillende selectiesystemen verknoopt via instanties die met elkaar te maken hebben, terwijl deze selectiesystemen door andere normopvattingen tegenstrijdige signalen afgeven. Zo kan een beroepsvereniging erg enthousiast zijn over een bepaalde therapie door de effectiviteit ervan, terwijl een verzekeringsinstantie uit kostenoverwegingen kan besluiten diezelfde therapie niet in het verzekeringspakket op te nemen.

Je moet inzicht hebben in deze selectiemechanismen. Probeer de achterliggende waarden te begrijpen en de selectoren te identificeren. Je kunt dan nagaan hoe je deze personen en/of organisaties het best kunt benaderen en wat een goede manier is om met hen te communiceren.

5.2.2   Communicatiestrategieën

Wanneer duidelijk is welke stakeholders en selectoren wanneer betrokken zijn bij de implementatie, zet je een of meer communicatiestrategieën uit. Het communicatiekruispunt van Van Ruler (1998) is daar een handig instrument voor.

Van Ruler gaat ervan uit dat je in de communicatie twee fundamentele keuzes moet maken:

■ Streef je naar bekendmaking aan of beïnvloeding van stakeholders?
■ Moet er sprake zijn van eenrichtingsverkeer of tweerichtingsverkeer?

Aan de hand van deze vragen kom je tot vier basisstrategieën (zie figuur 5.2).

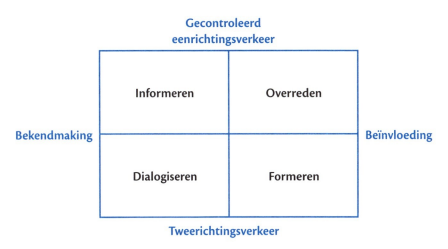

Figuur 5.2 **Het communicatiekruispunt**

Meningsvorming is in het communicatiekruispunt het domein van de onderste twee vierkanten. Een mening creëer of verander je niet met een nieuwsbrief, een melding op een mededelingenbord, een YouTubefilmpje of een advertentie (eenrichtingsverkeer). Daarvoor zijn uitwisseling van argumenten en verwerking van nieuwe inzichten nodig. Dat lukt alleen in samenspraak met de ander, dus via tweerichtingsverkeer.

Informeren
Bij de strategie 'informeren' worden massamedia ingezet om de boodschap over te brengen aan de stakeholders. De feiten worden gepresenteerd, de meningsvorming ligt bij de 'ontvanger'. De kernpunten van deze strategie zijn:
■ zo objectief mogelijk en met eenrichtingsmiddelen;
■ vanuit de klassieke voorlichtingsgedachte;
■ te gebruiken bij weinig weerstand en beperkt belang;
■ gericht op informatie overbrengen.

In de aanpak bij deze strategie staan openbaarheid en transparantie voorop. Het gaat om een houding van 'alles melden en voortdurend verantwoording afleggen'. Dit betekent bijvoorbeeld dat er een complete, actuele site is waarop belangrijke besluiten en de argumenten zijn opgenomen. Organisaties maken

FASE 4

steeds vaker gebruik van digitale nieuwsbrieven of een eigen onlinemagazine met actuele thema's om de stakeholders op de hoogte te houden van (de voortgang van) het innovatieproces. Denk in dit verband ook aan folders, brochures, publicaties en informatiebijeenkomsten waarmee plannen, besluiten en/of maatregelen begrijpelijk worden uitgelegd.

Zeker als je stakeholders informatie wilt geven over de meerwaarde van je innovatie voor de klant is het belangrijk dat zij inzicht krijgen in de klantfrictie, dus in het probleem van de klant. Je kunt daarbij allerlei technieken inzetten, zodat zij zich daadwerkelijk kunnen inleven in de klant. Zie de voorbeelden (het AGNES-pak en Into D'mentia) in paragraaf 3.2.2.

Overreden

Wanneer de nadruk in de communicatie ligt op het beïnvloeden van (een bepaalde groep) stakeholders door middel van (massa)communicatie is sprake van overreding. De kernpunten van deze strategie zijn:

- beïnvloeding van de stakeholders;
- te gebruiken bij brede groepen stakeholders;
- gericht op informeren.

In de aanpak bij overreding is zichtbaarheid een aandachtspunt. De organisatie moet werken aan aanwezigheid en naamsbekendheid. De 'buitenwereld' moet weten wie je bent en wat je doet. De communicatie is dan ook gericht op het beeld dat de buitenwereld van de organisatie heeft: het imago. Het is belangrijk een goede relatie op te bouwen met externe partners en het beeld dat zij van de organisatie hebben structureel te beïnvloeden, bijvoorbeeld door open dagen te organiseren, op locatie in gesprek te gaan met diverse stakeholders, campagne te voeren en manifestaties te verzorgen. Ook het onderhouden van een goede relatie met de pers valt onder deze strategie. Een goed voorbeeld van de overredingsstrategie is de promotiecampagne Zorgen doet ertoe! (zie kader).

Promotiecampagne Zorgen doet ertoe!

'Zorgen doet ertoe!' is de komende jaren de kernboodschap van en voor zorg en welzijn in Brabant, zowel binnen de sector als naar externen. Deze campagne draagt bij aan een positief en reëel beeld van het werken in zorg en welzijn. De campagne bewandelt twee essentiële sporen, die elkaar versterken.

Interne campagne: ambassadeurs

Hiermee worden medewerkers in de sectoren zorg en welzijn aangespoord zich als ambassadeurs positief uit te laten over de sector. Zij moeten met trots over hun werk vertellen op feestjes met familie en vrienden. Op die manier spelen zij een belangrijke rol bij het aantrekken van nieuwe medewerkers en kunnen zij de sector aantrekkelijker maken. Ertoe doen oftewel bijdragen aan de maatschappij

---

is de boodschap waarmee men nieuwe medewerkers wil verleiden tot een baan in zorg en welzijn.

Externe campagne: promotieteams
In Brabant zijn meerdere regionale promotieteams actief. Zij zorgen voor een interactieve presentatie van het werk in zorg en welzijn, bijvoorbeeld tijdens open dagen of gastlessen op scholen en door voorlichting te geven op banenmarkten, informatieavonden en beurzen.

De inzet van de promotieteams draagt ertoe bij dat leerlingen en werkzoekenden een duidelijker beeld hebben van wat het betekent om in zorg of welzijn te werken en dat zij zorg- en welzijnsorganisaties gaan zien als aantrekkelijke werkgevers om bij te leren en werken.

Bron: www.transvorm.org

Formeren

Ligt de nadruk op het beïnvloeden van (een bepaalde groep) stakeholders met behulp van communicatie die tweerichtingsverkeer toelaat, dan is sprake van formeren. Lobbyen is bijvoorbeeld een aanpak die bij deze basisstrategie voorkomt. Een organisatie die deze strategie inzet, probeert andere partijen te winnen voor het eigen standpunt, en doet dat middels een dialoog. De kernpunten van deze strategie zijn:

- externe partijen ontwikkelen zich van 'toehoorders' tot participanten;
- aangaan van samenwerkingsverbanden en coalities;
- zoeken naar gezamenlijke belangen;
- gericht op raadplegen en adviseren.

Het accent bij formeren ligt vooral op het aangaan van samenwerkingsverbanden met (groepen) stakeholders en het vormen van coalities tussen diverse partijen. In dit verband moet een organisatie 'bewijzen' aan bepaalde normen te voldoen. Men verantwoordt wat men doet om daarmee aan mogelijke coalitiepartners aan te tonen dat men een geschikte samenwerkingspartner is. Daartoe kunnen bijvoorbeeld inspraakbijeenkomsten, overleg, debatten en discussies worden ingezet.

Dialogiseren

Bij dialogiseren gaat de organisatie in dialoog met (een bepaalde groep) stakeholders om draagvlak te krijgen. Stakeholders worden geconsulteerd bij de ontwikkeling en uitvoering van het beleid en participeren hierin. Een dialoog is een wezenlijk andere manier van communiceren met stakeholders dan een debat. In tabel 5.1 zijn de verschillen op een rijtje gezet.

FASE 4

Tabel 5.1 De verschillen tussen een debat en een dialoog (Gerzon, 2006)

Debat	Dialoog
Ervan uitgaan dat er één goed antwoord is en jij hebt het	Ervan uitgaan dat meerdere personen delen van een antwoord hebben
Strijdlustig: deelnemers proberen te bewijzen dat de anderen het fout hebben	Samenwerkend: deelnemers werken samen naar een gezamenlijk inzicht
Gaat over winnen	Gaat over het ontdekken van gemeenschappelijke standpunten
Luisteren om fouten te vinden en tegen-argumenten naar voren brengen	Luisteren om te begrijpen, de betekenis en overeenkomst zoeken
Het verdedigen van eigen aannames en die als waarheid zien	Aannames bekendmaken om deze opnieuw te evalueren
Twee kanten zien van een vraagstuk	Alle kanten bekijken vanuit een vraagstuk
Het verdedigen van de eigen kijk op een onderwerp tegen die van anderen	Toegeven dat het denken van de ander je eigen kijk op een onderwerp kan verbeteren
Zoeken naar fouten en zwakten in de positie van de ander	Zoeken naar sterkten en waarde in de positie van de ander
Door het creëren van een winnaar en een verliezer ontmoedig je een verdere discussie	Het onderwerp bespreekbaar laten, ook na het beëindigen van de discussie
Zoeken naar een conclusie die jouw positie bevestigt	Ontdekken van nieuwe opties, niet zoeken naar een afsluiting

Beslissingen die over de hoofden van anderen heen genomen worden, dragen altijd het gevaar in zich dat ze slechts lijdzaam en tegensputterend geaccepteerd worden of – nog erger – tot felle weerstand leiden. Beslissingen waarover breed meegedacht is, worden vaak veel sneller en gemakkelijker geaccepteerd. Het accent komt te liggen op samenspraak en actieve interactie. De kernpunten van deze strategie zijn:

- zich open opstellen, vanuit de 'zender' zo min mogelijk gericht op beïnvloeding van de ideeën en gedachten;
- op basis van gelijkheid gedachten uitwisselen en verder ontwikkelen;
- gericht coproduceren en meebeslissen.

Bij deze strategie wordt informatie gegeven om vervolgens informatie van stakeholders te ontvangen. De organisatie luistert vooral naar wat er leeft en houdt daar zo goed mogelijk rekening mee. De stakeholders worden aangesproken op gemeenschappelijke waarden. De opbrengst en inhoud van het gesprek staan daarbij centraal en niet de spreker zelf. Er wordt voortdurend met de stakeholders gecommuniceerd, waardoor de inhoud en timing van de communicatie(middelen) steeds verder kunnen worden aangescherpt. Besluiten worden pas vastgesteld nadat de dialoog is gevoerd.

De strategie van dialogiseren kan op diverse manieren worden uitgevoerd. Denk aan inspraakrondes, klankbordgroepen en begeleidingsgroepen, opiniepeilingen en discussiefora op internet, persoonlijke gesprekken, een spreekuur en informele bijeenkomsten. Of zie het voorbeeld van de burgertop G1000 Uden, waarover enkele betrokkenen in het kader hierna aan het woord komen.

G1000 Uden

Uden is een dynamische gemeente. Groen, gezellig, gastvrij en gezond. Echt Brabants, met actieve inwoners en kleurrijke invloeden vanuit allerlei delen van de wereld. Samen brengen we onze gemeente tot leven. Toch hoor je ook in Uden dat dingen anders moeten, dat er meer aandacht moet zijn voor elkaar en dat er nog veel te verbeteren is.

Om deze redenen heeft een aantal betrokken inwoners het initiatief genomen om een burgertop te organiseren: de G1000. In navolging van Brussel en Amersfoort gaan deze inwoners in Uden proberen om de betrokkenheid tussen politiek en inwoner te vergroten. In een wereld die om ons heen aan het veranderen is, is dit misschien wel een weg naar een andere democratie.

Het organiseren van een G1000 is nieuw in Uden. De initiatiefnemers laten zich daarom graag inspireren door de G1000 die plaatsvond in België en door de recent gehouden G1000 Amersfoort.

Op 4 oktober 2014 ontmoetten zo veel mogelijk (maximaal 1.000) inwoners uit Uden, Odiliapeel en Volkel met een leeftijd van 16 jaar en ouder elkaar in het Evenementencentrum (voorheen De Schaapskooi) in Uden. Het startsein werd om 10.00 uur gegeven. Er was geen agenda, maar er werden 'keukentafelgesprekken' gevoerd. Wat vinden Udenaren nu echt belangrijk? Iedere inwoner kon zijn of haar ideeën inbrengen. Hierbij was alles mogelijk: van kleinschalige ideeën voor verbetering van de buurt tot grootschalige projecten voor de gehele gemeente. Het ging vooral om het blootleggen van de diversiteit aan meningen. De voorstellen die naar voren kwamen, bleven daarom vrij breed. De verdere uitwerking vond plaats na 4 oktober in zogenoemde burgerpanels, zo veel mogelijk in nauwe samenwerking met ambtenaren, gemeenteraadsleden en overige betrokkenen.

De ambitie is om dit democratische proces niet eenmalig te organiseren, maar zodanig in te richten dat er sprake is van een continu proces van dialoog tussen inwoners, instellingen, bedrijven en de gemeente. Wellicht in de vorm van een G35-burgerraad?

Bron: vrij naar g1000uden.nl; www.g1000.org

FASE 4

De in deze paragraaf behandelde communicatiestrategieën komen terug in de volgende paragrafen, waarin de drie sporen van implementeren worden toegelicht: maken, leren en inpassen. Bij het lezen van die paragrafen moet je je goed realiseren dat deze sporen in de praktijk gelijktijdig worden bewandeld. De bijbehorende processen lopen dan ook door elkaar en beïnvloeden elkaar. Je ziet dat ook in figuur 5.3 weergegeven. Voor de overzichtelijkheid worden deze sporen echter afzonderlijk beschreven.

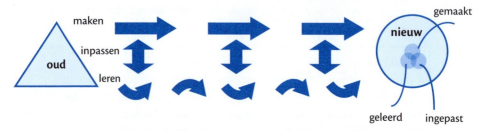

Figuur 5.3 Maken, leren en inpassen in balans (Bron: Lambert e.a., 2006)

5.3 Fysieke implementatie: maken

Zodra je zicht hebt op wat wanneer moet gebeuren, ontwikkel je het concept in samenspraak met relevante stakeholders verder tot een concreet product. In zorg en welzijn betekent dit meestal dat je dit doet aan de hand van (een of meer) **pilot(s)**, ook wel **proefproject**, **experiment** of **try-out** genoemd. Soms wordt heel bewust de term 'pilot' vermeden om te voorkomen dat deelnemers zich 'proefkonijn' voelen. Men spreekt dan liever van 'eerste implementatie'.

Een pilot geeft je de mogelijkheid om het nieuwe product op een aantal cruciale punten bij te stellen voordat het daadwerkelijk wordt gelanceerd. Uiteraard moet een pilot aan een aantal voorwaarden voldoen (paragraaf 5.3.1). Aan de hand van de resultaten van de pilot ga je met diverse stakeholders het product zodanig finetunen dat er uiteindelijk een goed product kan worden gelanceerd. Aangezien de doelen en belangen van de stakeholders kunnen verschillen, zul je hierbij nogal eens moeten onderhandelen (paragraaf 5.3.2).

5.3.1 Ontwikkelen en testen

In de vorige fasen kwam al aan de orde dat deskresearch alleen niet voldoende is om de aantrekkelijkheid van een innovatie te bepalen en een inschatting te maken van de mate van waardering die deze bij klanten oproept. Elke innovatie betekent dat er iets nieuws gedaan wordt, waardoor je per definitie van tevoren niet precies weet wat er allemaal fout kan gaan of welke blokkades je tegenkomt.

Marktonderzoek is ook niet altijd mogelijk. Je hebt je ideeën en basisconcepten daarom al bij relevante stakeholders getest met behulp van rapid prototyping ofwel concepttesting. Het (basis)concept is daarbij intern aan een aantal stakeholders voorgelegd. Hierdoor is het concept al op essentiële punten aangepast aan de behoeften van onder anderen de klant. Belangrijk is nu om het ook extern, in de praktijk, te toetsen door middel van een pilot. Dit gebeurt eerst nog op kleine schaal, want dan blijft de mogelijkheid open om te beslissen dat de innovatie (nog) niet grootschalig wordt doorgevoerd.

Het doel van een pilot is een daadwerkelijke prestatieverbetering van een innovatie aan te tonen en te leren hoe de innovatie het best kan worden vormgegeven en ingevoerd. De slaagkans van een pilot is afhankelijk van een aantal factoren (Broekman, 2005). Zie figuur 5.4.

Figuur 5.4 **Factoren die van invloed zijn op de slaagkans van een pilot met het leiderschapsgedrag als bemiddelende factor**

Ondersteuning vanuit de diverse stakeholders

In paragraaf 3.3.1 over de innovatietienkamp noemden we de cultuur van de organisatie als bepalende factor voor al dan niet succesvol innoveren. We stelden dat een open cultuur een innovatief klimaat bevordert. Ook voor de uitvoering van de pilot geldt dat. De leiding van de moederorganisatie en andere betrokkenen moeten procedures en faciliteiten tot stand brengen die passen bij de pilot. Het gaat daarbij om bijvoorbeeld voorschriften over rapportage, omvang van het budget en type bevoegdheden.

Aan de andere kant is het voor het innovatieteam niet prettig om steeds gecontroleerd te worden. Denk daarbij aan tussentijdse rapportages en feedbackverplichtingen. Zoiets is een zaak van aftasten, gebruikmaken van ervaring en onderhandelen (zie paragraaf 5.3.2). Zodra de pilot is afgerond en geslaagd,

FASE 4

zullen alle betrokkenen actief moeten meehelpen bij de invoering en verduur-zaming van de innovatie.

De kwaliteiten van het innovatieteam

In hoofdstuk 2 hebben we al beschreven dat het ideale innovatieteam multidis-ciplinair en divers samengesteld is en bestaat uit afgevaardigden van de interne en externe stakeholders. Ook stelden we dat er doorgaans gewerkt wordt met de rugbyaanpak. Rol en inbreng van de diverse teamleden wisselen gedurende het innovatieproces per fase. De uitvoering van een pilot vraagt specifieke kwa-liteiten van het team, zoals:

- *rekruterend vermogen*: belangrijk is dat de teamleden de deelnemers aan de pilot motiveren tot actieve participatie;
- *communicerend vermogen*: teamleden moeten goed met elkaar én met de deelnemers aan de pilot communiceren. Zij moeten elkaar eisen durven stellen en elkaar vertrouwen;
- *bindend vermogen naar elkaar*: er moeten concrete afspraken worden ge-maakt en worden nagekomen;
- *bindend vermogen naar de achterban*: teamleden zijn niet alleen vanuit hun vakinhoudelijke expertise of specialisme lid van het innovatieteam, maar participeren ook omdat zij bepaalde stakeholders vertegenwoordigen: hun achterban. Het is belangrijk om na te gaan of er nog steeds een goede bin-ding met die achterban bestaat. Namens wie spreekt het teamlid, en geniet hij nog steeds het vertrouwen? Wordt de achterban goed geïnformeerd over het verloop van het innovatieproces? Verzoeken om extra middelen of voor-stellen tot bijstelling vallen anders ook niet in goede aarde;
- *creatief vermogen*: tijdens een pilot komt het vooral neer op flexibel inspe-len op problemen die zich voordoen en op nieuwe oplossingen bedenken in onverwachte situaties;
- *conflictoplossend vermogen*: bij een pilot kunnen de belangentegenstellingen extra duidelijk aan het licht komen, en het is zaak hier volwassen en verant-woord mee om te gaan. Onderhandelen is een spel van geven en nemen. Ook hier geldt: als een teamlid de belangen van zijn achterban niet goed meer kan vertegenwoordigen of het resultaat van de onderhandeling niet meer aan de achterban kan verantwoorden, is er geen basis (meer) voor verdere samenwerking;
- *coördinerend vermogen*: in het innovatieproces zijn diverse doelen aan de orde: van de moederorganisatie, van de diverse stakeholders, van de inno-vatie, van de pilot, van de individuele teamleden. Voor iedere 'partij' moet er voordeel te halen zijn uit de samenwerking. Hoe beter je als team aan al deze doelstellingen tegemoet kunt komen, hoe beter je de zaken op elkaar kunt afstemmen;

- *synergetisch vermogen*: een pilot vraagt veel tijd en energie van de teamleden. Daarom moet de samenwerking binnen zo'n pilot voor ieder teamlid wel een duidelijke meerwaarde opleveren. Er moeten duidelijk nieuwe inzichten ontstaan of creatieve oplossingen die anders niet boven tafel zouden zijn gekomen. Het geheel moet meer zijn dan de som der delen;
- *prestatievermogen*: de uiteindelijke toets voor het succesvol functioneren van het team is de prestatie: levert de samenwerking binnen de pilot het verwachte resultaat op, worden de doelen gehaald?

Eigenschappen van de pilot zelf
Uiteraard is de ene innovatie moeilijker te realiseren dan de andere. Eigenschappen die al bij de pilot een rol spelen zijn:
- *de complexiteit van de innovatie*: gaat het om een complexe innovatie, dan moet het product heel goed getest worden, net zo lang tot alles honderd procent klopt: het moet aan alle randvoorwaarden voldoen. Dus ook de technische: zorg dat je experts bij je proces betrekt, met name bij innovaties waarbij 'de techniek' een belangrijke rol speelt. Denk maar aan de fouten die zijn gemaakt bij de introductie van de ov-chipkaart. Ondanks vele waarschuwingen dat de kaart vrij simpel kon worden gekraakt, besloot men toch om de kaart in te voeren. Met als resultaat uiterst vervelende gevolgen voor de gebruikers en enorme kosten om de fouten te herstellen;
- *de mate waarin in het praktijkexperiment de werkelijkheid kan worden nagebootst*: de vraag is immers: in hoeverre heeft de pilot echt generalisatiewaarde? Wordt die laag ingeschat, dan vermindert het enthousiasme voor deelname aan de pilot;
- *de mate waarin de pilot zich in de openbaarheid afspeelt*: als pers en/of concurrenten de pilot op de voet kunnen volgen, is het animo bij beslissers om deel te nemen meestal niet zo groot;
- *de mate waarin de innovatie past in de tijdgeest*: innovaties zijn 'te vroeg' wanneer het maatschappelijke klimaat er nog niet rijp voor is. Allerlei initiatieven op het gebied van e-health werden tien jaar geleden afgedaan als luchtfietserij;
- *de mate waarin risico's genomen moeten worden bij het proefdraaien*: hoe meer onzekerheid en te verwachten risico's, hoe moeilijker het is om middelen en faciliteiten te verwerven om de pilot uit te voeren;
- *de kosten*: wegen de kosten van de pilot op tegen eventueel rendement bij grootschalige invoering?
- *de beëindigbaarheid van de pilot*: kan zonder al te veel schade het innovatieproces stopgezet worden of is er sprake van een **camelnose**? Dat betekent: zodra een kleine investering is gedaan voor een pilot krijgt de innovatie zo'n weerklank dat het voor de beslissers – gelet op de politieke en maatschappelijke reacties – niet meer mogelijk is om de (grootschalige) invoering tegen te houden;

FASE 4

- *de originaliteit van de innovatie*: iets wat elders is bedacht en als innovatie in de organisatie moet worden uitgeprobeerd, roept nog weleens weerstand op: het not invented here-syndroom. Dit geldt vooral binnen organisaties die het gesloten innovatiemodel aanhangen (zie hoofdstuk 1);
- *de irrationele component van een innovatie*: een pilot wordt niet alleen beoordeeld op rationele gronden. Ook irrationele aspecten spelen een rol. Denk daarbij aan de machtsverhoudingen in een organisatie. Een veelbelovende innovatie betekent voor bijvoorbeeld de betreffende afdeling meer aanzien. Medewerkers van andere afdelingen zullen dit met enige jaloezie en afgunst gadeslaan en wellicht proberen de pilot ongunstig te beïnvloeden.

Leiderschapsgedrag van degene die de pilot leidt

De projectleider moet zowel taakgericht als procesgericht zijn. Naast kennis en informatie vergaren is ook het delen en presenteren hiervan belangrijk. Daarvoor is het vermogen nodig om met de diverse stakeholders een leerzame relatie op te bouwen (zie ook paragraaf 5.4.2).

Daarnaast moet de projectleider zorgen dat het management een adequaat budget qua tijd, geld en faciliteiten ter beschikking stelt. Hij moet erop aandringen dat het management de pilot formeel en informeel blijft steunen, ook al zijn de resultaten vooralsnog onzeker. Hij moet het management goed op de hoogte houden van de voortgang. De projectleider moet regelmatig om feedback vragen op de afgesproken momenten voor tussenrapportage.

Een pilot uitvoeren doe je dus niet zomaar: een goede voorbereiding is essentieel. Of een en ander nu wel of niet aan de verwachtingen voldoet, elke pilot levert in ieder geval veel bruikbare gegevens op en leidt ook vaak tot nieuwe ideeën voor innovaties.

Spelen met licht: patiënten bepalen zelf de sfeer

In een pilot van Geestelijke Gezondheidszorg Eindhoven en De Kempen (GGzE) Centrum Spoedeisende Psychiatrie konden cliënten met een lichtconcept zelf de sfeer van de verblijfsruimte naar hun hand zetten. Cliënten die hieraan meewerkten kwamen met het idee om ook de inzet van muziek nader te onderzoeken.

In de *ambiance room* wordt nieuwe technologie ingezet bij de behandeling van cliënten. De ruimte is rustig ingericht, en licht speelt er de hoofdrol. Aan het plafond hangen namelijk geen gewone, maar speciale *living colors*-lampen, die elke tint uit het kleurenspectrum kunnen produceren. De kleur en de intensiteit, fel of gedimd, worden bepaald door degene die de afstandsbediening in handen heeft.

'Cliënten die gebruikmaken van de ambiance room zijn veelal onrustig en/of gespannen. Vaak hebben zij het gevoel dat ze de grip aan het verliezen zijn. In deze kamer bieden we ze de mogelijkheid om, via het instellen van het licht en daarmee de sfeer, toch weer een gevoel van controle terug te pakken,' legt Erik Kuijpers, stafmedewerker kwaliteit, uit. 'Het is een nieuwe stap in onze high-carebenadering van cliënten bij wie we willen voorkomen dat ze in een crisis terechtkomen. Rondom behandeling en bejegening hebben ze eerder al meer zeggenschap gekregen. Nu laten we ze ook hun verblijfsruimte meebepalen.'

Aan de pilot is een onderzoek gekoppeld. Philips en GGzE willen namelijk weten hoe cliënten omgaan met hun zeggenschap: hoe vaak en op welke momenten veranderen ze de lichtinstelling?

De afstandsbediening is daarom draadloos gekoppeld aan een laptop die gegevens verzamelt. In combinatie met een vragenlijst levert dat informatie op die gebruikt wordt bij het inrichten van de nieuwe high-care-unit op Landgoed De Grote Beek. Erik Kuijpers: 'Voor ons is deze pilot een tussenstap, voor de afdeling is het een nieuwe ruimte die blijft. Het past namelijk prima in de zoektocht van GGzE naar alternatieven voor dwang- en drangmaatregelen.'

De cliënten geven aan dat ze de ruimte fijn vinden, ook voor 'normale' gesprekken met een hulpverlener en zelfs de behandelaar. Deze kamer maakt het allemaal wat informeler. Eén element ontbreekt nog, vinden veel cliënten: muziek. 'Dat nemen we mee voor de toekomst.'

Bron: GGzE, 2011; www.ggze.nl

5.3.2 Onderhandelen

Het is niet waarschijnlijk dat de leden van het innovatieteam en de deelnemers aan de pilot allemaal dezelfde doelen nastreven en dezelfde opvattingen, voorkeuren en belangen hebben. Dat betekent dat je een manier moet vinden om zo goed mogelijk aan ieders belangen tegemoet te komen. Je zult dus regelmatig met diverse stakeholders moeten overleggen en onderhandelen, en soms zul je strijd moeten voeren. De drie strategische opties overleggen, onderhandelen en vechten/afdwingen zijn in figuur 5.5 afgebeeld.

FASE 4

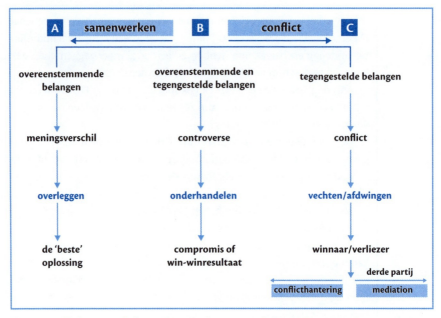

Figuur 5.5 Drie strategische opties: overleggen, onderhandelen en vechten
(Bron: www.learningtoday.nl)

Bij elke optie hoort een andere manier van handelen. De verschillen zijn in tabel 5.2 toegelicht.

Tabel 5.2 De drie soorten strategisch gedrag (vrij naar Mastenbroek, 2006)

Coöperatief gedrag	Onderhandelingsgedrag	Vechtgedrag
Men probeert elkaar te begrijpen en zich in elkaars positie in te leven	Begrip van de andere kant wordt gezien als tactisch instrument	Men wil de tegenpartij niet begrijpen: weerstand tegen 'inleven'
Zich vastleggen op één bepaalde oplossing wordt zo lang mogelijk uitgesteld	Men laat een stevige voorkeur voor één bepaalde oplossing merken, maar enige concessieruimte is vanzelfsprekend	Een absolute voorkeur voor de eigen oplossing wordt bij iedere gelegenheid uitgesproken
Men ziet het verschil van mening als een gemeenschappelijk probleem	Men ziet het verschil van mening als een botsing van verschillende maar onderling afhankelijke belangen	Men ziet het verschil van mening als een zaak van 'winnen' of 'verliezen'
Men probeert de eigen doelen zo nauwkeurig mogelijk weer te geven	Men overdrijft de eigen belangen, maar is gespitst op raakpunten en overlappingen	Men benadrukt de verschillen in doelen en de superioriteit van de eigen doelen

Zwakke punten en persoonlijke problemen zijn openlijk zichtbaar	Verhulling of omzichtige presentatie van persoonlijke problemen	Persoonlijke problemen 'bestaan' niet
Oplossingen worden getoetst op hun consequenties. Principes verschaffen gemeenschappelijke criteria	Oplossingen worden getoetst op hun haalbaarheid. Principes worden soms gebruikt als pressiemiddel, soms als toetssteen	De eigen oplossing is behalve een zaak van 'gelijk' ook altijd een zaak van hogere principes die men aan de eigen zaak verbindt
Persoonlijke irritaties worden uitgesproken om de sfeer te zuiveren van spanningen die toekomstige samenwerking kunnen belemmeren	Persoonlijke irritaties worden onderdrukt of indirect (humor) geuit. Men doet zijn best om de sfeer goed te houden	Irritaties bevestigen nog eens de al bestaande negatieve beelden. Er zijn geen acties tot verbetering
Er wordt heel gemakkelijk een beroep gedaan op de deskundigheid van buiten om te helpen bij besluitvorming	Neutrale buitenstaanders worden er alleen bij gehaald als de zaak helemaal vastzit	Geen behoefte aan neutrale buitenstaanders, alleen aan medestanders

Onderhandelen kun je dus zien als een omgangsvorm die het midden houdt tussen samenwerken en het conflict opzoeken bij partijen die de eigen doelen alleen kunnen realiseren met medewerking van de ander. Partijen ervaren een zeker machtsevenwicht, omdat zij min of meer afhankelijk zijn van elkaar. Veelal hebben de partijen deels gemeenschappelijke en deels met elkaar strijdige belangen. Onderhandelen is dan een manier om je eigen belangen te behartigen en toch met elkaar tot overeenstemming te komen.

Onderhandelen is een lastige vaardigheid, vooral omdat je steeds moet laveren tussen twee tegenpolen: stel je je open of gesloten op, hard of toegeeflijk, vriendelijk of op je hoede? De meeste mensen kunnen zich aardig en coöperatief opstellen en hebben ook geen probleem om eens flink van zich af te bijten, maar beide elementen gedoseerd combineren is moeilijk. De meeste mensen zijn dan ook geen goede onderhandelaars. Onderhandelen moet je leren, en dat vergt oefening en reflectie.

Mastenbroek (2006) onderscheidt vier belangrijke onderhandelingsactiviteiten:
- de eigen belangen realiseren;
- de machtsbalans beïnvloeden;
- een constructief onderhandelingsklimaat opbouwen;
- flexibel zoeken naar alternatieve aanpakken en oplossingen.

FASE 4

De eigen belangen realiseren

Je kunt een positie kiezen tussen toegeeflijk en hard. Bij toegeeflijk heb je veel oog voor de belangen van de ander, sta je open voor argumenten, discussie en aanpassing. Je stelt je soepel op om eruit te komen, en bent zelfs bereid forse concessies te doen. Met een harde opstelling breng je je standpunten en argumenten als onaantastbaar, heb je geen oog voor de belangen van de ander en probeer je een doorbraak te forceren.

De machtsbalans beïnvloeden

Je kunt een positie kiezen tussen geen verweer en bazig (dominant). Bij 'geen verweer' worden gunstige feiten nauwelijks gebruikt voor pressie, bijt je niet gauw van je af en heb je weinig belangstelling voor alternatieven. Met een bazige opstelling probeer je de andere partij te beïnvloeden door dreigen en manipuleren en arrogant en autoritair op te treden met een aanvallende houding.

Een constructief onderhandelingsklimaat opbouwen

Je kunt hierbij een positie kiezen tussen joviaal gedrag en formeel gedrag. Bij joviaal gedrag heb je veel aandacht voor de relatie, probeer je vertrouwen en innemendheid uit te stralen, heb je begrip voor de ander en benadruk je de gezamenlijkheid. Bij formeel gedrag ben je afstandelijk, vijandig, geïrriteerd, verongelijkt en mogelijk achterdochtig. Je hebt geen oog voor de ander en probeert er zo veel mogelijk voor jezelf uit te halen.

Flexibel zoeken naar alternatieve aanpakken en oplossingen

Hier kies je een positie tussen exploreren en ontwijken. Met een explorerende opstelling ben je op zoek naar een gunstige onderhandeling voor alle betrokkenen. Je bent creatief, improviserend, zoekt naar alternatieven en nieuwe kansen en mogelijkheden. Bij ontwijken stel je je star op, houd je vast aan het vertrouwde en ben je niet op zoek naar andere mogelijkheden om een gunstige situatie voor beide partijen te creëren.

In de onderhandeling moet je je bewust zijn van de opstelling die je kiest. De zwarte, schuin geplaatste lijn in figuur 5.6 geeft de ideale opstelling aan. Het is heel belangrijk je goed op onderhandelingen voor te bereiden. Daarvoor kun je de checklist 'Voorbereiding onderhandelingen' op de website gebruiken.

Niet alleen de fysieke implementatie, het 'maken', het (door)ontwikkelen en testen van de innovatie is essentieel, ook moeten medewerkers, klanten en andere stakeholders goed met de innovatie overweg kunnen. Dat las je al in de inleidende casus. Nieuw aanbod bijvoorbeeld vraagt doorgaans een andere manier van werken en dat betekent meestal ook een andere manier van denken. Een belangrijk aspect van implementeren is dan ook de mentale implementatie.

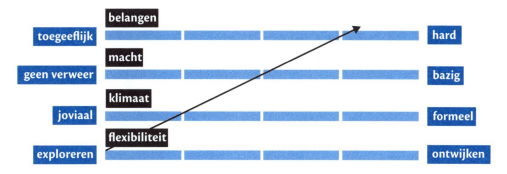

Figuur 5.6 De ideale opstelling bij onderhandelingen (Bron: Mastenbroek, 2006)

5.4 Mentale implementatie: leren

In de vorige fasen van het innovatieproces heb je al veel werk verricht om intern en extern steun te vinden voor je ideeën, basisconcepten en concept. De weg naar succesvol implementeren lijkt dus al min of meer geplaveid. Maar dat is zeker bij complexe innovaties niet het geval. Er moet dan nog veel werk worden verzet om alle neuzen dezelfde kant op te krijgen. Het doel is dat de medewerkers de innovatie kennen, begrijpen en onderschrijven.

De mentale implementatie bestaat uit drie stappen:

- *Informeren* is de betrokkenen laten weten wat de innovatie inhoudt en waarom er vernieuwd moet worden. Ook moet men aangeven welke invloed de innovatie zal hebben op het primaire proces, op het teamfunctioneren dan wel het functioneren van de organisatie als geheel.
- *Accepteren* houdt in dat medewerkers begrijpen wat de innovatie op individueel niveau betekent en op basis daarvan positief gaan aankijken tegen de vernieuwing.
- Er is sprake van *internaliseren* wanneer de nieuwe manier van werken (en denken) onderdeel is geworden van het normale gedrag en medewerkers deze ook onderschrijven.

Figuur 5.7 Stappen bij mentale implementatie: informeren, accepteren en internaliseren (Bron: Lambert e.a., 2006)

FASE 4

Typische instrumenten voor het *informeren* zijn nieuwsbrieven, voorlichtings-bijeenkomsten en natuurlijk het reguliere werkoverleg. Dit soort instrumenten richt zich op een groep of organisatie als geheel en gaat vaak uit van min of meer eenrichtingsverkeer. Om ook acceptatie en internalisatie te bereiken zijn andere instrumenten nodig, die veel meer gericht zijn op het individu. Het gaat hier vooral om draagvlak creëren (paragraaf 5.4.1). Naast het een-op-een(lob-by)gesprek kun je organisaties bezoeken waarin een soortgelijke innovatie al is doorgevoerd of de innovatie uittesten in een simulatiespel. Voor de internali-satie is de combinatie tussen het aanleren/begrijpen en het ook daadwerkelijk in de praktijk anders kunnen werken een succesfactor: al doende leren. Voor-beeldgedrag, belonen van gewenst gedrag en training on the job zijn daarvoor geschikte instrumenten (zie paragraaf 5.4.2).

5.4.1 Draagvlak creëren

Om je concept verder te ontwikkelen en succesvol te lanceren, heb je coalities nodig en rugdekking. Daartoe moet je wederom op pad om bondgenoten te vinden en deze aan je te binden. Neemt het (hoger) management het initiatief tot innovatie, dan is het de kunst de rest van de organisatie op een goede ma-nier 'mee' te krijgen (top-down). Medewerkers zitten doorgaans niet op veran-deringen te wachten, en zijn gehecht aan de vertrouwde manier van werken. Veranderen betekent dus mensen uit hun comfortzone halen, en dat kan allerlei weerstanden oproepen. Je las er al over in paragraaf 1.3.1.

Draagvlak creëren bij de medewerkers is van essentieel belang, omdat zij meestal degenen zijn die de innovatie moeten doorvoeren en ermee moeten werken. Hen in het innovatieproces betrekken, hen mee te laten denken en werken is daarom heel belangrijk.

Komt het signaal om te innoveren vanuit de mensen 'van de werkvloer' (bottom-up), dan is het belangrijk dat het management wordt overtuigd van de noodzaak tot innoveren. Ook dat kan weerstand oproepen. Innoveren kost tijd, geld en menskracht. Je zult met goede argumenten moeten komen om het management te overtuigen daarin te investeren. Onderbouw je ideeën met re-levante informatie. Je moet dus niet alleen goed kunnen praten en presenteren, maar je innovatievoorstel ook schriftelijk goed kunnen onderbouwen.

Ga in ieder geval op zoek naar *champions* en *facilitators*. Champions zijn men-sen binnen de eigen organisatie die in je innovatie geloven en je helpen om die door de besluitvormingsmolen te loodsen. Een facilitator is iemand die de in-novatie niet kan doorvoeren, maar die wel met je kan samenwerken en je kan helpen eventuele hobbels op je pad te nemen. Dat hoeft niet alleen te gaan om financiële hulp, maar kan ook advisering betreffen dan wel het in contact bren-gen met mensen uit zijn netwerk die je verder op weg kunnen helpen.

Draagvlak creëren komt dus neer op steun zien te krijgen. Dat kan op diverse manieren. De tips die we in paragraaf 4.6.2 gaven voor het presenteren van je businessplan komen ook hier goed van pas.

1 *Stel een duidelijk doel*
Geef aan waarvoor je precies draagvlak wilt hebben. Het is heel belangrijk dat de informatie in concrete activiteiten wordt omgezet, zodat alle betrokkenen weten wat de bedoeling is en zij daadwerkelijk kunnen helpen om de implementatie een succes te laten worden. Maak het inzichtelijk door een fasering aan te geven: van wie wordt wanneer welk soort inspanning verwacht?

2 *Toon raakvlakken*
Sluit in je verhaal aan op iets bekends en vertrouwds. (Te) grote veranderingen roepen weerstand op. Gebruik termen die de stakeholder begrijpt, want ook hij is bang voor het onbekende. Je moet eerlijk blijven, maar hoeft niet alles te vertellen.

3 *Maak resultaten zichtbaar*
Maak inzichtelijk en tastbaar wat de innovatie concreet oplevert, als het kan met cijfers. Een **nulmeting** is essentieel om resultaten en effecten te kunnen aantonen. Een nulmeting is het resultaat van een eerste meting, die gebruikt wordt als uitgangspunt bij de start van een project of pilot. De vervolgmetingen worden met dat resultaat vergeleken.

4 *Lobbyen: ga op zoek naar medestanders*
Lobbyen is het beïnvloeden van formele besluitvorming bij overheid en/of bedrijfsleven ten gunste van de innovatie en de organisatie die je vertegenwoordigt. Het is verstandig daarbij enkele regels in acht te nemen. Zie daarvoor bijgaand kader.

Een recept voor goed lobbyen

Lobbyen werkt wanneer je een boodschap hebt die 'blijft hangen', die indruk maakt. De boodschap moet daarom helder zijn, kort en krachtig, aansluiten op de wensen van degene tot wie je je richt en zich onderscheiden van de boodschappen van de vele concurrenten. Uiteraard moet de boodschap ook feitelijk juist zijn. Zet je lobbyboodschap altijd op papier en denk eraan: in correct Nederlands! Beperk je tot een A4'tje. Zorg dat je een hand-out van je 'pleidooi' bij je hebt, en laat deze achter bij de 'beslisser'. Houd rekening met het taalgebruik van de beslisser, en zorg dat deze met jouw pleidooi ook naar andere beslissers toe kan gaan – schrijf dus geen geheimen op. Gebruik korte zinnen en maak gebruik van niet meer dan twee argumenten om te overtuigen. Hoe meer argumenten, hoe zwakker de boodschap wordt. Geef dui-

FASE 4

203

> delijk aan wat je wilt bereiken. Laat weten hoe de beslisser jou (of een collega) kan
> bereiken voor een nadere toelichting, en zorg dat je bereikbaar bent.
>
> De belangrijkste manier om effectief te lobbyen is het persoonlijke lobbyge-
> sprek, waarin je jouw standpunt direct kunt toelichten. Een alternatief waarmee je
> meerdere beslissers tegelijk kunt bereiken, is natuurlijk de op naam gestelde lob-
> bybrief. Andere middelen als het bezoeken van een receptie, het mailen van een
> nieuwsbrief en het schrijven van een ingezonden stuk voor een krant zijn vooral
> geschikt om het persoonlijke lobbygesprek te ondersteunen.
>
> Bron: www.leerwiki.nl/Het_recept_voor_goed_lobbyen

5 *Maak gebruik van verkooptechnieken*

Ook het 'verkoopverhaal' pas je aan op het belang van de betreffende stakeholder: 'What's in it for me?' Leg daarom per stakeholder andere accenten. Op de
website lees je hier meer over.

6 *Benoem rationele en emotionele voordelen*

Speel in op de gevoelens en emoties van de stakeholders. Neem bezwaren weg
met steekhoudende argumenten.

7 *Het ontwikkelteam als ambassadeur*

De boodschap moet met enthousiasme worden doorverteld door alle betrokkenen. Blijf zelf ook enthousiasme uitstralen.

8 *Draagvlak behouden*

Houd en regisseer de aandacht. Benoem tussentijdse mijlpalen, zorg voor
nieuws en geef regelmatig informatie (nieuwsbrief).

Ook al heb je voldoende draagvlak voor het implementeren van het nieuwe
aanbod, medewerkers zullen toch nieuw gedrag moeten 'internaliseren' om er
goed mee te kunnen werken. Het probleem is meestal niet het overnemen van
nieuwe, innovatieve gedachten, maar het uit je hoofd zetten van de oude gedachten. Dit kan het best door **learning by doing**, ofwel al doende leren.

5.4.2 Al doende leren

Zoals je in de begincasus van dit hoofdstuk las, is Welzijnsorganisatie Perspectief in Zutphen een actief leertraject ingegaan om de nieuwe manier van werken
te implementeren. De deelnemers moeten ook daadwerkelijk leren invulling
te geven aan hun nieuwe taak. Er is voor gekozen om gezamenlijk te beslissen
welke nieuwe kennis en vaardigheden zij daarvoor denken nodig te hebben en
om deelnemers eigen verantwoordelijkheid te geven bij het verwerven hiervan.
Dat wil zeggen dat de onderzoekers die het leertraject begeleiden niet bepalen

welke inhoud wordt aangeboden en op welke manier, maar dat dit gebeurt in overleg met de deelnemers. Daarmee krijgen zij de kans op basis van hun eigen leerbehoefte of vragen relevante leeractiviteiten te organiseren. Onderzoekers en deelnemers vernieuwen samen: samen zoeken naar nieuwe handelingsalternatieven, deze op de werkplek uitproberen, hierop reflecteren en op grond hiervan het handelen weer bijstellen.

Werkplekleren

Uit verschillende theorieën over leren komt naar voren dat op de werkplek niet alleen elders verworven kennis en vaardigheden (bijvoorbeeld tijdens je opleiding) kunnen worden toegepast. De werkplek leent zich ook prima voor het leren van nieuwe kennis en vaardigheden. 'Leren' houdt dan in: zelf, samen met anderen, kennis ontwikkelen.

Daartoe moet de werkplek uiteraard wel aan een aantal voorwaarden voldoen. Werkplekken waar veel geleerd wordt zijn werkplekken waar het takenpakket zodanig is dat er tijd en gelegenheid overblijven om te leren. Tevens wordt geleerd door inhoud en organisatie van het werk: als het werk voldoende uitdaging, afwisseling en beslissingsruimte bevat en er mogelijkheden zijn voor participatie, interactie en samenwerking, is er meer kans om te leren. Leren wordt voorts gestimuleerd door reflectie, feedback, informatie en begeleiding en coaching.

Ook de professional zelf moet aan bepaalde voorwaarden voldoen om te zorgen dat er wordt geleerd. Kunnen reflecteren is daarvoor essentieel. Hoewel reflectie vooral een individuele aangelegenheid is, is ook gezamenlijke reflectie een belangrijke manier van leren voor professionals. Zij kunnen ervaringen met elkaar uitwisselen en gezamenlijk vragen aan de orde stellen als:

- Wat werkt in deze situatie goed en wat niet?
- Wat kunnen we van elkaar leren?

Er zijn diverse spellen (games) ontwikkeld waarmee professionals op een 'speelse' manier serieus met elkaar kunnen reflecteren op professioneel gedrag. In het kader hierna zie je daar een voorbeeld van.

FASE 4

Nieuw spel voor verbetering teamgeest, efficiëntie en patiëntveiligheid: de zorgkaarten

Iedereen kent het: we weten wat we moeten doen en hoe we het moeten doen. Maar het is o zo menselijk om het net even anders te doen. Het hoort niet en het mag niet, maar nu doen we het toch ... Ook in de zorg gebeurt dat. Kim van Leeuwen, teamleider Orthopedie bij het Reinier de Graaf Gasthuis, zag het en vond een oplossing om de mensen meer bewust te maken van hun denken en doen: zorgkaarten.

Kim begon met veertig zelfgemaakte kaarten met uiteenlopende vragen en opdrachten. Deze waren gerelateerd aan de categorieën 'Veiligheid', 'Protocol', 'Hygiëne' en 'Algemeen'. De nadruk bij het spel ligt op een veilige sfeer creëren waarin men

elkaar kan en durft aan te spreken en zich meer bewust wordt van het eigen en elkaars handelen. Het nut van de kaarten is inmiddels in de praktijk bewezen. Het kaartspel is gedurende enkele jaren in de praktijk getoetst en steeds weer bijgeslepen om dat ene resultaat te realiseren: aandacht. Aandacht voor het vak, aandacht voor het eigen handelen en voor de protocollen. Dankzij de zorgkaarten wordt er beter en veiliger gewerkt. Daarbij is de sfeer erop vooruitgegaan doordat er openheid is gekomen. Men houdt elkaar scherp.

De successen vielen op, zowel binnen het Reinier de Graaf Gasthuis als bij collega's in de zorg. Vanwege de grote belangstelling benaderde Kim van Leeuwen een uitgever. Ook deze werd enthousiast, en de zorgkaarten zijn inmiddels verkrijgbaar.

Bron: www.beaumont.nu; Huinink, 2011

Impliciete en expliciete kennis

Er zijn diverse theorieën over de manier waarop werkplekleren plaatsvindt. Voor een goed begrip daarvan moet je weten wat wordt bedoeld met impliciete en expliciete kennis. Expliciete kennis is de formele kennis, die objectief aanwezig is in boeken en dergelijke en daardoor overdraagbaar is aan anderen. Impliciete kennis is de kennis die individuele professionals in de praktijk via eigen ervaringen hebben verworven. Deze praktijkkennis ontwikkelen professionals aan de hand van positieve en negatieve ervaringen met datgene wat in de praktijk werkt of niet werkt in specifieke situaties. Omdat deze kennis in het eigen handelen besloten ligt, is ze persoonsgebonden. Professionals weten heel goed wat ze in bepaalde situaties wel of niet moeten doen, maar vinden het doorgaans moeilijk om aan te geven wat ze nu precies doen en waarom. Deze kennis zit 'in het hoofd' en wordt daarom ook wel 'verborgen' kennis genoemd. Het nadeel van deze onbewuste kennis is dat ze moeilijk overdraagbaar is op anderen. Tevens bestaat het 'gevaar' dat deze kennis leidt tot routinematig handelen. Immers, als je je er niet bewust van bent waarom je bepaalde dingen op een bepaalde manier doet, wordt het handelen tot een gewoonte en sta je er minder bij stil dat het misschien ook anders kan. Hoewel routines noodzakelijk zijn om in complexe situaties te handelen, mogen ze er niet toe leiden dat professionals in nieuwe situaties uitsluitend vertrouwen op datgene wat goed werkte in het verleden. Nieuwe of andere handelingsalternatieven zouden in deze situatie wellicht beter werken.

Het proces van kennisontwikkeling volgens Nonaka

Nonaka (Nonaka & Takeuci, 1995) stelt dat medewerkers nieuwe kennis moeten ontwikkelen. Daarmee kunnen organisaties immers vernieuwen. Leren wordt hier gedefinieerd als een kenniscreatieproces: een proces waarbij beschikbare kennis wordt ingezet om nieuwe kennis te creëren. Nonaka onderscheidt vier verschillende manieren om kennis te ontwikkelen, waarmee ofwel de hoeveelheid impliciete kennis ofwel de hoeveelheid expliciete kennis wordt vergroot:

- Via **socialisatie** wordt impliciete kennis van de ene persoon overgenomen door een andere persoon. Socialisatie vindt plaats door processen van waarneming, nadoen of meelopen met iemand in de werksituatie, maar ook door ervaringen uit te wisselen, zowel tussen professionals onderling als tussen professionals en klanten.
- Via **externalisatie** wordt impliciete kennis expliciet gemaakt. Het is soms uiterst lastig om impliciete kennis goed te verwoorden. Het helpt om elkaars gedrag te bevragen: wat doe je precies, waarom doe je dat op die manier, wat is het effect, wat leren we van verschillen en overeenkomsten? Vaak wordt hierbij gebruikgemaakt van mentale modellen, metaforen, analogieën en hypothesen. Met behulp daarvan worden werkwijzen in tekeningen of beschrijvingen vastgelegd. Ook de methode *stimulated recall* wordt daartoe ingezet. Professionals bekijken met behulp van filmopnames hun eigen gedrag in een specifieke beroepssituatie en verwoorden daarbij achteraf waarom ze doen wat ze doen. Dat gebeurt door de filmopname stop te zetten op momenten dat ofwel de professional ofwel collega's vinden dat de professional iets doet wat van belang is in deze specifieke beroepssituatie. Door deze methode worden professionals 'gedwongen' om zich bewust te worden van de manieren waarop ze werken en stil te staan bij de opvattingen en motieven die hun gedrag sturen.
- Via **combinatie** wordt expliciete kennis uit verschillende bronnen met elkaar gecombineerd: bestaande kennis wordt aan elkaar gekoppeld, geherstructureerd, gesorteerd, gecategoriseerd. Daardoor ontstaat nieuwe expliciete kennis. Dit kan leiden tot een nieuw product of een nieuwe werkwijze.
- Via **internalisatie** wordt expliciete kennis omgezet in impliciete kennis. De expliciete kennis wordt, via al doende leren, een onderdeel van het beroepsmatig handelen. Door het opdoen van ervaringen krijgt de kennis persoonsgebonden betekenis en wordt operationeel.

Leren volgens Kolb

Kolb (1984) vat leren op als een proces dat vier fasen doorloopt die continu in elkaar overlopen:

- fase 1: concreet ervaren (voelen);
- fase 2: reflectieve observatie (bekijken);
- fase 3: abstracte begripsvorming (denken);
- fase 4: actief experimenteren (doen).

FASE 4

Pas als alle fasen worden doorlopen komt het leren echt op gang. De fasen van de leercyclus worden gewoonlijk in dezelfde volgorde, maar niet altijd vanuit hetzelfde beginpunt doorlopen. Het leerproces kan bij elke fase starten, zolang de cyclus maar wordt voltooid. Alleen zo kun je tot betekenisvolle kennis komen.

Kolb stelt dat mensen voorkeuren ontwikkelen voor bepaalde fasen uit de cyclus. Daar starten zij bij voorkeur de leercyclus of besteden er de meeste tijd aan. Op basis daarvan onderscheidt hij vier leertypen of leerstijlen:

- De leerstijl van de **pragmaticus** is een combinatie van de fasen actief experimenteren en concreet ervaren. Hij is genegen van alles uit te proberen en van ervaringen te leren. Hij is bijvoorbeeld sterk in het trial-and-errorleren.
- De **speler** bekijkt een gegeven situatie graag van allerlei kanten en evalueert. Zijn stijl is een combinatie van de fasen concreet ervaren en reflectieve observatie. Hij gedijt goed in een context die vraagt om reflectie en het creëren van ideeën, die voorwaarden vormen voor verdere groei.
- De **theoreticus** neemt graag nieuwe dingen op en is geneigd om denkbeelden en theorieën te overdenken. Zijn stijl is een combinatie van reflectieve observatie en abstracte begripsvorming. Hij kan vaak goed bottom-up of ook wel inductief redeneren.
- De **beslisser** legt zich graag toe op het uitvoeren of praktisch toepassen van ideeën. Zijn stijl is een combinatie van abstracte begripsvorming en actief experimenteren. Hij functioneert in het algemeen goed in situaties waarin de antwoorden op een vraag of probleem helder te definiëren zijn.

Uitgangspunt bij het model van Kolb is: wat iemand heeft geleerd, moet blijken uit wat hij daarmee doet. Vandaar dat de zienswijze van Kolb ook wel ervaringsleren of 'al doende leren' (learning by doing) wordt genoemd. Het model van Kolb laat zien dat dagelijkse handelingsprocessen een onderdeel kunnen zijn van leerprocessen en geeft aan hoe deze vaak onbewuste handelingsprocessen door de koppeling aan denken en beslissen opgetild kunnen worden naar het niveau van bewust leren. Essentieel daarvoor is de tussenstap van reflectie op het eigen gedrag.

In figuur 5.8 zijn de modellen van Kolb en Nonaka gecombineerd. Socialisatie leidt tot wat je 'meegevoelde kennis' zou kunnen noemen, zoals gemeenschappelijke mentale modellen en technische vaardigheden. In het model van Kolb is dat de concrete ervaring (*sensing, feeling*). Externalisatie heeft conceptuele kennis als resultaat. In het model van Kolb is dat de reflectieve observatie (*watching*). Combinatie geeft aanleiding tot het ontstaan van systeemkennis, zoals een prototype en nieuwe technieken. In het model van Kolb is dat abstracte begripsvorming (*thinking*). Internalisatie levert operationele kennis op over productieprocessen, het gebruik van nieuwe producten en implementatie van beleid. In het model van Kolb is dat actief experimenteren (*doing*).

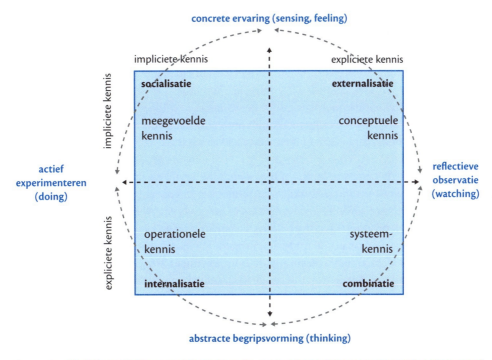

Figuur 5.8 Model van Kolb en model van Nonaka gecombineerd (Bron: www.gertjanschop.com)

Hier spreken we van vier leerstijlen, maar onderzoekers naar hersenhelftdominantie gaan uit van slechts twee leerstijlen of oriëntaties: doen en denken. Rechterhersenhelftdominantie (intuïtief, spontaan, kwaliteit) betekent *doen*, een combinatie van speler en pragmaticus. Linkerhersenhelftdominantie (feitelijk, analytisch en kwantitatief) betekent een leerstijl van *denken*, een combinatie van de beslisser en de theoreticus.

Uitgangspunt bij mentale implementatie is dat leren een zelfgestuurd proces is, waarin professionals zo veel mogelijk zelf bepalen hoe zij leren – omdat zij zelf het best weten wat nodig is, maar ook omdat op die manier veel meer draagvlak en motivatie ontstaan voor het doorvoeren van vernieuwingen en verbeteringen in de organisatie.

5.5 Structurele implementatie: inpassen

Bij de fysieke implementatie krijgt het nieuwe product vorm, en bij de mentale implementatie leren professionals ermee werken. Dit alles leidt ertoe dat het product langzaam maar zeker structureel kan worden ingebed in de organisatie. Het product moet immers na een go een vaste plek krijgen in de organisatieprocessen en -systemen. Dat houdt onder meer in dat:

FASE 4

209

- het nieuwe product is opgenomen in de werkprocessen;
- het nieuwe product is geïntegreerd met de andere producten;
- de financiering structureel geregeld is;
- de personele invulling geregeld is (taken, bevoegdheden, scholing).

Het betekent dat hierover intern goede afspraken zijn gemaakt, maar ook dat er goede afspraken zijn gemaakt met andere organisaties over de samenwerking. Waar nodig zijn afspraken contractueel vastgelegd.

Tijdens het maken, leren en inpassen denk je ook al na over de lancering van het nieuwe product. Sterker nog, je moet er al vroegtijdig dingen voor regelen en vastleggen. Wacht je daarmee tot er een go is gegeven, dan ben je veel te laat. Om een productlancering te laten slagen, moet je immers vooraf zowel de nodige interne steun als de middelen krijgen. Een goede planning en voorbereiding zijn dus essentieel. Dit vereist de betrokkenheid zowel van het managementteam als van de mensen die verantwoordelijk zijn voor het ontwerp, de productie, de marketing, de verkoop en de distributie. Zorg dat iedereen die is betrokken bij het lanceringsproces het product en de manier van lancering begrijpt.

In een lanceringsplan leg je een aantal zaken vast (www.technologiemarketing. be; Kinni, 2011; Schneider e.a., 2011).

Verzorg intern eenduidige productinformatie
Interne communicatie is essentieel voor om het even welke productlancering. Het doel van de interne communicatie is het strategische belang van het product intern te benadrukken en de hele organisatie te enthousiasmeren voordat het product bij de klanten wordt geïntroduceerd. Je geeft dus uitgebreide achtergrondinformatie over de lancering en de marktmogelijkheden.

- Waarom wordt het nieuwe product gelanceerd?
- Hoe past het in de algemene strategie van de organisatie?
- Welk soort mensen zal het product kopen en hoe verschillen zij van traditionele klanten?
- Welke nieuwe verkoopmogelijkheden biedt dit product?
- Hoe zullen de concurrenten op dit product reageren?

Daarnaast geef je een gedetailleerde beschrijving van het product.
- Beschrijf de voordelen die het voor de klant(en) oplevert.
- Beschrijf de eigenschappen ervan.
- Benoem eventuele theoretische onderbouwingen (dit draagt bij aan de status van het product).
- Geef aan welke productondersteuning beschikbaar is (training, voorlichting et cetera).

Geef een overzicht van de lanceringactiviteiten

Er zijn vele lanceringsactiviteiten mogelijk. Denk bijvoorbeeld aan:

- productlancering gekoppeld aan een congres;
- trainingsprogramma's voor professionals;
- lokale/regionale en (inter)nationale advertentiecampagnes;
- reclamecampagnes via sociale media;
- klantenevenementen.

Kies de kanalen waarmee je de klanten wilt bereiken

Denk goed na over de manier waarop je de (potentiële) klanten wilt informeren over het product. Maak daarbij gebruik van de gegevens uit de klantanalyse (zie paragraaf 4.2.1).

Kies hoe je reclame wilt maken voor het product

Reclame maken kan een lanceringsprogramma versterken en kan worden gebruikt voor verschillende doeleinden, zoals:

- interesse kweken voor het nieuwe product;
- het nieuwe product aankondigen en de klanten bewust maken;
- de klant informeren over hoe het nieuwe product kan worden aangeschaft;
- de klant meer informatie verschaffen of het product laten uitproberen en zo verkoopmogelijkheden creëren.

5.6 Evaluatieplan

Aan het einde van deze fase van implementeren sta je stil om terug te kijken en vooruit te blikken. Je kijkt terug op de activiteiten die je in deze fase hebt uitgevoerd. In het evaluatieplan geef je dan ook eerst antwoord op de volgende vragen.

- Hebben we een duidelijk beeld van de selectiemechanismen?
- Zijn de relevante selectoren geïdentificeerd?
- Is er (per stakeholder) een adequate communicatiestrategie uitgezet?
- Zijn de stakeholders in voldoende mate betrokken geweest bij het ontwikkelen en testen van het product?
- Is het kansrijke concept door middel van een of meer pilots ontwikkeld tot een goed product?
- Is voldaan aan alle producteisen die in de innovatieopdracht zijn geformuleerd?
- Is er voldoende draagvlak (zowel intern als extern) voor het lanceren van het product?
- Zijn de medewerkers voldoende voorbereid, deskundig en gemotiveerd om met het product aan de slag te gaan?
- Zijn er goede afspraken gemaakt over de manier waarop het product binnen alle niveaus van de organisatie wordt ingepast?

FASE 4

- Zijn er goede afspraken gemaakt met andere organisaties over de samenwerking?
- Is er een duidelijk lanceringsplan opgesteld?

> Met degenen die beslissingsbevoegdheid hebben stel je ook bij deze gate weer de vervolgvraag. Nu is de vraag: kunnen we op basis van deze gegevens besluiten om het product daadwerkelijk te lanceren? Is het antwoord bevestigend, dan begin je aan de volgende fase (go) ofwel besluit je het proces nu niet verder te doorlopen, maar tijdelijk stop te zetten (stop). Is het antwoord ontkennend, dan ga je alsnog aan de slag om belemmeringen weg te nemen (retry). Het is ook mogelijk dat alsnog wordt besloten om het product niet te lanceren (kill).

Bij een go kan de lancering plaatsvinden en kan de evaluatieopdracht worden geformuleerd. Je denkt nu immers al na over de manier waarop je na de lancering kunt evalueren of het product aan de verwachtingen voldoet. Een goede evaluatie is om verschillende redenen belangrijk:

- als verantwoording van gemeenschapsgelden;
- om te leren van je innovatieproject;
- om de kwaliteit van de uitvoering en de (leer)ervaringen van de deelnemers vast te stellen;
- om te meten wat de resultaten en effecten zijn van de innovatie.

Afhankelijk van het soort innovatie en de context kan grootschalig dan wel kleinschalig worden geëvalueerd. De items hierna kun je in de evaluatieopdracht opnemen (Lambert e.a., 2006).

Planning en organisatie:

- Wat is het doel van de evaluatie?
- Voor wie doe je de evaluatie?
- Wat is de scope van de evaluatie?
- Welke aspecten worden geëvalueerd?
- Wie zijn de respondenten?
- Welk soort onderzoek kies je?
- Wat is de vorm van de resultaten?
- Wanneer wordt de evaluatie uitgevoerd?
- Wie gaat/gaan de evaluatie uitvoeren?
- Wat is de waarde van de evaluatie?

Gegevens verzamelen:

- Welke vragen worden gesteld?
- Op welke manier worden de gegevens verzameld?
- Hoe worden de gegevens vastgelegd?

Verwerking en analyse van de resultaten:

- Hoe worden de resultaten verwerkt?
- Hoe worden de gegevens geanalyseerd?
- Wie worden betrokken bij het trekken van conclusies?

Verspreiding van de resultaten:

- Hoe vertrouwelijk zijn de resultaten?
- Welke resultaten worden aan wie in welke vorm gepresenteerd?

Als aan alle eisen van de innovatieopdracht is voldaan, kan het innovatieteam alle documenten overdragen aan de opdrachtgever en kan het team in principe worden 'opgeheven', tenzij het de taak heeft om ook de evaluatieopdracht uit te voeren.

5.7   Samenvatting

In dit hoofdstuk stond de fase van implementeren centraal. Doel van deze fase is het in een of meer pilots geteste product te lanceren. Dat doe je door drie sporen te bewandelen: fysieke implementatie, mentale implementatie en structurele implementatie.

Bij fysieke implementatie ('maken') geef je het kansrijke concept in samenspraak met relevante stakeholders verder vorm. In zorg en welzijn gebeurt dit meestal aan de hand van een of meer pilots. Dit geeft je de mogelijkheid om het product op een aantal cruciale punten bij te stellen voordat het daadwerkelijk wordt gelanceerd.

Werken met een nieuw product vraagt doorgaans een andere aanpak. Dat betekent meestal ook een andere manier van denken. Een belangrijk aspect van implementeren is dan ook de mentale implementatie ('leren'). Mentale implementatie kent drie stappen: informeren, accepteren en internaliseren. In het kader hiervan gingen we in op 'draagvlak creëren' en 'al doende leren'.

Bij structurele implementatie gaat het om 'inpassen': de innovatie moet in organisatieprocessen en -systemen worden verankerd. In deze fase denk je ook al na over de lancering van het nieuwe product. Daarvoor maak je een lanceringsplan.

Het eindresultaat van deze implementatiefase is het evaluatieplan. Wordt dit goedgekeurd (go), dan beland je in de volgende fase: evalueren. Na lancering speelt immers de vraag: voldoet het product aan de verwachtingen, levert het de gewenste resultaten op? Hoe dat evalueren kan verlopen, lees je in het volgende hoofdstuk.

FASE 4

6
Evalueren

FASE 5 Van product naar verbeterd product

The proof of the pudding is in the eating.

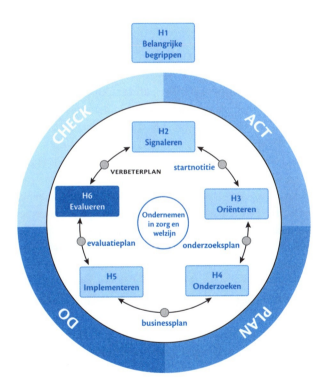

LEERDOELEN

Na bestudering van dit hoofdstuk:
- weet je hoe je kunt evalueren;
- weet je waarom evaluatie een belangrijk onderdeel van de bedrijfsvoering is;
- weet je wat de output van een organisatie is;
- weet je wat de outcome van een organisatie is;
- weet je wat de impact van een organisatie is;
- weet je hoe je een SROI-analyse kunt uitvoeren.

FASE 5

In dit hoofdstuk staat de vijfde fase van het innovatieproces centraal:	evalueren
Doel van deze fase:	een evaluatie uitvoeren en aan de hand daarvan een verbeterplan opstellen
Activiteiten in deze fase:	▪ je evalueert de output ▪ je evalueert de outcome ▪ je analyseert de output- en outcomegegevens ▪ je stelt een verbeterplan op naar aanleiding van de analyse
Resultaat:	een verbeterplan

6.1 Inleiding

Careyn gaat anders denken, anders kijken en anders werken

Met het projectplan 'Anders denken, anders kijken, anders werken' is Careyn, een (zorg)organisatie in Zuidwest-Nederland en Utrecht, een van de organisaties die mag deelnemen aan het experiment van het Ministerie van vws voor regelarme zorg. Hiermee behoort zij tot de koplopers die invulling gaan geven aan de vernieuwing van de langdurige zorg. Careyn trekt hierin samen op met cliëntenorganisaties, professionals en zorgverzekeraars. De rode draad in het projectplan is dat zorg en welzijn samen met de klant worden vormgegeven en niet worden georganiseerd op basis van regelgeving. Door de verantwoordelijkheid bij de klant en de professional te leggen kan bovendien veel doelmatiger worden gewerkt en een hogere kwaliteit van dienstverlening worden gerealiseerd.

Jeroen Bos, projectdirecteur bij Careyn, vertelt: 'Het gaat ons erom dat er een goed werkende sociale infrastructuur ontstaat, die zelfredzaamheid en participatie stimuleert. Daarvoor willen we de verzorging en verpleging, de eerstelijnszorg zoals huisartsen en welzijnsactiviteiten nauw met elkaar laten samenwerken. Om dat te kunnen realiseren is regelarm een noodzakelijke eerste stap.'

Omslag
Bij regelarme zorg moet de omslag worden gemaakt naar het werken vanuit de vraag zoals die sámen met de klant wordt geformuleerd en ingevuld. Daarbij draait het om klanttevredenheid en resultaat, terwijl de verantwoording eenvoudiger wordt. Dit bespaart kosten, terwijl professionals meer ruimte krijgen om de afstemming tussen verzorging, verpleging, de eerste lijn en welzijn samen met de klant vorm te geven. Dat maakt het leuker voor zowel de klant als de professional.

Pilots

In 2011 heeft Careyn door middel van diverse pilots in onder andere Utrecht, Breda, Wateringen en Schiedam gekeken naar de werkbaarheid van integrale dienstverlening met en voor elkaar in de eigen directe omgeving van de klant. Daarbij is ook gekeken naar afhankelijkheid van bestaande wet- en regelgeving en naar afspraken met het Zorgkantoor. De ervaringen en conclusies zijn samengevoegd in het projectplan 'Anders denken, anders kijken, anders werken'.

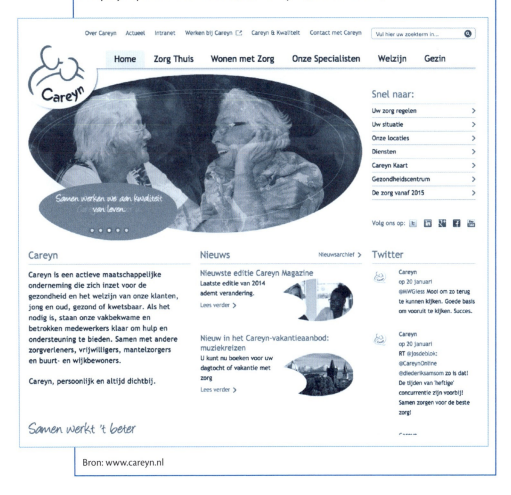

Bron: www.careyn.nl

In het voorgaande voorbeeld zie je dat Careyn door het werken met pilots voldoende informatie heeft kunnen verzamelen om zo tot een projectplan te komen waar weinig vraagtekens meer in voorkomen. Dit omzetten van een pilot naar een projectplan gebeurt door middel van de evaluatie van de pilot, waarmee de organisatie een verbeterplan kan opstellen. Evaluatie vindt aan het einde van het proces plaats. In de voorbereiding van het proces heb je nagedacht over de mogelijkheden voor de organisatie en voor het product. Je hebt

FASE 5

een risicoanalyse gemaakt en je hebt alle factoren in acht genomen die een rol zouden kunnen spelen in het proces. Tijdens de uitvoering van het proces ben je bezig geweest met het leveren van het product. Daarnaast zijn de vooraf bepaalde voorwaarden zo goed mogelijk gehandhaafd om de uitvoering zo soepel mogelijk te laten verlopen. Nu, na afloop van voorbereiding en uitvoering, volgt dan ook de evaluatie. Aan de hand hiervan kunnen verbeterpunten gevonden worden, zodat het proces geoptimaliseerd kan worden. Je bevindt je in een organisatie immers constant in een cirkel van kwaliteitsverbetering. In dit boek hebben we geregeld naar deze PDCA-cirkel verwezen.

Een evaluatie kan in verschillende vormen plaatsvinden. Het nakletsen na afloop van een activiteit kan als evaluatie beschouwd worden, maar hier bedoelen we met evaluatie een methodische analyse aan de hand van de termen output, outcome en impact waaraan conclusies verbonden worden. Hierbij moet je onthouden dat een product uit verschillende activiteiten kan bestaan. De evaluatie van een product kan dan ook bestaan uit de evaluatie van de verschillende activiteiten. Wat deze termen inhouden wordt duidelijk in de volgende paragrafen van dit hoofdstuk.

Evalueren kan, zoals je zult zien, een diversiteit aan informatie opleveren waaraan de stakeholders en de organisatie ieder hun eigen conclusies kunnen verbinden.

Het doel van de evaluatie is het leren van het verleden. Dat is ook de reden dat we in dit hoofdstuk de nadruk leggen op het bewust analyseren van de informatie. Wanneer de activiteit succesvol ten einde is gebracht en men na afloop nog even gezellig na staat te praten, zal de evaluatie aan de oppervlakte blijven. Er zullen opmerkingen geplaatst worden als 'Dat ging lekker' of 'We hadden wel iets te weinig materiaal om mee te werken, maar dat was gewoon een foutje. Dat gebeurt niet nog een keer.' Er kan echter veel meer uit een evaluatie gehaald worden.

Middels een evaluatie waarin de informatie geanalyseerd wordt, kan ook een heldere verantwoording worden opgesteld. Een zorg- en welzijnsorganisatie werkt over het algemeen immers met gemeenschapsgelden. Voor de verkrijging van deze gelden dient een verantwoording te worden afgelegd die verder gaat dan enkel te verklaren waar het geld naartoe gegaan is. In deze verantwoording dient ook duidelijk gemaakt te worden waar de besteding van het geld toe geleid heeft.

Daarnaast is deze verantwoording een goede kans om de aandacht te vestigen op mogelijke kansen in de toekomst die met eventuele extra gemeenschapsgelden benut kunnen worden. Hierbij speelt mee dat de tijd dat welzijnsorganisaties zonder problemen gemeenschapsgelden kregen toegekend omdat hun activiteiten bijdroegen aan het welzijn van de maatschappij helaas voorbij is. Er moeten als gezegd nieuwe bronnen van financiering aangeboord worden. Juist een analytische manier van werken binnen een organisatie kan hierbij een positieve rol spelen. Een investeerder wil pas investeren in een organisatie wanneer duidelijk is waarin hij investeert en wat de gevolgen hiervan zouden kunnen zijn. Een evaluatie en de bijbehorende verantwoording kunnen daarbij een grote rol spelen.

Wat er precies te leren valt van een evaluatie en hoe dit gekoppeld kan worden aan de output, outcome en impact zal duidelijk worden in de rest van dit hoofdstuk. Tevens zal hier duidelijk worden welke rol analytisch werken binnen een organisatie kan spelen bij het werven van nieuwe financiers.

De laatste jaren kan steeds meer een verschuiving worden waargenomen van de klassieke methoden van evalueren naar de recenter ontwikkelde methoden van evaluatie waar de nadruk op de effectenmeting wordt gelegd (zie in dit verband ook De Groot & Mateman (2014)). Juist deze effectenmeting kan een grote rol spelen voor een organisatie, zowel bij het werven van nieuwe financiers als om inzicht te krijgen in de eigen manier van werken.

6.2 Output

Allereerst kun je kijken naar output: het geleverde product en de interne bedrijfsvoering die daarmee samenhangt. Dit houdt in dat je wanneer je kijkt naar output, een interne analyse maakt. Vragen die daarbij spelen hebben betrekking op de kwaliteit van het geleverde en hoe dit product of deze dienst intern verwerkt is. Zijn de processen efficiënt genoeg doorlopen, waar zitten hier de verbetermogelijkheden en voornamelijk: wat moet er concreet veranderen om het uiteindelijke product of de uiteindelijke dienst nog beter te maken? Deze conclusies kunnen de basis vormen voor een businessplan. Dat kan als gezegd dienen om een bepaald product of een bepaalde dienst of processtroom efficiënter of beter te maken. De gegevens die naar aanleiding van een evaluatie naar voren komen kunnen door middel van een businessplan concreet gemaakt worden, waarop verbeteringen kunnen worden doorgevoerd. Hierdoor kom je wederom in aanraking met de cirkelbeweging van kwaliteitsverbetering. Immers, aan de hand van gegevens van de evaluatie kom je opnieuw in de eerste stap terecht van voorbereiding van een verbetering.

Zoals gezegd wordt bij output uitgegaan van een intern perspectief. Alleen de eigenschappen van het product of de dienst worden geëvalueerd en het proces dat dit product of deze dienst intern doorloopt. Dat kan met behulp van de volgende stappen:

- bepalen van het onderwerp, bijvoorbeeld naar aanleiding van klachten van cliënten;
- vaststellen of er meer over moet worden uitgezocht (Weten we genoeg over dit onderwerp?);
- nader onderzoeken;
- formuleren van het signaal of het standpunt en eventuele verbetervoorstellen;

FASE 5

219

- het overleg met de gemeente voorbereiden (Wie doet het woord? Moeten we iemand meenemen die veel van het onderwerp weet of onze voorstellen kan ondersteunen met een onafhankelijk advies? Wat zijn onze verwachtingen? Wat willen we ten minste als resultaat?);
- overleggen;
- terugkoppelen naar de achterban;
- evalueren van de hele activiteit (Hoe is het overleg gegaan? Was de voorbereiding goed? Is het resultaat voldoende? Had het beter gekund en zo ja, hoe dan? Worden de cliënten, die klachten hadden, voldoende geïnformeerd over de inzet en het resultaat? Is er vervolgactiviteit nodig?).

Baroktuin Huize Duckenburg: de droom van A. van de Zand

'Dromen over Dukenburg' is een project van de bewoners van Dukenburg, een stadsdeel van Nijmegen. In de aanloop naar het vijftigjarig bestaan van Dukenburg in 2016 zijn de bewoners aan de slag gegaan om hun dromen voor hun stadsdeel waar te maken. Soms zijn het kleine dromen, soms juist grote, sommige zijn gemakkelijk realiseerbaar, andere lijken wel luchtkastelen. Maar dromen mag! Uitgangspunt van 'Dromen over Dukenburg' is dat bewoners zelf de regie nemen. De gemeente, de wijkprofessionals en de ondernemers bieden hulp en advies waar nodig, maar bewoners doen het echte werk zelf.

De Wijkwebsite voor en door Dukenburgers

Rond 1757 lag het nog intact zijnde Huize Duckenburg (Orangerie) midden in een baroktuin, een zeer symmetrische tuin met gazons, buxushagen en andere ordenende elementen en objecten. Inmiddels is er weinig meer wat herinnert aan deze mooie baroktuin. De droom van A. van de Zand is om in elk geval een klein deel van de baroktuin in de oude glorie te herstellen. De baroktuin zou onderhouden kunnen worden door leerlingen van tuinbouwscholen en vrijwilligers.

In het kader van de diverse bestaande plannen met betrekking tot de groenvoorzieningen in Dukenburg zou deze droom een goede toevoeging kunnen zijn.

Bron: www.dromenoverdukenburg.nl

In het geval van de baroktuin zou de output een verantwoord aangelegde baroktuin zijn volgens de oude tekeningen. Na afloop van het proces tot realisatie van deze tuin zouden de volgende vragen kunnen worden gesteld:

- Is de tuin geworden zoals we deze voor ogen hadden?
- Zo nee, wat dient er nog te veranderen?
- Is het proces tot realisering van de tuin soepel doorlopen of zijn we tegen problemen aangelopen?
- Zo ja, wat waren deze problemen? Hoe had dit anders gekund?

Bovenstaande vragen gaan uit van de dromer en of hij zijn droom verwezenlijkt heeft. Wanneer bijvoorbeeld de wijkprofessionals evalueren, dan zouden andere vragen een rol kunnen spelen, zoals:

- Hebben wij de dromer alle hulp geboden die wij konden bieden?
- Was de hulp die wij geboden hebben naar onze maatstaven kwalitatief in orde?
- Is het proces binnen de organisatie van de wijkprofessionals op de juiste wijze verlopen?
- Zijn er communicatieproblemen geweest tussen wijkprofessionals terwijl zij deze dromer wilden helpen?
- Heeft de juiste wijkprofessional deze dromer geholpen?

Outcome gaat een stap verder en betrekt ook de externe omgeving bij de evaluatie. Voor het laatste voorbeeld geldt dat een vraag van de wijkprofessional zou kunnen zijn of de dromer zelf ook tevreden is over de hulp die hij ontvangen heeft. Hier zit de koppeling met de ervaring van de klant en de koppeling met de externe omgeving. In de volgende paragraaf gaan we nader in op de term outcome en de koppeling met de externe omgeving.

6.3   Outcome

Een groot deel van de evaluatie bestaat uit het meten van het behaalde resultaat. Het is zaak aan het einde van het proces te bekijken of het vooraf bepaalde resultaat behaald is. Dit is een evaluatie op basis van outcome, je kijkt namelijk naar het resultaat of het succes. Een makkelijk meetbaar resultaat is het geldelijke resultaat: is het project binnen de lijnen van de begroting gebleven? Een antwoord op deze vraag kun je vinden in het jaarverslag van de organisatie.

Jaarverslag
Eerder in het boek hebben we al stilgestaan bij het jaarverslag, bij het bespreken van de interne analyse in paragraaf 4.2.2. Een jaarverslag geeft inzicht in de behaalde geldelijke resultaten. Is de organisatie binnen de lijnen van de begroting

gebleven en heeft zij daarmee een positief resultaat behaald? Is er met andere woorden winst behaald?

Het opmaken van het jaarverslag gebeurt over het algemeen aan het einde van het kalenderjaar. De winst wordt bepaald door de cijfers aan het begin van het jaar te vergelijken met de cijfers aan het einde van het jaar. De uitkomst daarvan vergelijk je met de verwachte uitkomst in de begroting die aan het begin van het jaar gemaakt is. Als er een goede begroting gemaakt is en deze is op de juiste wijze gehanteerd, zullen hier weinig verschillen in bestaan. Is er echter ergens in het jaar iets anders verlopen dan gepland, dan zullen er ongelijkheden bestaan tussen de verwachte cijfers en de behaalde cijfers. Het is dan belangrijk om te ontdekken waardoor dit verschil is ontstaan en hoe de organisatie in de toekomst nog realistischer kan begroten om verrassingen aan het einde van het jaar te voorkomen.

Het financiële resultaat is echter niet het enige wat onder de term outcome valt. Ook de overige successen vallen hieronder, zoals de verbetering van het imago. Outcome ligt dan ook in het verlengde van de kwaliteitsverbetering. Je houdt hierbij immers ook rekening met de klantwaardering van je product en de maatschappelijke wenselijkheid van je product. Outcome gaat daarmee een stuk verder dan enkel de kwaliteit van je product. Zoals gezegd onderzoek je ook of je product gewenst wordt door de klant en of deze tevreden is met de manier waarop het product op de markt gebracht wordt. Tevens houd je bij de meting van de outcome rekening met het imago dat het product de organisatie geeft. Wanneer het product in mindere mate wordt afgenomen en daarmee een minder positief of zelfs een negatief geldelijk resultaat heeft, maar een zeer grote positieve invloed op het imago van de organisatie, dan kan dit een positieve outcome tot gevolg hebben. Immers: ook het verbeteren van het imago van de organisatie is een succes en is daarmee een positieve outcome.

Het is ook mogelijk dat een outcome optreedt die niet verwacht was. Iedere actie heeft een outcome, de vraag is alleen of deze outcome ook de geplande en de gewenste outcome is. Een voorbeeld hiervan zijn de artikelen die verkocht worden in cadeauwinkels. Steeds vaker zijn in dit assortiment ook artikelen opgenomen zoals 'misvormde' flessen. De vraag die hierbij opkomt is of deze flessen expres zo gefabriceerd zijn of dat dit per ongeluk zo ontstaan is. Meestal is het laatste het geval. Een flessenfabrikant kan bijvoorbeeld een misproductie hebben van tweeduizend flessen per jaar. Normaliter zouden deze flessen weggegooid en de materialen hergebruikt worden. Totdat een medewerker van de flessenfabrikant besluit dat de misvormde flessen ook een gewenste outcome kunnen zijn in samenwerking met een kunstenaar. Deze kunstenaar maakt vervolgens een project met de misvormde flessen. Hierdoor zijn de misvormde flessen van een ongewenste outcome veranderd in een gewenste outcome. Een soortgelijk voorbeeld volgt hierna.

> ## Tassen van slangen
>
> Zonde, dachten Elvis & Kresse, dat de rode brandweerslangen na gebruik op de vuilnisbelt belanden. Deze jonge Britse ondernemers ontwerpen tassen, riemen en iPhone-hoesjes van het materiaal. Verpakkingen van hun producten zijn allemaal gemaakt uit gerecyclede grondstoffen zoals oude canvas, parachutezijde en jute. Al meer dan honderdvijftig ton afval vond zo een nieuwe bestemming. Elvis & Kresse delen hun winst met fondsen voor hulpverleners zoals de Fire Fighters Charity en met diverse andere goede doelen.
>
> Bron: Nouws Keij, 2011a

Of iets een succes en daarmee een positieve outcome is, is niet altijd even makkelijk te zeggen. We zullen dit verduidelijken aan de hand van het project van Thorkil Sonne.

> ## Het talent van autisten
>
> Het zoontje van Thorkil Sonne, technisch directeur bij een Deens softwarebedrijf, is autistisch. Thorkil wilde niet dat zijn zoon de rest van zijn leven afhankelijk zou zijn van een uitkering, en bedacht zich dat er markt moest zijn voor alle goede eigenschappen van autisten, zoals oog voor detail, een goed geheugen en precisie. Hij zag hierin de kans om idealisme en eigen ervaring te combineren met zijn zakelijk talent. Hij gaf zijn goedbetaalde baan op, nam een hypotheek op zijn huis en richtte in 2004 de uitzendorganisatie Specialisterne op, dat autisten uitzendt om software te testen of data in te voeren. Ze werken voor bedrijven als Microsoft. 'Het was een volstrekt nieuw concept. Ik had geen enkel voorbeeld hoe ik het moest aanpakken, maar dat gaf ook veel vrijheid,' vertelt Thorkil in een interview. Inmiddels zijn er 35 mensen bij Specialisterne in dienst en hebben meer dan tweehonderd jongeren er een training naar werk gevolgd. In Nederland heeft Paul Vermeer een vergelijkbaar initiatief opgepakt met zijn bedrijf Autitalent (2007), waar zo'n vijftien mensen archieven digitaliseren.
>
> Bron: Nouws Keij, 2011b; www.specialisterne.com; www.autitalent.nl

In bovenstaand voorbeeld gaat het om zeer positieve outcomes, immers: er zijn 35 mensen aan het werk gegaan door het project in Denemarken. Maar wat nu als Thorkil vooraf had bepaald dat er vijftig mensen aan het werk moesten gaan door het project? Of wat als er vijftig mensen meegedaan hebben aan het project en er maar 35 aan het werk konden gaan? Is er dan nog steeds sprake van een positieve outcome? Hier komt een stuk waardering aan te pas. Een outcome, zo hebben we gezien, is er altijd. De waardering van een outcome is afhankelijk van de voorafgaand gestelde doelen en het oordeel van de organisatie en de stakeholders.

FASE 5

223

Door een verhoogd inzicht in de eigen manier van werken en de manier waarop deze door de klanten wordt ervaren is een organisatie beter in staat om de kwaliteit van haar product en de efficiëntie van het eigen werk te bewaken.

6.4   Impact

Naast de outcome kun je nog verder kijken, namelijk naar de impact. Deze betreft de maatschappelijke ontwikkelingen op de lange termijn. Hoe hebben de output en de outcome van nu – het product en het resultaat – invloed op de maatschappij over een langere periode? Impact binnen de sociale sector betreft de sociale waarde van een product.

Stichting Tuin de Lage Oorsprong

Een groep mensen die iets wilden betekenen voor het landgoed De Lage Oorsprong en de tuin die hierbij hoort, hebben daartoe Stichting Tuin de Lage Oorsprong opgericht. Met deze stichting hebben zij inmiddels al heel wat vooruitgang geboekt. In hun eigen woorden:

'Stichting Tuin de Lage Oorsprong stelt zich ten doel: *het restaureren, herinrichten, voor de mens aantrekkelijk maken, openstellen en duurzaam beheren van de nutstuin van het landgoed de Lage Oorsprong te Oosterbeek.*

Kort gesteld komt het erop neer dat we met liefde deze tuin hebben opgebouwd en onderhouden. Daarnaast willen we een uitgesproken hartelijke, groene gastvrouw zijn, bij wie iedereen zich thuis voelt. Kinderen, verliefden, ouderen, zakenlieden, gezinnen, dromers en honden, noem het maar op. U bent allemaal van harte welkom!

Het begrip duurzaam geven we invulling door te kiezen voor materialen met een lange levensduur. "De tuin moet minstens honderd jaar meegaan" is hier een veelgehoorde kreet. De stichting kiest uiteraard ook voor eerlijke producten. We serveren biologische sappen en u plukt biologisch geteeld fruit en bloemen. Zelfs

---

> alle rozen in onze tuin zijn van een biologische kweker. Bij het onderhoud wordt niet gewerkt met bestrijdingsmiddelen of kunstmest, kweek gaan we hier ouderwets gezellig met de spitvork te lijf.'
>
> Bron: www.tuindelageoorsprong.nl; www.dagjeweg.nl

Wanneer het gaat over impact, gaat het zoals gezegd over een resultaat op langere termijn. Een voorbeeld van de impact van het project Tuin de Lage Oorsprong kan zijn dat het de cohesie binnen de wijk rondom het landgoed permanent in grote mate vergroot heeft. Men kan door het samenwerken aan het herstel van deze tuin een samenhang binnen de wijk en wellicht zelfs binnen de plaats Oosterbeek gecreëerd hebben die permanent is en die anders niet vanzelf tot stand gekomen was. Dit is de sociale waarde van dit project. Deze sociale waarde is van groot belang als het gaat over een gezonde maatschappij die in de toekomst alleen maar beter moet worden en niet af mag takelen.

Hoewel iedereen binnen de sociale sector het begrip sociale waarde een grote betekenis zal toekennen, is het lastig om hier ook een concreet getal aan te verbinden. Hoe meet je een sociale ontwikkeling? Hiertoe is de SROI-methode (*Social Return On Investment*) ontwikkeld, die een concreet cijfer geeft aan de impact van een organisatie. Voor de organisatie is het interessant om te weten of de doelstellingen die zij zichzelf stelt ook gehaald worden. Dat is van belang voor cliënten: zij geven dikwijls de voorkeur aan een organisatie die bijvoorbeeld haar maatschappelijke en sociale verantwoordelijkheid daadwerkelijk kan bewijzen door hier een analyse en een cijfer aan te verbinden. Ook investeerders die hun geld steken in een maatschappelijke organisatie willen een duidelijk beeld van de impact hebben. De maatschappelijke organisatie heeft immers over het algemeen geen hoge winstwaardes of is zelfs helemaal niet winstgevend. Juist dan is het van belang dat de investeerder waar voor zijn geld krijgt door de sociale waarde die hij helpt creëren, wat kan leiden tot een imagoverbetering ten opzichte van zijn eigen klanten.

6.5 SROI

> ### Drie dimensies binnen het maatschappelijk ondernemen
> Shaerpa is een organisatie die vermogende particulieren en vermogensfondsen ondersteunt bij hun activiteiten als ondernemende filantroop of maatschappelijk investeerder. Volgens Wim Post, kennismanager bij Shaerpa, bestaan er drie trends binnen het maatschappelijk investeren of ondernemen:
> - ondernemers optimaliseren ondernemers;
> - organisaties investeren in organisaties met maatschappelijk doel;
> - vermogensfondsen beleggen in lijn met hun missie.

Wim Post: 'Het gemeenschappelijke in de drie trends is dat er financiële middelen worden geïnvesteerd in organisaties die een bijdrage leveren aan de oplossingen van een (hardnekkig) maatschappelijk probleem en die dat doen op een bedrijfsmatige, duurzame manier.

In alle genoemde gevallen zoeken de financiers actief en zeer bewust naar maatschappelijke impact die past binnen hun missie. Ze denken daarmee in feite driedimensionaal. Ze wegen de mogelijke risico's (eerste dimensie) af tegen het te verwachten rendement van hun bijdrage (tweede dimensie). Er wordt immers geïnvesteerd met de gedachte dat er mogelijk financieel rendement ontstaat. Maar ze letten met name op de derde dimensie: de maatschappelijke impact van hun bijdrage. Ze kijken of het hardnekkige maatschappelijke probleem inderdaad (mede) wordt opgelost door hun financiële investering en actieve betrokkenheid.'

Bron: Post, 2011

Social Return On Investment betreft het meten van de derde dimensie die in het kader werd genoemd: in hoeverre levert de organisatie een sociale waarde op? Niet alleen voor een organisatie zelf is dit van belang om te weten, ook een (potentiële) investeerder is graag op de hoogte van deze eventuele sociale waarde. Aan de hand van deze sociale waarde kan het voor de investeerder interessant zijn om te investeren in een organisatie die niet zozeer de hoogste geldelijke opbrengst heeft, als wel een hoge sociale waarde opbrengt. Deze sociale opbrengst kan voor een investeerder interessant zijn omdat hij hiermee het imago van zijn eigen bedrijf kan verbeteren. We leven immers in een maatschappij waarin maatschappelijke impact steeds belangrijker wordt. Dit geldt niet alleen voor een welzijns- of zorgorganisatie: ook financiële organisaties kunnen op deze manier een bijdrage leveren aan de maatschappij.

In de volgende subparagraaf gaan we dieper in op de werking en betekenis van de SROI-methode.

6.5.1 SROI-basisprincipes

Behalve in een evaluatie kan de SROI-methode ook gehanteerd worden om een voorspelling te doen over de toekomstige waarde van een voorgenomen actie. De SROI-methode is dus zowel in de planningsfase als in de evaluatiefase een middel dat ingezet kan worden om de waarde te bepalen van een maatschappelijke actie. Hoewel de methode een vernieuwd inzicht kan geven in de organisatie als geheel of in een onderdeel van een organisatie, slaagt het gebruik ervan alleen dan wanneer de juiste gegevens gebruikt worden. Wanneer nooit eerder met SROI gewerkt is, kan er dan ook het best al in de planningsfase mee worden begonnen. Doordat in de planningsfase al de juiste gegevens worden verzameld, is het in de evaluatiefase zeker dat de SROI met de juiste invoerwaarden uitgevoerd wordt.

SROI gaat uit van zeven basisprincipes (www.sroinetwerk.nl):

1 *Directe betrokkenheid van stakeholders*: zorg dat de stakeholders op de hoogte zijn van wat en hoe er gemeten gaat worden en hoe het gemeten resultaat gewaardeerd zal worden. Dit verhoogt de betrokkenheid van stakeholders bij de SROI-analyse. Zij zijn immers de partijen die de gevolgen ondervinden van de acties van een organisatie.

2 *Onderzoek wat er verandert vanuit het standpunt van stakeholders*: het is van essentieel belang dat de organisatie inziet welke acties van invloed zijn op de stakeholder. Wanneer een actie van een organisatie geen invloed heeft op de stakeholder, behoeft die niet te worden meegenomen in de SROI-analyse. Iets is voor de SROI-analyse pas van belang op het moment dat het een verandering bij de stakeholder teweegbrengt.

3 *Waardeer de effecten/resultaten/outcomes van de activiteiten*: door een financiële waarde aan de outcomes te koppelen wordt het eenvoudiger om deze te rangschikken. Je kunt dit doen door de kosten achter een outcome te gebruiken als een waardebepaling.

4 *Richt je op relevante en significante zaken*: bij een analyse van de organisatie komt vaak veel informatie boven. Deze moet op waarde worden geschat, en je moet voorkomen dat de verkeerde informatie te veel aandacht krijgt. De informatie wordt van groter belang naarmate er meer beslissingen van afhangen. Als het bewijs van een outcome zorgt voor een nieuwe, andere beslissing van een stakeholder, dan is dit informatie die zeker meegenomen dient te worden in de analyse. Wat hierbij een lastig punt kan zijn is het verschillende belang van de stakeholder en de organisatie zelf: voor beide moet de benodigde informatie in de SROI-analyse worden opgenomen.

5 *Claim niet te veel*: het vijfde principe gaat in op de toevalligheden. Voor een SROI-analyse is het zaak om vast te stellen welke veranderingen ook hadden plaatsgevonden zonder de acties die uitgevoerd zijn door de organisatie. Oftewel: wat was er toch wel gebeurd en welke dingen zijn essentieel gewijzigd door de acties van de organisatie.

6 *Wees transparant*: een analyse boet altijd in aan geloofwaardigheid wanneer niet helemaal duidelijk is wat en hoe er geanalyseerd is. Transparantie is te bereiken door alles inzichtelijk te maken voor zowel de interne als de externe omgeving.

7 *Verifieer de financiële aannames en resultaten*: de SROI-analyse is aan subjectiviteit onderhevig, want de persoon of organisatie die de uiteindelijke waarde bepaald heeft, heeft hierbij gebruikgemaakt van een eigen interpretatie van de outcomes en de bijbehorende waarderingen. Om te zorgen dat de stakeholders tot een solide conclusie met betrekking tot de SROI-analyse kunnen komen, moet je de juiste tools aan de stakeholders verstrekken. Oftewel: de

FASE 5

stakeholders moeten genoeg bewijsmateriaal hebben om tot eenzelfde conclusie te komen als de persoon of organisatie die de SROI-analyse heeft opgesteld. De aannames die tijdens de analyse gedaan zijn en de redenen daarvoor moeten duidelijk worden weergegeven. De stakeholder kan de uitkomsten van de SROI-analyse dan naast de verantwoording van deze analyse leggen en hier zijn eigen conclusies aan verbinden. Op deze wijze vind je steun voor je SROI-analyse bij de stakeholders.

Deze basisprincipes zijn nodig voor de beoordeling van de informatie ten behoeve van de SROI-bepaling. Wanneer je een organisatie analyseert, ontstaat een hele berg met informatie. Belangrijk is dan ook te weten welke informatie uit die berg gefilterd moet worden om tot de juiste data voor een SROI-analyse te komen. Het uitfilteren van deze informatie kan gebeuren aan de hand van de zeven voornoemde principes. De kern van deze principes is dat je de informatie eruit filtert die je stakeholder tot een andere beslissing kan doen komen.

6.5.2 SROI-fasen

De SROI-methode werkt in fasen, die hierna omschreven worden (neweconomics.org).

Fase 1
Het bepalen van de omvang en het identificeren van de stakeholders

---

Zoals bij ieder onderzoek is het ook bij een SROI-analyse van belang om te bepalen tot waar je onderzoek zich zal uitstrekken en wie erbij betrokken zullen zijn. Je kunt een SROI-analyse, zoals eerder al aangegeven, richten op de organisatie als geheel maar ook op een bepaald onderdeel of op een nieuw product. In het kader kun je zien hoe deze fase heeft uitgepakt bij het Nationaal Groenfonds.

Nationaal Groenfonds

Een houtwal die wordt gefinancierd uit de verkoop van lokale duurzame energie, een nieuw bos waarvan de aanleg wordt bekostigd uit de verkoop van stikstofrechten en een 'groene' parkeerplaats waar de bezoeker meebetaalt aan de ontwikkeling van het aangrenzende natuurgebied: het wemelt in Nederland van de goede ideeën op het gebied van duurzaamheid en landschapsontwikkeling. Toch hebben alle initiatieven een eerste impuls nodig om van de grond te komen: geld. Nationaal Groenfonds is een van de belangrijkste onafhankelijke financiers van duurzame, groene initiatieven. Het fonds zet zich in voor het kwaliteitsbehoud van de natuur en het platteland in Nederland en verstrekt gunstige kredieten voor groene ini-

---

tiatieven waaraan een commerciële bank zich niet zo gauw waagt. Walter Kooy, directeur Nationaal Groenfonds: 'De projecten waarin we investeren hebben vaak een lange aanlooptijd, maar vergeleken met een marktbank kunnen we veel meer tijd inzetten om na te gaan of een investering verantwoord is. Ook al gaat het soms om op het oog ongebruikelijke ideeën.'

Bron: Van der Spek, 2011a

Als een investeringsmaatschappij een nieuw idee wil ondersteunen, dan wil zij niet alleen inzicht hebben in de geldelijke opbrengst, maar ook in de te verwachten sociale meerwaarde. Zie het voorbeeld hierna over verantwoord gekweekte vis.

Duurzame vis

Duurzame vis kweken op het terrein van een papierfabriek: je moet maar op het idee komen. Harm Luisman en Jeroen Schuphof kwamen op het idee en zetten crowdfunding in om hun bedrijf te kunnen starten. 'Als je er goed over nadenkt, is het best logisch. Wil je gezonde vis kweken, dan heb je schoon water nodig. En wat doet een papierfabriek? Schoon water oppompen. Genoeg om een aantal bassins met forellen te vullen. Sterker nog, die bassins staan er al. Daarnaast levert de fabriek warmte die je nodig hebt om het water op de goede temperatuur te krijgen. Geef je de vissen ook nog eens goed voer en geen antibiotica en hormonen, dan heb je verantwoord gekweekte vis. En daar is een markt voor.' Zo schetst Harm Luisman in het kort het idee achter Vallei vis. Ruim twee jaar is hij bezig het bedrijf van de grond te krijgen, samen met partner Jeroen Schuphof.

'Overal waar we komen, wordt ons plan positief ontvangen,' constateert Harm. 'Wat tegenvalt, is het tempo van de onderhandelingen met Norske Skog Parenco. Hun corebusiness is papier maken en dat staat centraal. Het zijn spannende tijden in de papiersector en dat maakt dat ze voorzichtig zijn met het aangaan van verplichtingen. Maar wij zullen ons best doen dat het bij de papierfabriek een succes wordt.'

Bron: Dekkers, 2011

Ook ondernemers kunnen een belang hebben bij een realistische SROI-analyse. Deze kan hen immers helpen om hun businessplan te versterken en toekomstige partners of investeerders over de streep te trekken. Zeker in tijden waarin het minder goed gaat met de economie zijn zulke extra informatiebronnen zeer nuttig om het benodigde geld op te kunnen halen.

De eerste fase van de SROI-analyse kan onderverdeeld worden in drie stappen.

FASE 5

229

Stap 1 *Het bepalen van de omvang van de analyse*

Bij het bepalen van de omvang van de analyse in de eerste stap moet je nadenken over het doel van de analyse: waarom wordt de analyse juist nu uitgevoerd? Dit kan komen doordat er nooit eerder over nagedacht is, maar het kan ook een gevolg zijn van een nieuwe investeerder die de organisatie wil aantrekken of vanwege een nieuw product (dat aangeboden zal worden).

Nadat je dit doel bepaald hebt, bepaal je het publiek. Is de analyse bedoeld voor intern gebruik en zal zij enkel aan de stakeholders voorgelegd worden, of is zij wellicht bedoeld voor de investeerder die de organisatie wil aantrekken? In het laatste geval moet de analyse zodanig gepresenteerd worden dat de organisatie er zo goed mogelijk uit komt, terwijl de resultaten toch op een betrouwbare manier weergegeven worden. Door het doel en het publiek te bepalen komt automatisch een derde factor in beeld, namelijk de achtergrond van de analyse. Nadat deze essentiële punten bepaald zijn, is het belangrijk om in te zien of de analyse zoals de organisatie deze voor ogen heeft ook daadwerkelijk zo uitgevoerd kan worden gezien de middelen die beschikbaar zijn. De organisatie kan de voorkeur hebben voor een grootschalige professionele analyse, maar wellicht zijn hiervoor niet voldoende middelen beschikbaar. Dat haakt in op de volgende vraag: wie zal de analyse uit gaan voeren? Wanneer de SROI-analyse betrekking heeft op slechts een klein onderdeel van de organisatie, enkel bedoeld is voor intern gebruik of wanneer er te weinig middelen beschikbaar zijn, kan ervoor gekozen worden om de SROI-analyse door een interne expert uit te laten voeren. Wanneer het echter gaat om een analyse die bedoeld is om een diepgaand inzicht in de organisatie te verkrijgen en eventuele nieuwe, grote, investeerders aan te trekken, kan het van belang zijn om een externe specialist de analyse uit te laten voeren.

Stap 2 *Het identificeren van de stakeholders*

Wanneer de analyse betrekking heeft op een grotere organisatie, ontstaat er al snel een lange lijst van stakeholders. Voor de SROI-analyse is het op dat moment van belang om de relevante stakeholders in de analyse te betrekken en de niet-relevante stakeholders erbuiten te laten. Dit is de enige wijze waarop de analyse binnen de perken en accuraat blijft. Als ook de niet-relevante stakeholders meegenomen worden, kan dit de resultaten beïnvloeden doordat wellicht meer aandacht dan noodzakelijk wordt besteed aan niet-relevante factoren.

Stap 3 *Beslissen hoe de stakeholders betrokken zullen worden bij de SROI analyse*

Als laatste binnen deze eerste fase worden zoals gezegd de stakeholders betrokken bij de analyse. In hoeverre dat gebeurt is afhankelijk van de wensen van de organisatie. Hoewel het sterk betrekken van de stakeholders bij de SROI-analyse kan leiden tot een groter draagvlak onder de stakeholders, kost het ook veel tijd en kan het zorgen voor spanningen tussen de stakeholder en de organisatie.

Het is dan ook van belang hier een balans in te vinden. Stakeholders moeten betrokken worden bij de analyse, maar het is aan de organisatie zelf om te bepalen in welke mate. Het nemen van deze beslissing heeft invloed op de kracht van de analyse en op de wijze waarop stakeholders betrokken zullen worden bij het onderzoek: individueel via een direct interview of wellicht via een groepsverklaring.

Fase 2
Het in kaart brengen van de outcomes

Van het analyseren van de stakeholders is het een kleine stap naar de analyse van de relaties tussen de input, de output en de outcome. Zoals eerder in dit hoofdstuk al beschreven bestaat er een verschil tussen output en outcome. In deze tweede fase van de SROI-analyse wordt duidelijk wat de input en de output van de organisatie zijn en wat de outcome hiervan is. Het is hierbij belangrijk om realistisch te zijn en ook in beeld te krijgen of de verkregen output en outcome gelijk zijn aan de gewenste en de verwachte output en outcome. Daarbij vormen ook de zeven basisprincipes (paragraaf 6.5.1) weer belangrijke factoren. Binnen deze tweede fase ga je te werk aan de hand van de volgende stappen vijf stappen.

Stap 1 Beginnen aan de Impactkaart
Een voorbeeld van de Impactkaart kan gevonden worden op www.sroinetwerk.nl. Deze kaart geeft de basisinformatie van de organisatie weer, zoals de doelen, en maakt duidelijk wat de organisatie verwacht dat uit het SROI-onderzoek zal voortvloeien. Verwacht zij een positieve dan wel een negatieve uitkomst en welke stakeholders heeft zij voor deze analyse geïdentificeerd? Dit verheldert wat in fase 1 besloten is.

Stap 2 Het identificeren van de input
In deze tweede stap zet je de waarden van de input op een rij, en wordt dus inzichtelijk hoe groot de input van iedere stakeholder is. De geleverde input moet je op waarde schatten. Dat volgt in stap 3.

Stap 3 Het waarderen van de input
Bij de waardering van de input is het van belang aan alle input een geldelijke waarde toe te kennen. In sommige gevallen is dit duidelijk, bijvoorbeeld wanneer het gaat om een contract met een afnemer – de stakeholder – voor een waarde van € 1.000,-. Wanneer het echter gaat om input in een andere vorm, zoals het aanbieden van gebruikt meubilair aan een zorgboerderij of het aanbieden van tijd voor het doen van vrijwilligerswerk in een jongerencentrum, dan wordt deze waardering lastiger. Niettemin is het ook in die gevallen van

FASE 5

belang om de input op waarde te schatten, want alleen dan kan de SROI-analy-se een realistische weergave geven van de organisatie. Bij het schatten van de waardering van vrijwilligersuren wordt vaak gebruikgemaakt van een simpele rekensom door de vrijwilligersuren dezelfde prijs te geven als het gemiddelde uurloon voor een soortgelijke functie. Op deze wijze kan de input toch een waarde toegekend krijgen.

Stap 4 *Het verduidelijken van de output*
Het verduidelijken van de output gaat om de waardering van de output. Dit kan vrij eenvoudig door de hoeveelheid activiteiten te bekijken. Bijvoorbeeld: de ac-tiviteit is het geven van trainingen. In een dergelijk geval kan de output verdui-delijkt worden door de hoeveelheid trainingen te bekijken. De activiteit is zoals gezegd het geven van trainingen, en de output is dertig trainingen.

Stap 5 *Het beschrijven van de outcomes*
Juist in deze laatste stap van de tweede fase is het essentieel om de termen out-put en outcome niet door elkaar te halen. Terugkijkend op het voorbeeld van de trainingen die gegeven worden, kunnen we het volgende stellen: de activiteit is de training. Deze training kan gericht zijn op het bevorderen van participeren en integratie tussen mensen met en zonder beperking in een wijk. De output is in dit geval het voltooien van de training. Een outcome ligt dieper: het gaat er dan om dat de deelnemer ook daadwerkelijk geïntegreerd is doordat deze per-soon bijvoorbeeld in de buurtwinkel vrijwilligerswerk gaat uitvoeren.

Als duidelijk is wat de outcomes van de activiteit/de organisatie zijn, is het zaak om deze te beschrijven en daarbij ook de koppeling te maken naar de ver-schillende stakeholders. Door middel van de Impactkaart krijgt de organisatie op deze wijze een overzicht van de diverse stakeholders: wat hun input in de organisatie is, welke output daarbij hoort en welke outcome. Deze outcome is voor de SROI-analyse het belangrijkst; de analyse gaat immers om de maat-schappelijke waarde van de organisatie en deze waarde is gebaseerd op de ver-anderingen die een organisatie teweegbrengt in de maatschappij. Die verande-ringen zijn het gevolg van de outcome van de organisatie en de bijbehorende impact van de activiteiten.

Gewoon meedoen in Dukenburg
De gemeente Nijmegen en het Zorgkantoor hebben opdracht gegeven om in de wijk Dukenburg een pilot te starten om aan speerpunten te werken die in het Wmo-beleidsplan genoemd zijn. Het gaat in de pilot onder andere om meer parti-cipatie en integratie van kwetsbare groepen/mensen met beperkingen in de buurt en het leggen van verbindingen tussen wonen, zorg, welzijn, cultuur en sport. In dit voorstel wordt de aanpak in Dukenburg beschreven, die later ook overgenomen wordt in andere wijken.

Tandem Welzijnsorganisatie Nijmegen en MEE Gelderse Poort zijn kwartiermakers en een aantal welzijn- en zorgpartners is aangewezen als (kern)partners. Daarnaast nemen vrijwilligersorganisaties een prominente plek in binnen 'Gewoon meedoen in Dukenburg'. In 2010 is al veel werk verricht onder de vlag van dit pilotproject. In het projectplan wordt op basis van de bevindingen uit het eerste jaar en de ervaringen elders gekeken naar de inrichting van het project in de tweede fase. Daarbij probeert men aan te sluiten bij lokale en landelijke ontwikkelingen rond dit thema.

Doelen:
- het bevorderen van participatie en integratie tussen mensen met en zonder beperking in Dukenburg;
- het bieden van ondersteuning gericht op regiebehoud van mensen met een beperking.

Doelgroepen:
- mensen met lichte verstandelijke beperkingen die (tot voor kort) met ambulante begeleiding zelfstandig wonen;
- mensen met meervoudige beperkingen die (tot voor kort) met ambulante begeleiding zelfstandig wonen;
- mensen met een psychiatrische achtergrond die (tot voor kort) met ambulante begeleiding zelfstandig wonen;
- mensen met lichamelijke beperkingen die (tot voor kort) met ambulante begeleiding zelfstandig wonen;
- kwetsbare ouderen (afstemmen met de ontwikkeling van buurtkamers door SWON).

De prioriteit ligt bij de groepen die geen of minder aanspraak kunnen maken op de AWBZ.

Bron: Brummel & Linssen, 2011; interview met Ad den Dekker; interview met Annica Brummel

Fase 3
Het aantonen van outcomes en het waarderen ervan

In de derde fase ga je aantonen dat de outcomes die je verwachtte en die je beschreven hebt ook daadwerkelijk hebben plaatsgevonden. Je bewijst de outcomes en kent er een waarde aan toe aan de hand van de mening van de stakeholders en de visie van de organisatie. Ook deze fase bestaat uit verschillende stappen.

Stap 1 Het ontwikkelen van outcome-indicatoren
Bij het ontwikkelen van outcome-indicatoren maak je de outcome concreet. Wanneer het project tot participatie en integratie van mensen met een beper-

FASE 5

king hun zelfvertrouwen vergroot, is het in deze stap zaak om dat concreet te maken. Wat is het gevolg van deze outcome? Dit kan zijn dat mensen voor het project nooit het buurtcafé in zouden gaan en dit na het project wel doen. Aan de hand van deze indicatoren is een outcome concreet te maken en daarmee ook makkelijker op waarde te schatten. Ook hier moet je outcome gefilterd worden naar relevantie. Er zullen naar alle waarschijnlijkheid meerdere outcomes optreden, maar niet al deze outcomes worden breed gedragen door de stakeholders en dus zullen niet alle outcomes van belang zijn voor de sroi-analyse. Het kan bijvoorbeeld zo zijn dat slechts twee van de veertig deelnemers van het project zich vanwege hun deelname nu bij een theatergroep hebben aangemeld. Aangezien dit slechts door twee deelnemers als outcome-indicator wordt aangegeven, is dit geen relevante indicator en is deze daarom ook niet relevant voor de sroi-analyse.

Stap 2 *Het verzamelen van outcomedata*
Nadat de indicatoren bepaald zijn is het belangrijk de outcomedata te verzamelen. De stakeholders worden bevraagd aan de hand van de indicatoren die in de vorige stap ontwikkeld zijn. In deze stap wordt bewijs verzameld voor de outcome die aan de hand van de indicatoren makkelijker en concreter op te sporen is. Het verzamelen van de outcomedata kan op verschillende wijzen plaatsvinden. Zo kun je gebruikmaken van individuele interviews, maar je kunt ook werken met groepssessies waarin je groepen stakeholders bevraagt.

Stap 3 *Het vaststellen van de duur van de outcome*
Na het ontwikkelen van de indicatoren en het verzamelen van de outcomedata moet je de duur van de outcome vaststellen. Van sommige outcomes wordt een langere duur verwacht dan van andere. In het project om mensen met een beperking beter te laten integreren is bijvoorbeeld bepaald dat de outcome zou kunnen zijn dat het zelfvertrouwen van de deelnemers stijgt naar aanleiding van de activiteiten. Een indicator van deze stijging van het zelfvertrouwen was dat de deelnemers vaker het buurtcafé zouden bezoeken. In deze derde stap van de derde fase gaat het erom vast te stellen hoelang dit gestegen zelfvertrouwen standhoudt. Het is natuurlijk de insteek van het project om te zorgen voor een blijvende positieve verandering in het leven van de deelnemers, maar daarvan zal niet altijd sprake zijn. In sommige gevallen houdt de stijging slechts korte tijd stand. In deze stap onderzoek je ook of het zelfvertrouwen van alle of van slechts enkele deelnemers toeneemt.

Stap 4 *Het waarderen van de outcome*
Bij het waarderen van de outcome maak je de combinatie tussen de indicatoren die bepaald zijn in de eerste stap, het vaststellen en het bewijzen van de outcome in de tweede stap en de vastgestelde duur van de outcome in de derde stap. Hier gaat het erom wat in de derde stap bepaald is. Bij stap 3 bouwden

we voort op het voorbeeld van het project tot verbetering van de participatie en integratie van de buurtbewoners met een beperking in de buurt. Als bij stap 3 ontdekt is dat de outcome slechts van korte duur is en dit geldt voor het overgrote deel van de deelnemers, dan zorgt dit voor een waardedaling van de outcome. Echter, op het moment dat in stap 3 aan de hand van de bewijzen van stap 2 aangetoond is dat de outcome van lange duur is en bij het merendeel van de deelnemers zelfs van levenslange aard, dan zorgt dit voor een waardestijging van de outcome. Dat is ook logisch als je kijkt naar de volgende fase, namelijk het vaststellen van de impact: een verandering op lange termijn.

De makkelijkste manier om een waarde toe te kennen aan een outcome die geen geldelijke waarde heeft, is de kosten voor deze outcome te bepalen. Daarnaast kun je bijvoorbeeld kijken naar de waarde die de stakeholder aan een outcome geeft. Daartoe kun je bijvoorbeeld aan de deelnemers vragen hoeveel zij bereid zouden zijn om te betalen voor een dergelijk project. Die waarde kan samen met de kostenschatting meegenomen worden in de uiteindelijke waardebepaling. Vanuit deze waardebepaling, samengenomen met de waardedaling of -stijging die voortvloeit uit de eerder beschreven derde stap, komt de organisatie op een uiteindelijke gemiddelde waarde van de outcome.

In deze fase zet je een grote stap binnen de sroi-analyse. Die is immers bedoeld om een concrete maatschappelijke waarde te geven aan de organisatie, en in deze stap plak je een prijskaartje op de stijging van het zelfvertrouwen van de deelnemers van het project. Dat is niet alleen interessant voor een organisatie, maar ook van belang bij onderhandelingen met andere stakeholders, zoals de gemeente. Immers, het prijskaartje dat op de outcome wordt geplakt, geeft ook een indicatie van de hoeveelheid subsidie die een organisatie voor een dergelijk project kan aanvragen en de opbrengst die het project de investeerder – in dit geval de gemeente – oplevert.

Fase 4
Het vaststellen van de impact

Nadat je het bewijs geleverd hebt voor de outcomes die behaald zijn en deze outcomes een bepaalde waarde toegekend hebben gekregen, moet je verder kijken dan de outcome, namelijk naar de impact. Om de impact van outcomes te kunnen bepalen zul je de toevalligheden hiertussenuit moeten halen. Het gaat dan om veranderingen in de maatschappij die ook zonder de acties van de organisatie zouden hebben plaatsgevonden.

Stap 1 Deadweight en verschuiving
Met de term *deadweight* wordt de outcome bedoeld die ook was ontstaan wanneer de activiteit niet had plaatsgevonden. In deze eerste stap analyseer je welke outcomes daadwerkelijk toe te rekenen zijn aan de activiteiten die in deze

FASE 5

SROI-analyse centraal staan, en of outcome A geen verschuiving teweeg heeft gebracht waardoor een andere, negatieve, outcome is ontstaan.

Om de mate van deadweight te bepalen kun je een vergelijkingsgroep of ook wel 0-groep gebruiken. Wanneer bijvoorbeeld een welzijnsorganisatie een project opstart ter verbetering van de positie van probleemjongeren op de arbeidsmarkt en dit project heeft een uitkomst van een groei van 6 procent in het aantal probleemjongeren dat werk vindt, dan lijkt dit een positieve outcome. Om de impact te bepalen wordt in deze stap van de SROI-analyse de toevalligheid – deadweight – eruit gehaald door te kijken naar eventuele andere factoren die een rol zouden hebben kunnen spelen bij de stijging van de werkende probleemjongeren, bijvoorbeeld door de landelijke stijging te bekijken van jongeren die een baan vinden. Als de stijging in deze algemene groep 4 procent betrof, dan is het voor de welzijnsorganisatie zaak om voor de SROI-analyse te onderzoeken welk gedeelte van de stijging van 6 procent toe te wijzen is aan de landelijke algemene stijging van 4 procent. Het makkelijkste is om dan een controlegroep te hebben. Deze bestaat uit een gelijk aantal personen en is zo veel mogelijk van gelijke samenstelling wat betreft geslacht en achtergrond van de deelnemers. Wanneer bij de controlegroep een stijging waargenomen wordt van 3 procent, is de deadweight als volgt uit te rekenen: 3 procent is de algemene stijging die onafhankelijk van het project van de welzijnsorganisatie toch wel had plaatsgevonden. Deze 3 procent mag dan als 100 procent startwaarde aangenomen worden. In vergelijking daarmee blijkt dat de deelnemersgroep een stijging heeft van 200 procent – een stijging van 6 procent. De deadweight is dan 100%/200% = 50%. Dit houdt in dat het project van de welzijnsorganisatie 50 procent deadweight heeft. Oftewel 50 procent van het resultaat behaald met de activiteiten is toe te schrijven aan het toeval en de ontwikkeling in de maatschappij die ook had plaatsgevonden zonder het project.

Het begrip verschuiving is niet op iedere SROI-analyse van toepassing, maar is toch van belang. Wanneer het gaat om een project ter voorkoming van criminaliteit in een bepaalde wijk, bijvoorbeeld de Lankforst in Nijmegen, dan is een daling in percentage van de criminaliteit in de Lankforst een positieve outcome. Als dan een SROI-analyse gehouden wordt, kan hier echter uit voortvloeien dat de impact minder positief is dan wellicht gedacht, namelijk wanneer de criminaliteit gestegen is in de buurwijk. Afhankelijk van de verhouding tussen de daling in de ene wijk en de stijging in de andere wijk, is de impact toch nog van positieve waarde of is er überhaupt geen impact.

Stap 2 *Toewijzing*
In deze tweede stap van fase 4 gaat om het erkennen van de acties van eventuele andere organisaties.

ADEM, de Alles Duurzaam Energie Maatschappij

'Adem is de lucht die door alle levende wezens wordt gebruikt. Van al die levende wezens is het de mens die het hardst bezig is de levensadem van onze aarde uit te putten. Samen gebruiken we steeds meer fossiele brandstoffen voor onze altijd groeiende energiebehoefte. ADEM Houten, de Alles Duurzaam Energie Maatschappij, geeft nieuwe lucht! ADEM Houten laat zien dat het anders kan. Weg met anonieme, grootschalig geproduceerde energie, die in ons land vrijwel altijd afkomstig is uit aardgas en steenkool!

ADEM Houten is een lokaal initiatief voor een lokaal duurzaam energieproject. ADEM staat voor een betrouwbare levering van groene elektriciteit en groen gas

tegen scherpe prijzen, allemaal geproduceerd op Houtense bodem. ADEM maakt duurzaamheid aantrekkelijk, beleefbaar én zichtbaar voor iedereen. ADEM is er dóór en vóór Houten! Helpt u mee onze Houtense longen met schone, groene Houtense ADEM te vullen? We werken aan een uniek concept waarbij iedereen "aandeelhouder" kan worden. ADEM Houten is er vóór en dóór Houten! Ondernemers, inwoners en de lokale overheid werken samen om een gezamenlijke milieudoelstelling te bereiken, namelijk een klimaatneutrale gemeente in 2040. ADEM Houten wil daarom iedereen de kans bieden hieraan actief een bijdrage te leveren, maar ook iedereen de kans geven daar straks de financiële vruchten van te plukken.'

Bron: www.ademhouten.nl

FASE 5

ADEM is niet de enige organisatie die een bijdrage levert aan de stijging van het gebruik van duurzame energie. Wanneer ADEM dan ook een SROI-analyse zou uitvoeren, zou zij rekening moeten houden met alle soortgelijke initiatieven en hun bijdrage aan de outcome waarnaar ADEM ook streeft. Door alle bijdragen naast elkaar te leggen wordt duidelijk wie welk aandeel heeft toegevoegd. Een manier om het eigen aandeel te bepalen is het raadplegen van de stakeholders. Zij hebben vaak een duidelijk beeld van de naar hun mening toegevoegde waarde van de organisatie en zijn op die wijze ook in staat om de organisatie inzicht te geven in deze waarde. Daarnaast is het voor de organisatie een kwestie van schatten hoe de outcome verdeeld dient te worden. Belangrijk hierbij is het in acht nemen van het feit dat het gaat om een schatting, die nooit volledig accuraat is, maar de organisatie wel een beeld geeft van de toegevoegde waarde en daarmee van haar impact.

Stap 3 *Afwaardering*

In stap 3 van fase 3 heeft de organisatie stilgestaan bij de duur van de outcome. Deze duur kan variëren van enkele dagen tot enkele jaren of zelfs permanent zijn. Hoewel de outcome dus een langere tijd stand kan houden, zal deze na verloop van tijd meestal afnemen. De groep die beïnvloed was door de outcome wordt kleiner of het behaalde milieuvoordeel neemt af, zoals in het voorbeeld van ADEM. In deze derde stap van de vierde fase houd je rekening met deze vermindering in waarde door middel van een afwaardering. Een afwaardering geldt enkel wanneer het gaat om een outcome die langer dan een jaar aanhoudt. Tot die tijd hoeft een eventuele waardedaling van de outcome niet meegenomen te worden in de SROI-analyse, want impact ontstaat pas wanneer een outcome over een langere periode aanhoudt. Houdt de outcome langer dan een jaar aan, dan is het zaak deze af te waarderen per jaar. Die afwaardering gebeurt over het algemeen volgens een vastgesteld percentage per jaar. Als het afwaarderingspercentage bijvoorbeeld op 10 procent is gesteld en een outcome een startwaarde heeft van 100 en gemiddeld drie jaar standhoudt, dan is er een afwaardering na het eerste jaar van 100 naar 90. Na het tweede jaar vindt dan een afwaardering plaats van 10 procent ten opzichte van 90 en daalt de waarde van de outcome naar 81. Het vaste afwaarderingspercentage verschilt per organisatie en zal dan ook door de organisatie bepaald moeten worden. Eventueel kunnen ook branche- of sectoroverstijgende afwaarderingspercentages berekend worden.

Stap 4 *Het berekenen van de impact*

Nu je voorgaande fasen en stappen afgerond hebt, kun je de waarde van de impact berekenen aan de hand van de hiervoor berekende waarden en percentages. Het startpunt van deze berekening is de waarde van de outcomes die in stap 4 van fase 3 bepaald is. Hierna volgt een fictief en versimpeld voorbeeld om deze rekensom duidelijk te maken.

Organisatie X voert een SROI-analyse uit. Gedurende deze analyse komt men op vier outcomes. Outcome 1 komt tien keer voor dat jaar. De waarde van outcome 1 is bepaald op € 45 per keer. Dat houdt in dat outcome 1 een waarde heeft van 10 × € 45 = € 450.

Vervolgens dienen daar deadweight en verschuiving vanaf gehaald te worden. In het geval van outcome 1 is er geen verschuiving, maar wel een deadweight van 10 procent. Dat betekent dat er 10 procent in mindering dient te worden gebracht en er dus 90 procent van de waarde overblijft: 0,9 × € 450 = € 405.

Vervolgens dient van deze waarde nog de toewijzing van stap 2 van deze vierde fase af gehaald te worden. In geval van outcome 1 gaat dit om een toewijzing van outcome aan een andere organisatie van 20 procent. Dat betekent dat er voor organisatie X 80 procent overblijft aan gewaardeerde impact van outcome 1: 0.8 × € 405 = € 324.

Organisatie X kan dus voor outcome 1 een impactwaardering opnemen van € 324. Voor de overige drie outcomes van organisatie X wordt dezelfde rekensom doorlopen. Om de totale impact van organisatie X te meten, worden de waarderingen van de vier outcomes bij elkaar opgeteld. De impact voor organisatie X is dan bepaald en men kan verder naar de volgende fase om de daadwerkelijke SROI te berekenen.

Fase 5
Het berekenen van de SROI

In deze fase bereken je de daadwerkelijke SROI-waarde. De uitslag van de waardering van de outcomes in combinatie met de vastgestelde impact levert een sociale waarde op de investering op, oftewel de SROI-waarde. Het gaat hier om het optellen van alle positieve waarden die verzameld zijn na het aftrekken van de negatieve uitkomsten. De uiteindelijke waarde plaats je dan in verhouding tot de investering die aan deze waarde voorafgegaan is. Immers, wanneer er een sociale waarde van 100 uit komt en de investering was 30, dan is deze SROI gunstiger dan wanneer er een sociale waarde van 100 is maar er een investering van 70 tegenover staat. Het rendement is in dat laatste geval een stuk lager en daarmee de SROI ook.

Ook deze fase is opgedeeld in stappen. In iedere stap ga je aan de slag met een waarde die in een eerdere fase berekend is. Er zal telkens gerefereerd worden aan de desbetreffende fase en stap. De uitleg kun je terugvinden bij het desbetreffende punt. Wanneer er gesproken wordt van fase 3.3 dan gaat het om de waarde bepaald in stap 3 van fase 3. Mocht je even niet meer weten wat daar berekend is, dan kun je terugkijken bij fase 3 stap 3. De uitleg wordt in het volgende niet opnieuw weergegeven.

FASE 5

Stap 1 *Koppeling naar de toekomst*

In deze stap maak je een koppeling tussen de waardes van de impact per outcome per jaar uit fase 4.4, de tijdsduur van iedere outcome uit fase 3.3 en de
afwaardering uit fase 4.3. De waarde van de impact per outcome per jaar wordt
vervolgens vermenigvuldigd met de tijd dat deze outcome standhoudt. Van
deze waarde dient de afwaardering per jaar van fase 4.3 afgetrokken te worden. Deze rekensom wordt voor iedere outcome herhaald zodat per outcome
de volledige waarde in de toekomst duidelijk wordt met inachtneming van de
afwaardering gedurende de levensduur van de outcome.

Stap 2 *Berekenen van de netto actuele waarde*

In deze stap bouwen we voort op de impactwaarde uit fase 4.4 en de impact-
waarderingen voor toekomstige jaren die in de vorige stap van deze fase zijn
berekend. Deze tweede stap van de vijfde fase is de meest wiskundige stap. Je
houdt hier rekening met het principe van inflatie en eventuele rente die betaald
moet worden, en met een financieel principe dat *time value of money* heet:
mensen ontvangen hun geld liever vandaag dan morgen.

Simpel gezegd is de actuele waarde de huidige waarde van een bedrag uit
de toekomst. In deze stap bereken je de actuele waarde van de impact in een
toekomstig jaar. Voor volgend jaar heeft de organisatie bijvoorbeeld een impact
berekend van € 100 en geldt een inflatie van 4 procent. Dit betekent dat de organisatie volgend jaar minder kan met een impact van € 100 dan dit jaar. Immers,
om de inflatie niet van negatieve invloed te laten zijn op de impactwaarde, zou
tegenover een waarde van € 100 dit jaar een impactwaarde van € 104 volgend
jaar moeten staan. De inflatiecorrectie is dan −4%, zijnde € 4. Hierdoor komt de
impactwaarde volgend jaar op dezelfde waarde uit als dit jaar, zijnde € 100.

Daartegenover staat dat een impactwaarde volgend jaar van € 100 ge-
lijkstaat aan een impactwaarde van € 96,15 dit jaar. Dit kun je als volgt berekenen: € 100/1,04 = € 96,15. Namelijk: € 100 is de impactwaarde van volgend jaar,
gedeeld door 1 + het rentepercentage, 4% = 0,04. Deze waarde wordt ook wel
de actuele waarde genoemd.

Met deze rekensom kan ook de netto actuele waarde van impact berekend
worden. In dat geval dienen enkel de investeringen voor de impact van een outcome nog in mindering te worden gebracht op de actuele waarde.

In de voorgaande rekensom hebben we gebruikgemaakt van een inflatie-
waarde van 4 procent. Over het algemeen kan binnen een organisatie gewerkt
worden met een vaststaand percentage per jaar om tot de actuele waarde te
komen. Op welk getal dit percentage uitkomt, is afhankelijk van de organisatie
en van de door de overheid gestelde grenzen. Over het algemeen kan een organisatie rekenen op een percentage rond de 3 procent.

Voor de rekensom hiervoor geldt dat deze voor het eerste jaar geldig is.
Wanneer een actuele waarde of een netto actuele waarde van een volgend jaar
berekend moet worden, dient er nog iets aan toegevoegd te worden. De waar-

de van de impact wordt dan niet gedeeld door 1 + het rentepercentage, maar door (1 + het rentepercentage)^n. De n in de berekening staat in dat geval gelijk aan het jaar van de impactwaarde. Wil je bijvoorbeeld de actuele waarde van de impact van jaar 2 berekenen, dan staat de n voor 2. Voor jaar 3 staat de n voor 3, et cetera. Voor al deze berekeningen kun je ook Excel gebruiken, dat geprogrammeerde formules biedt om de netto actuele waarde te berekenen.

Stap 3 Berekenen van de SROI-ratio

Na het afronden van de vorige stap, waarin de actuele waarde en de netto actuele waarde berekend zijn, is deze stap een eenvoudige rekensom. De SROI-ratio is namelijk de ratio tussen de actuele waarde van de totale impact en de totale investeringen.

Stel er is een actuele waarde van de totale impact van € 100.000 en er zijn investeringen gedaan van in totaal € 35.000, dan is de SROI-ratio: € 100.000/€ 35.000 = € 2,86:€ 1. Dit houdt in dat er € 2,86 aan waarde is voor iedere € 1 aan investering.

Een andere mogelijkheid is het berekenen van de netto SROI-ratio. Deze verschilt niet erg van de SROI-ratio, alleen wordt hier in plaats van de actuele waarde de netto actuele waarde gebruikt. In het geval van bovenstaand voorbeeld zou er dan dus berekend worden: € 100.000 − € 35.000 = € 65.000 en € 65.000/€ 35.000 = € 1,86:€ 1. De netto SROI-ratio is dan € 1,86:€ 1, oftewel: er is € 1,86 aan waarde voor iedere € 1 die geïnvesteerd is.

Stap 4 Maken van een sensitiviteitsanalyse

Door een sensitiviteitsanalyse te maken kan de organisatie laten zien dat haar inschattingen wat betreft bijvoorbeeld deadweightwaardering en de toewijzing naar eventuele andere organisaties juist waren. In de sensitiviteitsanalyse kan de organisatie deze waarden zodanig aanpassen dat er een SROI-ratio van € 1:€ 1 ontstaat. Hoe groter de aanpassing moet zijn om tot deze € 1:€ 1 te komen, hoe juister de SROI-analyse is gemaakt. Immers, hoe groter de stap die nodig is om een afwijking van de juiste SROI-ratio teweeg te brengen, des te betrouwbaarder is deze SROI-ratio. Er is een grote verandering van de gegevens nodig voordat de SROI-ratio verschuift. De sensitiviteitsanalyse is dan ook zowel voor de organisatie als voor de stakeholders een interessant gegeven: de organisatie kan zien of zij de SROI-analyse op een juiste wijze heeft uitgevoerd, terwijl de stakeholders hiermee zelf kunnen bepalen of zij de SROI-analyse van de organisatie geloofwaardig en betrouwbaar vinden en hoeveel waarde zij aan deze analyse zullen hechten.

FASE 5

Fase 6
Rapportage, gebruik en implementatie

In deze laatste fase vindt een belangrijke, maar toch vaak vergeten handeling plaats, namelijk de terugkoppeling van de SROI naar de stakeholders en de verwerking van deze terugkoppeling in de eigen organisatie. Zo moet je onderzoeken of de behaalde SROI voor zowel de stakeholders als de eigen organisatie voldoet. Van een zorgboerderij wordt een hogere SROI verwacht dan van een metaalverwerkingsbedrijf. Tevens is het van belang om consequenties aan de SROI te verbinden binnen het eigen bedrijf. De outcomes die een hoge positieve waarde hebben meegekregen dienen versterkt te worden, terwijl de outcomes die een lage waardering hebben ontvangen misschien wel afgestoten dienen te worden, zodat de organisatie als geheel weer kan groeien richting een (nog) hogere SROI.

BOEi

De SROI-waarde is niet alleen een handige tool voor organisaties die een volledig sociale doelstelling hebben, zoals de eerder genoemde organisatie Tandem. Ook organisaties die niet direct een sociale doelstelling hebben kunnen hun voordeel halen uit de SROI. Een voorbeeld van een organisatie die in eerste instantie geen directe link heeft met SROI is BOEi, Maatschappij tot Behoud, Ontwikkeling en Exploitatie van Industrieel Erfgoed. BOEi is een not-for-profitorganisatie die zich inzet om industrieel erfgoed op te knappen en een herbestemming te geven. Zij doet dit vanuit verschillende invalshoeken: als ontwikkelaar, belegger en/of adviseur. De mogelijkheid tot herbestemmen kan op alle soorten gebouwen van toepassing zijn: van ijzergieterij tot steenfabriek en van kazernegebouw tot scheepswerf. Het maakt hierbij niet uit of deze gebouwen nu beschermd zijn door de overheid of dat het publiek en/of de eigenaar het monument de moeite van behouden waard vindt.

Arno Boon is directeur van BOEi en vertelt: 'Overal in Nederland zijn inmiddels voormalige fabrieksgebouwen gerestaureerd die daarna een nieuwe bestemming hebben gevonden.' De zeepfabriek Rohm & Haas is een van de recentste projecten die BOEi onder handen heeft genomen. Arno Boon: 'We hebben een icoon van Amersfoort afgestoft en nieuw leven ingeblazen. Een icoon die echter iets minder voor de hand ligt dan een paleis, kerk of landhuis.'

BOEi ziet zichzelf als een vangnet voor industriële monumenten, die niet door de commerciële projectontwikkelaars worden opgepakt en ontwikkeld. Arno Boon: 'In Amersfoort speelt dat er weinig industrieel erfgoed is. Zo is vlakbij de zeepfabriek al een van de laatste pakhuizen gesloopt. Stichting Industrieel Erfgoed in de Stad Amersfoort, kortweg Siësta, pleitte voor behoud van de zeepfabriek. Tegelijkertijd waren er ook andere partijen die zich daarvoor wilden inzetten. Het

pand werd al door kunstenaars gebruikt en architect Jan Poolen was zeer geïnteresseerd in restauratie en herbestemming van de fabriek. Ook de gemeente toonde zich gemotiveerd om iets te doen met het erfgoed. We zijn om de tafel gaan zitten en hebben het project opgestart.'

BOEi doet eerst onderzoek naar de haalbaarheid van herbestemming. Vaak in samenspraak met bewoners, gemeente, eigenaren en gebruikers. Dan pas wordt een complex gekocht en gerestaureerd.

Bron: Burgers, 2011; www.boei.nl

Naast het onderzoek naar de haalbaarheid van de herbestemming door BOEi zou de organisatie ook een SROI-analyse kunnen uitvoeren. Op deze wijze krijgen BOEi en de stakeholders bij het betreffende project een helder inzicht in de sociale waarde die een eventuele herbestemming zou kunnen genereren. Deze sociale waarde kan BOEi in overweging nemen bij haar beslissing of ze het project zal gaan uitvoeren.

In deze laatste fase gaat het zoals gezegd om het informeren van de stakeholders en het gebruiken van de resultaten binnen de organisatie.

FASE 5

Stap 1 *Rapporteren aan de stakeholders*

Tijdens de gehele SROI-analyse heb je gebruikgemaakt van informatie van de stakeholders en samengewerkt met stakeholders om tot een adequate SROI-analyse te komen. In deze laatste fase moet je dan ook de uitkomsten van deze analyse aan de stakeholders terugkoppelen. Deze terugkoppeling kan natuurlijk plaatsvinden door de SROI-ratio simpelweg op de website van de organisatie te plaatsen, maar vaak zijn de stakeholders ook geïnteresseerd in het proces dat voorafgegaan is aan de uiteindelijke SROI-berekening en de reden waarom bepaalde beslissingen genomen zijn. Een SROI-rapport is daarom een goed alternatief. Daarin komen niet enkel de SROI-ratio en de impactwaarde aan bod, maar wordt ook aandacht besteed aan de manier waarop de analyse tot stand gekomen is en wat de beweegredenen van de organisatie binnen dit proces geweest zijn. Daarbij moet je rekening houden met de volgende vraag: wat vindt de desbetreffende stakeholder of groep soortgelijke stakeholders belangrijke informatie? De outcome die door deze stakeholders als hoog gewaardeerd werd, zal ook hun interesse hebben in de SROI-analyse.

Kan de stakeholder verifiëren of de uitkomsten accuraat zijn en of alle informatie op een juiste manier verwerkt is? Het is van belang dat de stakeholders het rapport accepteren en als waarheidsgetrouw ervaren. De SROI-analyse bestaat gedeeltelijk uit schattingen en deze zijn altijd onderhevig aan subjectiviteit, maar wanneer er een heldere uitleg aan ten grondslag ligt, kan de stakeholder ze eenvoudiger op waarde schatten. Zij kunnen bepalen of zij het eens zijn met de schattingen zoals deze gehanteerd zijn in de analyse.

Is duidelijk voor de stakeholder wat de SROI-ratio vertegenwoordigt? Hoewel het voor sommige stakeholders wellicht een prettige uitkomst is dat de SROI-analyse resulteert in een cijfer voor de SROI-ratio, kan het voor andere stakeholders lastig zijn om dit cijfer gerelateerd te zien aan de sociale waarde die het vertegenwoordigt. Het kan dan ook van toegevoegde waarde zijn voor het rapport als de organisatie hier nog eens goed bij stilstaat. Welke sociale waarde wordt er nu eigenlijk toegekend aan welke outcomes? Een organisatie kan nog eens goed beschrijven wat zij allemaal doet en hoe dit gerelateerd is aan de SROI-ratio die volgt uit de analyse.

Tevens kan een organisatie in het rapport een voorzet geven op de veranderingen die de organisatie zal gaan doorvoeren aan de hand van de uitkomsten van de SROI-analyse.

Stap 2 *Gebruiken van de uitkomsten*

Aan het begin van deze paragraaf is al duidelijk geworden dat de SROI-analyse zowel op voorhand als achteraf kan plaatsvinden. Wanneer de SROI-analyse vooraf heeft plaatsgevonden, kunnen de uitkomsten van de analyse ervoor zorgen dat de organisatie haar plannen wijzigt zodat deze een gunstigere SROI-uitkomst zullen genereren. Vindt een SROI-analyse achteraf plaats, dan is dit op een evaluatieve manier gebeurd en dienen er vervolgstappen aan verbonden te worden. De analyse geeft een beeld van de ontwikkeling van de activiteiten van de organisatie in de toekomst. Aan de hand hiervan kan de organisatie bepalen of haar activiteiten verbeteren of misschien juist verslechteren. Wanneer duidelijk wordt dat de activiteiten verslechteren, kan actie worden ondernomen om de dalende lijn om te buigen in een stijgende lijn. De SROI-analyse kan dan ook leiden tot veranderingen in de strategie van een organisatie. Deze veranderingen worden voorafgegaan door een verbeterplan. Hiermee keer je terug naar de start van de cyclus, het signaleren en vervolgens oriënteren.

6.6   Het verbeterplan

Naar aanleiding van de evaluatie kun je een verbeterplan opstellen. Dit plan vormt de leidraad voor de strategische veranderingen die doorgevoerd dienen te worden. In een verbeterplan kunnen de volgende vragen aan de orde komen:
- Wat is de aanleiding of het probleem?
- Wanneer wordt het plan uitgevoerd?
- Wat is het doel van het plan?
- Wat ga je doen om het plan te realiseren?
- Hoe vaak wordt er tussentijds gemeten, overlegd en bijgestuurd?
- Wat zijn de consequenties als het doel niet gehaald wordt?

Door concreet een antwoord op deze vragen in het verbeterplan op te nemen voorkomt een organisatie dat er onduidelijkheid ontstaat over de verantwoordelijkheden en de tijdslimiet. Het is afhankelijk van de organisatie zelf op welke vragen de nadruk komt te liggen en hoe strak de organisatie vasthoudt aan het opgestelde verbeterplan.

6.7   Toekomst

Start Foundation

Start Foundation investeert in vernieuwende organisaties die ernaar streven dat mensen met minder kansen ook aan het werk komen. Jos Verhoeven, directeur van Start Foundation, vertelt: 'Start Foundation streeft naar een economie waarin zo veel mogelijk mensen aan de arbeidsmarkt kunnen deelnemen. Om dat voor elkaar te krijgen investeren we jaarlijks zo'n vierenhalf miljoen euro in instellingen én sociaal ondernemingen. We kijken daarbij heel scherp naar de meerwaarde van een maatschappelijke onderneming. Is er sprake van innovatie en is de betreffende onderneming na afloop van het startkrediet levensvatbaar? Het lijkt misschien verleidelijk om instellingen te ondersteunen die door wegvallende overheidssubsi-

> dies in geldnood zijn geraakt. Maar substitutiefinanciering betekent vaak meer van hetzelfde. We zijn juist op zoek naar ondernemers met nieuwe ideeën. Bovendien zijn we geen verbanddoos voor falend overheidsbeleid. Ik denk dat de crisis op den duur een stimulans zal blijken voor bevlogen maatschappelijke ondernemers. Maar zover is het nog niet. Nederland kent nog niet zo'n traditie op het gebied van maatschappelijk ondernemerschap. De vele overheidssubsidies vormden lange tijd de motor achter initiatieven op het gebied van duurzaamheid en maatschappelijke vernieuwing. Nu de geldstroom van de overheid opdroogt, reageren veel organisaties als een konijn dat in het schijnsel van de koplampen van een naderende auto blijft staan. Als de paniek over een paar jaar is weggeëbd, verwacht ik wel een substantiële groei van maatschappelijk ondernemerschap. Van nieuwe, sociaal geengageerde ondernemingen die zich met veel creativiteit richten op het oplossen van maatschappelijke problemen. Ook op de arbeidsmarkt.'
>
> Bron: Van der Spek, 2011b; www.startfoundation.nl

Jos Verhoeven van Start Foundation (zie kader) liet het al zien: in de toekomst zal vaker creatief omgegaan moeten worden met de maatschappelijke problemen en met de gelden die nodig zijn voor de bijbehorende oplossingen. De eenvoud waarmee eerder subsidies werden aangevraagd en verkregen is verleden tijd, maar dat betekent niet dat er geen mogelijkheden meer zijn. Er zal alleen innovatiever gezocht moeten worden naar gelden. Het verhaal van IJsbrand en Caroline Snoeij van 't Paradijs (zie kader) maakt dat ook duidelijk. De SROI-analyse kan daarbij behulpzaam zijn. Door middel van deze analyse kan de investeerder gewezen worden op de sociale waarde van een onderneming en de kansen voor de toekomst.

> ## Zorgboerderij 't Paradijs
>
> IJsbrand en Caroline Snoeij, initiatiefnemers van zorgboerderij 't Paradijs, vertellen: 'De combinatie van agrarisch ondernemen en zorgverlenen zit de laatste jaren in de lift. In 1998 waren er in Nederland zo'n 75 zorgboerderijen. Nu zijn dat er ruim 1.000. Door mensen met een zorgbehoefte op de boerderij te laten werken, creëer je betrokkenheid bij hun directe omgeving en bied je hun een dagactiviteit met een zichtbaar resultaat.
>
> Wij zien zeker kansen voor andere agrariërs die een vergelijkbaar initiatief willen ontplooien, maar je hart moet wel bij het werken met andere mensen liggen. Bovendien zorgen de verschuivingen in de zorgfinanciering voor de nodige onzekerheid. Dat betekent dat agrarische ondernemers met een zorgfunctie actiever het contact met lokale en regionale overheden moeten zoeken en waar mogelijk hun krachten moeten bundelen met branchegenoten. In de toekomst zullen meer boeren hun agrarische onderneming willen combineren met maatschappelijk of duurzaam ondernemerschap. Dat kan in de vorm van zorg zijn, maar ook op het

gebied van "groene" recreatie. Boeren hebben altijd een belangrijke rol gehad als landschapsbeheerder. Ze zullen nu ook naar manieren moeten zoeken om hun zichtbaarheid in de maatschappij te vergroten. Door activiteiten als landgoedfairs of boerenlandwinkels in het leven te roepen, dragen ze bij aan de beleving van het agrarische cultuurschap en krijgt hun maatschappelijk ondernemerschap een commerciële basis. Dat is een positieve ontwikkeling.'

Bron: Van der Spek, 2011b; zorgboerderijparadijs.nl

MAEXchange

In 2013 is de MAEXchange ontwikkeld en na een pilot is de MAEXchange medio april 2014 officieel onthuld (www.maexchange.nl). De MAEXchange is een platform waar initiatiefnemers hun initiatieven kunnen aanmelden. Door zich bij de MAEXchange te registreren, kunnen zij aan gebruikers van de MAEXchange laten zien wat de sociale meerwaarde van hun initiatief is en wat zij nog nodig hebben om dit initiatief nog beter te maken. De MAEXchange biedt hiermee een platform voor initiatiefnemers en mogelijke partners zoals fondsen, overheden of spelers uit het bedrijfsleven om een partnerschap aan te gaan. Dit gaat voornamelijk om financiering van een initiatief. De MAEXchange biedt echter ook de mogelijkheid om andere vormen van ondersteuning dan wel participatie te bieden, zoals vrijwilligerswerk.

Bron: maexchange.nl

FASE 5

6.8   Alternatieven

In de voorgaande paragrafen heb je geleerd wat de sroi-methode inhoudt en hoe je deze kunt toepassen. Er bestaan echter nog andere methoden die zich alle binnen het spectrum van evaluatiemethoden/effectenmetingen bevinden. Hoewel we hierna een overzicht geven van verschillende alternatieven voor de sroi-methode, is dit overzicht geenszins uitputtend. Er zijn ongelooflijk veel mogelijkheden tot evaluatie dan wel effectenmeting. Daarnaast blijven deze methoden in ontwikkeling. Welke methode gebruikt moet worden, is dan ook geheel afhankelijk van de professional en de desbetreffende organisatie – waarmee voelt de professional zich prettig en in welke methode ziet de organisatie het meeste heil? Daarmee samenhangend kan het zo zijn dat een financierder een specifieke vorm van evaluatie/effectenmeting vereist. In een dergelijk geval kan de keuze snel gemaakt zijn.

Diverse alternatieve mogelijkheden voor de sroi-methoden zijn:

- *Effectencalculator*: de Effectencalculator (effectencalculator.nl) is mede ontwikkeld aan de Hogeschool van Arnhem en Nijmegen (cf. Jochum Deuten, Jochum Deuten Advies & Onderzoek; Wouter Vos, Rebel Group; Maarten Kwakernaak, Hogeschool van Arnhem en Nijmegen) en kan voor alle stadia van een project worden uitgevoerd. Voorafgaand kan hij mogelijkheden bieden bij het plannen van een project, terwijl hij gedurende het project gebruikt kan worden om het project bij te sturen. Na afloop biedt hij de mogelijkheid om (zoals de naam al doet vermoeden) de effecten te meten van het project zoals het is uitgevoerd. De Effectencalculator is gebaseerd op de dialoog aangaan en is een meer individualistische methode. Als zodanig is de Effectencalculator met name ontwikkeld als een nieuwe manier van effectenmeting op de schaal van individuele cliënten. Met name zeer behulpzaam is de door het team achter de Effectencalculator ontwikkelde Maatschappelijke Prijslijst (interview met Maarten Kwakernaak), die ook bij gebruik van overige evaluatie- en effectenmetingmethoden erg handig kan zijn. Een uitgebreide beschrijving van de Effectencalculator kun je vinden op de website.
- *Sinzer*: hoewel Sinzer (www.sinzer.org) wel degelijk in het rijtje nieuw ontwikkelde methoden thuishoort, is het als zodanig geen nieuwe evaluatiemethode. Sinzer is beter te omschrijven als een softwareplatform dat professionals kunnen gebruiken ter ondersteuning van de effectenmeting. Door de speciaal ontwikkelde software, waarin veel data al van tevoren ingevuld zijn, wordt het eenvoudiger om met deze data aan de slag te gaan en een beter gestructureerd overzicht te krijgen. Sinzer kan het dagelijks leven van de metende professional dan ook een stuk makkelijker maken. Kijk voor meer informatie op de website.

- *Sofietool*: de Sofietool (www.sofienet.fi) is ontwikkeld als een combinatie tussen de SROI-methode en sociale accounting. Algemeen gesproken maakt men bij sociale accounting in de rapportage van de resultaten van een onderneming (bijvoorbeeld in de jaarrekening) een duidelijke koppeling tussen enerzijds financiële en anderzijds maatschappelijke resultaten. Sofie biedt, evenals de Sinzertool, een softwareservice aan die de professional makkelijk kan gebruiken bij de evaluatie. Ook bij Sofie kan dit gaan om zowel evaluatie van een specifiek project als om de evaluatie van een gehele onderneming, evenals om evaluatie op alle niveaus hiertussenin. Meer informatie over Sofie kun je vinden via de website.

6.9 Samenvatting

In dit hoofdstuk heb je geleerd dat de output van een organisatie de kern van de evaluatie is, het product van de organisatie en het interne proces dat bij het product hoort. Daarnaast is duidelijk geworden dat de outcome een uitbreiding is van de output; hierbij wordt ook de externe omgeving in aanmerking genomen. De outcome gaat daarmee in op de klantwaardering en de maatschappelijke wenselijkheid van het product. Wanneer nog verder gekeken wordt dan outcome, komt de impact in beeld. De impact van een organisatie geeft een weergave van de effecten van de outcomes van een organisatie over een langere termijn. Een manier om de impact te meten is door een SROI-analyse uit te voeren. In dit hoofdstuk heb je geleerd dat dit een omvangrijke analyse is waarin (een deel van) de organisatie onder de loep wordt genomen om te bepalen hoe (dit deel van) de organisatie aan sociale waarde wint of verliest en of deze sociale waarde zich doorzet in de toekomst. De uitkomsten van deze analyse kun je verwerken in een verbeterplan, waarmee je terugkomt bij de start van de kwaliteitsverbeteringscyclus: de PDCA-cirkel.

FASE 5

Ten slotte

Met behulp van de theorie en de vele praktijkvoorbeelden in dit boek heb je inzicht gekregen in wat ondernemen en innoveren in zorg en welzijn betekenen. Het komt erop neer dat je openstaat voor verbeteringen en vernieuwingen waar de klant baat bij heeft. Signaleer je zo'n kans, dan ontwikkel je ideeën om die te realiseren. Creativiteit is daarbij een vereiste. Je gebruikt niet alleen 'harde' cijfers van marktonderzoek en gaat niet slechts rationeel en planmatig te werk. Minstens zo belangrijk zijn de 'zachte' elementen, die vaak worden geassocieerd met intuïtie, gevoel en verbeeldingskracht.

Niet alleen bij ideevorming heb je beide invalshoeken nodig. Ook in de uitvoering, in het dagelijks werk met klanten en collega's, is de combinatie van 'hard' en 'zacht' onontbeerlijk. Zakelijk denken en oog hebben voor 'zachte' waarden als respect, aandacht en vertrouwen versterken elkaar. Uitgangspunt is immers steeds de klant. Hopelijk ben je enthousiast geworden en ga je ondernemend en innovatief aan de slag. Wij wensen je hier veel succes mee!

Bijlage 1
Samenwerkingsvormen

(zie ook paragraaf 3.2.2)

Zwakke vormen van samenwerking

Bij deze vormen van samenwerking is er vaak enkel sprake van een afspraak tot samenwerking tussen beide partijen. Deze afspraak is, anders dan bij een sterke samenwerkingsvorm, van een meer vrijblijvende aard. De zwakke samenwerkingsvormen worden doorgaans voor korte termijn aangegaan.

Projecten
Bij de samenwerking binnen een **project** kan het gaan om een samenwerking van teams binnen een onderneming of een samenwerking van teams van verschillende ondernemingen. Het voornaamste kenmerk van de samenwerking binnen een project is de afgebakende tijdsduur en mate waarin samengewerkt wordt. De samenwerking strekt zich nooit verder uit dan het project waaraan gewerkt wordt.

Verder wordt er bij de samenwerking aan een project veelal vooraf vastgesteld in welke mate iedere partij verantwoordelijk is en hoe er gehandeld zal worden wanneer de gewenste uitkomst van het project niet gehaald wordt. De samenwerking aan een project is dan ook een zeer lichte vorm van samenwerking waarvoor geen substantiële wijzigingen binnen een onderneming gemaakt hoeven te worden.

Detachering
Detachering is een van de lichtste vormen van samenwerking en wordt veelal gebruikt wanneer een organisatie een medewerker met specialistische kennis voor een korte termijn nodig heeft. Bij detachering leent partij A een werknemer uit aan partij B, die A daarvoor betaalt. De werknemer behoudt zijn dienstbetrekking bij partij A dus, alleen zijn werkplek verandert. De inlenende partij neemt een groot deel van de verantwoordelijkheden en verplichtingen van de uitlenende partij over. Dat ligt niet zozeer duidelijk besloten in de samenwerkingsvorm van de detachering als wel in de fiscale regels hierover. Hoe deze verplichtingen verdeeld dienen te worden, is afhankelijk van fiscale positie van de inlenende en uitlenende partij.

Het overnemen van verantwoordelijkheden en verplichtingen betreft de volgende aspecten:

- Wie geeft de feitelijke leiding aan de werknemer?
- Wie is verantwoordelijk voor de afdracht van de belastingen zoals loonbelasting?
- Wie is verantwoordelijk voor de socialezekerheidsverplichtingen op het moment van arbeidsongeschiktheid van de werknemer?

De afspraken met betrekking tot detachering dienen opgenomen te worden in een detacheringsovereenkomst of -contract.

Outsourcing

Outsourcing wordt in het Nederlands ook wel aangeduid als uitbesteding. Waar bij detachering een partij een werknemer uitleent vanwege zijn specialistische kennis, wordt bij outsourcing door een onderneming een activiteit uitbesteed vanwege de specialistische kennis die daarmee gemoeid is. Deze uitbesteding is dan het gevolg van een strategisch besluit om deze activiteiten niet langer zelf uit te voeren maar ze door een externe partij te laten uitvoeren. Meestal is dit het geval wanneer een onderneming terug wil naar haar kernactiviteiten. De uitbestede activiteiten zullen in de meeste gevallen tot de kernactiviteiten van de externe partij behoren. Voor de afnemers van de onderneming hoeft outsourcing niet zichtbaar te zijn.

Outsourcing

Partij A is een zorginstelling en levert zorgdiensten aan haar afnemers. In het kader van deze zorgdiensten heeft partij A altijd diverse activiteiten uitgevoerd zoals het leveren van zorg maar ook schoonmaakactiviteiten en cateringsactiviteiten. Na strategische hervormingen is partij A echter van mening dat de schoonmaak en de catering niet langer door partij A verricht zouden moeten worden maar dat men hiervoor externe partijen aan zal trekken. In het kader hiervan worden vervolgens partij B en partij C aangetrokken voor het uitvoeren van de schoonmaak- dan wel cateringsactiviteiten. Partij A blijft hoofdleverancier voor haar diensten als zorginstelling maar laat via outsourcing diverse activiteiten uitvoeren door de externe partijen B en C.

Wanneer men kiest voor outsourcing, dient dit opgenomen te worden in een contract. In dit contract wordt duidelijk welke activiteiten zullen worden uitbesteed en wie de verantwoordelijkheid voor deze activiteiten draagt. Door de strategische beslissing tot outsourcing kan een overschot aan personeel ontstaan. Wanneer partij A eerst zelf verantwoordelijk is voor de schoonmaakactiviteiten en deze vervolgens uitbesteedt, wordt een groep werknemers overbodig. In het uitbestedingscontract kan dan worden opgenomen dat deze werknemers zullen worden overgenomen door de inbestedingspartij. Ook bij outsourcing blijven beide partijen onafhankelijk van elkaar.

Het antoniem van uitbesteding is inbesteding. Dit houdt in dat de partij die de activiteiten overneemt en in plaats van de uitbesteder zal gaan leveren, kan worden aangeduid als inbesteder. Partijen richten voor fiscale doeleinden steeds vaker een verwante onderneming op die de inbesteding zal verzorgen.

Publiek-private samenwerking

Een samenwerkingsvorm die sterk lijkt op de outsourcing is de *pps*: de **publiek-private samenwerking** tussen een overheid en een private partij. Deze vorm van samenwerking wordt aangegaan wanneer de overheid zorg dient te dragen voor een bepaalde uitkomst, maar niet over de wijze van uitvoering wil beslissen. Veelal is dit het geval wanneer er een specialistische kennis vereist is bij de uitvoerder. De overheid gebruikt deze vorm van samenwerking dan ook voornamelijk om de kwaliteit van de uitvoering te waarborgen en probeert op deze manier gebruik te maken van de mogelijkheden in de markt.

Wanneer een overheid overgaat tot een openbare aanbesteding, is zij genoodzaakt ook diverse eisen en verplichtingen te verbinden aan de uitvoering door middel van het Programma van Eisen. Dit is niet het geval bij een pps: daarbij wil de overheid enkel zorgdragen voor een juiste uitkomst. Beide partijen behouden bij deze samenwerking dan ook hun eigen identiteit en bevoegdheid. De uitvoerder wordt niet alleen verantwoordelijk voor de uitvoering van het project, maar verkrijgt de bevoegdheid alsof het zijn eigen project is en krijgt daarmee ook de bijbehorende verplichtingen op financieel en beherend vlak. Een voorbeeld van de pps is de brandweerzorg voor het industrieterrein Moerdijk. Sinds een grote brand op het industrieterrein hebben publieke en private partijen zich verenigd om tot een veiligere situatie te komen.

Sterke vormen van samenwerking

Bij deze vormen van samenwerking is het verbond dat gemaakt wordt tussen beide partijen niet alleen sterker; beide partijen dienen vaak ook meer compromissen te maken gedurende een langere termijn.

Ketensamenwerking

Zoals je in dit boek hebt kunnen lezen, gaan steeds meer organisaties ertoe over in netwerken samen te werken: **ketensamenwerking**. Dit betekent dat organisaties die voorheen naast en geregeld ook langs elkaar heen werkten nu duidelijk en open met elkaar moeten communiceren over de eigen werkwijze en de achterliggende visie, missie en kernwaarden. Men verantwoordt waar men als organisatie voor staat. Dat houdt in: goed en gestructureerd **partner-/ketenoverleg** voeren en zoeken naar gezamenlijke belangen. Gezamenlijke doelbepaling, praktisch samenspel en inbedding zijn drie kernprocessen die nodig zijn om zulke netwerken te laten functioneren (Van Delden, 2007).

Bij de **gezamenlijke doelbepaling** moet worden vastgesteld:
- Over welke maatschappelijke knelpunten gaat het?
- Welke doelen willen we samen bereiken?
- Welke inzet wordt van elke partner verwacht?

Betrokkenen, vooral bestuurders, moeten het over deze punten eens worden. Vervolgens moeten geld en capaciteit worden vrijgemaakt om met elkaar aan de slag te gaan.

Bij het **praktisch samenspel** gaat het om praktische vragen als:
- Hoe bouwen we een gezamenlijk project?
- Welke cliënten gaan we samen bedienen en wie doet dan wat?
- Kunnen we snel klantgegevens uitwisselen, liefst in één systeem en dossier?
- Hoe houden we het overzichtelijk en stuurbaar?

Hierbij gaat het vooral om **teamvorming** tussen diverse uitvoerende professionals die vastberaden zijn om er samen iets van te maken – ook al hebben ze andere werkgevers en werkwijzen. Zoiets lukt alleen als de professionals elkaar persoonlijk leren kennen en zoveel loyaliteit voor de gemeenschappelijke zaak opbouwen dat ze bereid zijn om in de eigen organisatie zaken anders te laten lopen.

Bij de **inbedding** gaat het erom dat de samenwerking tussen organisaties duurzaam is ingebed in de werkprocessen. Het gaat dan om vragen als:
- Zijn de intakeprocedures op elkaar afgestemd en wordt dubbele screening voorkomen?
- Zijn de overgangen tussen werkprocessen soepel geregeld?
- Sluiten de informatiesystemen op elkaar aan?
- Weten de professionals in de diverse organisaties genoeg van de (andere) denkwerelden bij de partners?
- Zijn de beleidsplannen op elkaar afgestemd?

Dat zijn grotere opgaven dan die bij de vorige twee kernprocessen. Hier gaat het dan ook om gemeenschapsvorming: het verbinden van professionals en managers in grootschalige verbanden.

Uiteraard is het belangrijk dat de kwaliteit van de hele keten in de gaten wordt gehouden. De samenwerkende organisaties moeten goede afspraken maken om hiaten in de dienstverlening te voorkomen. Daarbij wordt bepaald wie het geschiktst is om een bepaalde taak uit te voeren.

Een goede ketenkwaliteit vereist een specifieke regie die relaties legt, bruggen bouwt, onderhandelt, conflicten oplost en – het belangrijkste – de werkwijze zodanig breed en helder communiceert dat degenen buiten de kleine gezichtskring van de praktisch samenwerkende professionals toch kunnen volgen wat er gebeurt.

Hoewel ketensamenwerking in principe een sterke vorm van samenwerking dient te zijn, is de kwaliteit van de samenwerking (meer nog dan bij de andere samenwerkingsvormen) afhankelijk van de participanten aan de samenwerking. Enkel wanneer alle participanten zich voor honderd procent voor de ketensamenwerking inzetten en zich houden aan de gemaakte afspraken omtrent de gezamenlijke visie en missie, heeft de ketensamenwerking het gewenste effect en de grootste kans van slagen.

Franchise

Franchise is een vorm van samenwerking in het midden van het samenwerkingsspectrum. Deze komt maar van één kant, namelijk de franchisenemer. De franchisegever is eigenaar van een concept, over het algemeen een zorgconcept of een winkelconcept. Dit concept bestaat uit een combinatie van diverse factoren, die uiteenlopen van kleurcombinatie en logo tot producten of diensten die geleverd worden.

De franchisegever geeft de franchisenemer toestemming om zijn concept te gebruiken. Het franchisecontract geeft aan hoe de franchisenemer dient om te gaan met het concept, welke verplichtingen hieraan verbonden zijn en welke vergoeding hiertegenover zal komen te staan.

Zoals blijkt uit bovenstaande is de samenwerking dus een vrij eenzijdig principe: de franchisenemer werkt in principe samen met de franchisegever en moet daarvoor aan allerlei verplichtingen voldoen, de franchisegever hoeft slechts toestemming te geven voor het gebruik van zijn concept.

Het verschil tussen een franchiseonderneming en een dochteronderneming zit hem in de zelfstandigheid van de ondernemer. Wanneer er gewerkt wordt met een dochteronderneming, ook wel een filiaal genoemd, is de leidinggevende een manager. Deze manager is geen eigenaar van de onderneming, maar in dienst bij de moederorganisatie. Een franchisenemer is wel eigenaar van de onderneming, de franchise. De franchisegever is weliswaar eigenaar van het concept, maar niet van de onderneming zelf. Dit heeft ook tot gevolg dat de franchisenemer zelf strategische beslissingen mag nemen en zijn acties mag bepalen. Hoewel hij gebonden is aan de voorwaarden uit zijn franchisecontract, is hij wel de strategisch leider van zijn onderneming. Bij een dochteronderneming ontbreekt de bevoegdheid tot het nemen van (grote) strategische beslissingen.

Strategische alliantie

Bij een **strategische alliantie** ontstaat een nauwe samenwerking die van beide kanten komt. Hoewel beide partijen hun eigen identiteit en bevoegdheden behouden, is er wel sprake van een samenwerking gericht op langere termijn om samen tot een vastgesteld doel te komen. Een strategische alliantie wordt vaak ingegeven door een gelijke strategische doelstelling. Vanwege de nauwe vorm van samenwerking zullen de strategieën van de samenwerkende ondernemingen in grote mate gelijk moeten zijn. Over het algemeen wordt de strategische alliantie dan ook opgezet om een grotere positie in de markt te verwerven dan wel te behouden. Soms kan dit inhouden dat beide partijen hun productenpakket verruimen door verschillende specialisaties te bundelen om samen tot een nieuw product te komen – dan spreken we veelal van een joint venture: een verregaande vorm van een strategische alliantie.

Een voordeel van de strategische alliantie is het ruimere netwerk en de bredere kennis die hiermee ontstaan. Een strategische alliantie kan echter ook nadelen hebben, zeker wanneer de vorming ervan niet goed is voorbereid. Wanneer men besluit tot een strategische alliantie, is het dan ook goed om eerst een grondige analyse uit te voeren naar de strategische doelstellingen, de mogelijke partners en je partnerpositie binnen de alliantie. In beginsel zijn de bevoegdheden binnen de strategische alliantie gelijk verdeeld, maar er kan ook voor gekozen worden om deze verdeling in het alliantiecontract op een andere verhouding te zetten.

Een heikel punt binnen de strategische alliantie blijft de spanning tussen de samenwerking en de concurrentieverhouding. Goede analyse en communicatie zijn dan ook onontbeerlijk voor een succesvolle strategische alliantie.

Joint venture

Van een **joint venture** is sprake wanneer meerdere partijen samen een nieuwe onderneming opzetten ter volbrenging van een gemeenschappelijk doel. De joint venture is een verregaande vorm van een strategische alliantie en wordt over het algemeen gehanteerd wanneer meerdere partijen samen een nieuw product op de markt willen brengen. Dit product komt tot stand door de combinatie van kennis en faciliteiten van de diverse samenwerkingspartners. Zoals gezegd ontstaat bij een joint venture een nieuwe onderneming. Het eigendom van deze nieuwe onderneming is gelijkelijk verdeeld onder de samenwerkingspartners, tenzij anders wordt besloten. Het gelijke aandeel in de nieuwe onderneming heeft tot gevolg dat partijen evenveel zeggenschap hebben over de ontwikkeling ervan.

Door het opzetten van een joint venture worden diverse voordelen behaald. Naast de stijgende hoeveelheid aan kennis is er ook een groot voordeel in faciliteiten. Partijen kunnen veel kosten besparen doordat zij gezamenlijk werken aan de ontwikkeling van het product.

Vanwege de langdurige en structurele samenwerking is de joint venture een complexere samenwerkingsvorm. Een duidelijk samenwerkingscontract is dan ook van groot belang.

Fusie en overname

We spreken van een **fusie** wanneer beide samenwerkingspartners ophouden te bestaan en opgaan in één nieuwe onderneming. Bij een **overname** houdt slechts één van beide ondernemingen op te bestaan; de overgenomen partij zal deel gaan uitmaken van de overnemende onderneming.

De redenen voor een fusie of een overname zijn divers. Een voorbeeld is het versterken van de marktpositie door het overnemen van een concurrent. Tevens kan een fusie voordelig zijn door de beperking van de kosten en effectief door het ontstaan van één centrale leiding.

Bij een overname blijft de overnemende partij bestaan. In sommige gevallen wordt de leiding van de overgenomen organisatie deels toegevoegd aan de leiding van de overnemende organisatie, waardoor van de overnemende partij ook een gedeelte wordt geschrapt.

Bijlage 2
Ondernemingsvormen

(zie ook paragraaf 3.3.3)

Hoewel de structuur van de ondernemingsvormen voorlopig gelijk blijft, is er binnen de ondernemingsvormen al diverse keren sprake geweest van een wetswijziging. Deze eventuele wetswijziging zou gevolgen hebben voor de ondernemingsvormen zoals deze nu bekend zijn. Een belangrijk argument dat hierbij aangevoerd wordt, is het gemak voor de ondernemer. Hier beschrijven we de ondernemingsvormen in hun huidige vorm.

Eenmanszaak

Bij de **eenmanszaak** ontbreken vele verplichtingen, zoals het oprichten door middel van een notariële akte en een minimaal startkapitaal, waarvan wel sprake is bij de meeste overige ondernemingsvormen. Dat is dan ook een van de redenen dat men vaak start met een eenmanszaak. Deze wordt beheerd en geleid door de oprichter van de onderneming. Dit betekent niet dat in de eenmanszaak altijd slechts één persoon werkzaam is: er kunnen diverse werknemers in loondienst zijn.

Het ontbreken van een flink aantal verplichtingen heeft tot gevolg dat ook enkele voordelen van overige ondernemingsvormen ontbreken. Zo is de oprichter/beheerder van de eenmanszaak hoofdelijk aansprakelijk voor de schulden van de onderneming. Dit vloeit voort uit het ontbreken van een rechtspersoonlijkheid voor de eenmanszaak. Rechtspersoonlijkheid wordt door de wet bepaald; als ondernemer kun je er dus niet voor kiezen om een eenmanszaak met rechtspersoonlijkheid op te richten. Rechtspersoonlijkheid houdt in dat de onderneming een eigen persoon is voor de wet, wat met name van belang is voor de afhandeling van schulden. Wanneer de eenmanszaak te veel schulden heeft die hij niet meer af kan betalen, dan wordt deze failliet verklaard. Voor alle schulden van de eenmanszaak die na dit faillissement nog openstaan, kan de ondernemer verantwoordelijk gehouden worden met zijn privévermogen. Dit kan tot gevolg hebben dat de ondernemer zijn huis moet verkopen om de schuld van de eenmanszaak te kunnen afbetalen.

Het voordeel van de eenmanszaak ligt in de belastingheffing. Tot een winst van om en nabij de € 200.000 kan de ondernemer (onder voorwaarden) gebruikmaken van allerlei aftrekposten, waardoor deze organisatievorm ondanks het hoge tarief van de inkomstenbelasting toch zeer populair is.

Aan de oprichting van de eenmanszaak zijn zoals gezegd niet veel verplichtingen verbonden, maar dat neemt niet weg dat toch enkele vereisten gevolgd zullen moeten worden, zoals de verplichte inschrijving in het Handelsregister.

Zzp

Het begrip zzp'er staat voor zelfstandige zonder personeel. Anders dan de eenmanszaak is het begrip zzp'er geen aanduiding van een ondernemingsvorm: het is slechts de definitie van een werkvorm. Wanneer iemand zzp'er is dan geeft dit aan dat deze persoon niet in loondienst werkzaam is, maar zelfstandig opereert. Geregeld wordt de zzp'er dan ook gelijkgesteld aan een freelancer, die immers ook zelfstandig werkzaam is voor diverse opdrachtgevers.

De zzp'er moet zich inschrijven bij de Kamer van Koophandel en bij de Belastingdienst om een btw-nummer te verkrijgen. Bij deze registraties dient men ook te kiezen voor een ondernemingsvorm, veelal de eenmanszaak. In deze vorm opereert de zzp'er als zelfstandige.

Omdat het voor de opdrachtgever moeilijk is om in te schatten of de werkrelatie met de zzp'er als een arbeidsrelatie (een dienstbetrekking) dient te worden aangemerkt, en dus of er bepaalde loonheffingen ingehouden dienen te worden, gaf de Belastingdienst tot 1 mei 2016 aan elke zzp'er een zogenoemde Verklaring arbeidsrelatie of VAR af. Deze VAR bestond in diverse vormen en diende om zekerheid te bieden aan de zelfstandige als ook de opdrachtgever.

Vanaf 1 mei 2016 werkt de Belastingdienst met zogenoemde 'modelovereenkomsten'. Wanneer opdrachtgever en zzp'er gebruik maken van een dergelijke modelovereenkomst dan zou er geen dienstbetrekking bestaan en hoeft de opdrachtgever geen loonheffingen in te houden. Daarmee gaat gepaard dat er voor de zzp'er bepaalde rechten en plichten ontstaan.

Op de website vind je enkele handige links naar meer informatie over het opereren als zzp'er als ook een uitgebreidere uitleg over het gebruik van modelovereenkomsten.

(Bron: www.belastingdienst.nl; www.zzp-nederland.nl)

Vof

De **vof** kun je het best vergelijken met een gecombineerde eenmanszaak. Het gaat hier om meerdere ondernemers die samen een vennootschap oprichten en gezamenlijk optreden. Voor het oprichten van een vof zijn geen vormvereisten. Er hoeft dus geen notaris aan te pas te komen, hoewel dit vaak wel wordt aangeraden. Door het opstellen van een contract door de notaris kan een aantal essentiële zaken geregeld worden, zoals de winstverdeling, het doel van de vof en hoe de vof voortgezet kan/zal worden in geval van overlijden van een van de vennoten.

Doordat de vof bestaat uit meerdere ondernemers, heeft zij een meerhoofdige leiding. Dit heeft als gevolg dat iedere vennoot een gelijke zeggenschap heeft. Wel kan het nog zo zijn dat er een verschil in inbreng is. Het vermogen van de vof bestaat uit datgene wat door de vennoten is ingebracht. Wanneer er een duidelijk verschil is in de grootte van de inbreng tussen vennoot A en vennoot B, kan bij de oprichting in het contract worden opgenomen dat de verdeling van de zeggenschap en de verdeling van de winst volgens eenzelfde verhouding worden geregeld; let wel, dit hoeft zeker niet. Vanwege het ontbreken van rechtspersoonlijkheid blijven beide vennoten echter in dezelfde mate hoofdelijk aansprakelijk: eventuele schulden kunnen dus worden verhaald op hun privévermogen.

De vof lijkt zoals gezegd in meerdere opzichten op een combinatie van eenmanszaken, wat onder meer blijkt bij de heffing van belastingen. De vof en de hierna besproken maatschap zijn ook onderworpen aan de inkomstenbelasting en hebben daarmee dezelfde voor- en nadelen als de eenmanszaak – die we hier dan ook niet herhalen.

Maatschap

Het verschil met de **maatschap** ligt in de manier van presenteren. De maatschap treedt niet als een gezamenlijke vennootschap naar buiten. Er is wel sprake van een onderlinge samenwerking, maar de verschillende vennoten geven niet duidelijk naar de buitenwereld aan dat zij samenwerken en hoever die samenwerking dan gaat. Voor een buitenstaander hoeft dan ook lang niet altijd duidelijk te zijn dat er sprake is van een maatschap.

Bv

Voor de oprichting van de **bv** (besloten vennootschap) zijn in de wet diverse eisen gesteld. Een van de bekendste eisen is het minimumkapitaal van € 18.000. De voornaamste reden om een bv op te richten ligt in de rechtspersoonlijkheid die erbij hoort. De bv heeft, evenals de nv, rechtspersoonlijkheid. Deze rechtspersoonlijkheid brengt met zich mee dat de schuldeisers zich op het vermogen van de bv kunnen verhalen en niet op het privévermogen van de aandeelhouders. Zeker wanneer het gaat om een grotere onderneming die een hogere winst behaalt en hogere schulden heeft, is het een juiste beslissing om over te gaan tot oprichting van een bv.

Andere redenen waarom men overgaat tot het oprichten van een bv hebben betrekking op de continuïteit van de onderneming en de duidelijke organisatie. Daarnaast kunnen fiscale motieven een rol spelen: het tarief van de inkomstenbelasting en het tarief van de vennootschapsbelasting.

De bv is een duidelijk gestructureerde ondernemingsvorm: niet alleen is de bv onderworpen aan de wet (Boek 2 Burgerlijk Wetboek), ook de statuten spelen een belangrijke rol bij de bv. Hierin is de interne organisatie van de onderneming neergelegd. De organen van de bv ontlenen hun bevoegdheden aan de statuten. Het wijzigen van deze statuten kan dan ook in principe alleen door de algemene vergadering van aandeelhouders gebeuren. Er kan echter in de statuten zijn vastgelegd dat er tevens goedkeuring van een ander orgaan dient te worden verkregen, dan wel dat de statuten helemaal niet gewijzigd kunnen worden.

De organen waarop gedoeld wordt in de statuten zijn in beginsel de algemene vergadering van aandeelhouders en het bestuur. Daarnaast kunnen er door de statuten nog andere organen gevormd worden. Te denken valt hierbij voornamelijk aan de raad van commissarissen. Het bestuur en de algemene vergadering van aandeelhouders bestaan naast elkaar; er is dus geen sprake van een hiërarchische relatie.

De algemene vergadering van aandeelhouders is in theorie het orgaan met de meeste bevoegdheden binnen een bv. Nagenoeg alle beslissingen met betrekking tot het kapitaal liggen in handen van deze vergadering. Daarnaast heeft zij bevoegdheden tot wijziging van de statuten. Ook het benoemen, schorsen of ontslaan van de bestuurders en de commissarissen is aan de algemene vergadering van aandeelhouders, die immers de feitelijke eigenaar van de bv is.

Het bestuur is verantwoordelijk voor de dagelijkse gang van zaken binnen de bv en voert de vertegenwoordiging. Het bestuur legt verantwoording af aan de algemene vergadering van aandeelhouders.

In de statuten kan ook zijn vastgelegd dat er een raad van commissarissen aanwezig dient te zijn. De wettelijk gedefinieerde taak van de raad van commissarissen bestaat uit het toezicht houden op en het adviseren van het bestuur. Daarnaast kunnen de statuten aanvullende taken geven aan de raad van commissarissen met betrekking tot het toezicht houden op het bestuur en het vertegenwoordigen van het belang van de bv.

De ondernemingsraad (or) is geen orgaan van de vennootschap, maar komt op voor de belangen van de werknemers van de bv. Het instellen van een or gebeurt in de meeste gevallen op basis van de wettelijke verplichting. Hiervan is sprake als er vijftig of meer personen werkzaam zijn in de onderneming. Ook kan het aanwezig zijn van een or verplicht zijn op basis van een bepaling in de cao.

Zoals gezegd komt de or op voor de belangen van de werknemers binnen de onderneming. Dit manifesteert zich voornamelijk in het adviesrecht en het instemmingsrecht. De ondernemer is verplicht bij wijzigingen op onder meer economisch, organisatorisch en sociaal terrein de or om advies of toestemming te vragen.

Voor ondernemingen waar minder dan vijftig personen werkzaam zijn gelden andere regelingen voor de medezeggenschap van personeel. Hiermee is gewaarborgd dat de werknemersbelangen worden meegewogen bij het nemen van de beslissingen.

Per 1 oktober 2012 zijn de regels met betrekking tot de oprichting van de bv versoepeld door invoering van de zogenoemde 'flex-bv'. Door het invoeren van deze flex-bv heeft de overheid beoogd het oprichten van een bv eenvoudiger te maken en daarmee voornamelijk aantrekkelijker te maken voor organisaties met een sociale doelstelling. Per 1 oktober 2012 is een groot aantal van de oprichtingsverplichtingen voor de bv vervallen. De notariële akte van oprichting met de statuten van de bv is nog steeds verplicht, de overige eisen zijn echter vervallen. Zo zijn de bank- en de accountantsverklaring niet langer noodzakelijk en is het minimum startkapitaal verlaagd van € 18.000 naar € 0,01. Door de voornoemde wijzigingen is de bv een stuk aantrekkelijker gemaakt voor een breder publiek. Niet alleen de grotere organisaties met een winstoogmerk kunnen nu gebruikmaken van de bv, ook de kleinere (beginnende) organisaties kunnen nu aanspraak maken op het gebruik van de bv. De vele voordelen zoals deze al langer bekend waren van de bv zijn nu ook voor de organisaties met een sociale doelstelling binnen handbereik. Het is dan ook de moeite waard om het gebruik van een bv te overwegen. Belangrijk is wel dat de meeste (fiscale) voordelen pas van toepassing zijn vanaf een winst boven de € 150.000/€ 200.000.

Nv

De **nv** (naamloze vennootschap) heeft merendeels dezelfde eigenschappen als de bv. Over het algemeen kan daar waar bv staat ook nv gelezen worden, beide behoren dan ook tot de kapitaalvennootschappen. Het verschil met de bv is gering en betreft voornamelijk de grootte en de openheid van de onderneming. Waar de (reguliere) bv een minimum startkapitaal heeft van € 18.000, geldt voor de nv een minimum startkapitaal van € 45.000. De nv is over het algemeen dan ook een grotere onderneming waarin de regels met betrekking tot overdracht van aandelen vrijer zijn. Aandelen mogen vrij verhandeld worden en de aandeelhouders hebben over het algemeen weinig bestuurlijke inbreng.

De organisatorische inrichting van de nv is gelijk aan die van de bv. Ook bij de nv is sprake van de verplichte aanwezigheid van een algemene vergadering van aandeelhouders en een bestuur, en daarnaast eventueel een raad van commissarissen. Ook een ondernemingsraad is bij de nv wettelijk verplicht.

Vereniging

De **vereniging** lijkt in haar organisatiestructuur nog het meest op de bv en de nv. Zij heeft een duaal, democratisch karakter. Dit houdt in dat er op grond van de wet altijd twee organen binnen een vereniging dienen te bestaan, te weten een ledenvergadering en een bestuur.

Ook hier geldt dat het bestuur enkel de dagelijkse leiding en de vertegenwoordiging van de vereniging in handen heeft. De ledenvergadering heeft verreweg de meeste invloed binnen de organisatie. Zij heeft in beginsel vrijwel alle bevoegdheden met betrekking tot de financiën van de vereniging en beslist over het benoemen, schorsen en ontslaan van de leden van het bestuur.

De ledenvergadering bestaat uit de leden van de vereniging – waar de bv aandeelhouders heeft, bestaat de vereniging uit leden. De aspirant-leden van de vereniging kunnen worden toegelaten door het bestuur. Deze bevoegdheid kan ook aan een ander orgaan van de vereniging worden toegewezen, bijvoorbeeld een apart op te richten ballotagecommissie.

In sommige gevallen kan de vereniging zeer groot worden. De leden tonen in dat geval vaak minder betrokkenheid bij de vereniging en geven daarmee relatief veel macht aan het bestuur. Dan wordt vaak een raad van commissarissen ingesteld om toezicht te houden op het bestuur en om het belang van de vereniging te behartigen. Deze raad van commissarissen wordt dikwijls een raad van toezicht genoemd.

Op het moment dat de vereniging zodanig gegroeid is dat het houden van een ledenvergadering met alle leden niet langer goed mogelijk is, kan statutair bepaald worden dat de ledenvergadering zal bestaan uit afgevaardigden. Zij wordt dan ook wel de ledenraad genoemd. Hoe de verkiezing van afgevaardigden dient te verlopen, is vastgelegd in de statuten.

Stichting

De **stichting** heeft geen leden en heeft dan ook een autoritair karakter. Op grond van de wettelijke bepalingen bestaat een stichting in principe enkel uit het bestuur. Een stichting dient te worden opgericht met een in de statuten vastgelegd doel, dat zij dient te verwezenlijken met een daartoe bestemd vermogen. Het doel van de stichting mag niet bestaan uit winst uitkeren aan de oprichters en de leden van verschillende organen zoals het bestuur. De uitkeringen moeten in elk geval een ideële of een sociale strekking hebben.

Hoewel de stichting een autoritair karakter heeft, betekent dit niet dat het bestuur van de stichting geen weerstand kent. In de statuten kan worden opgenomen dat er diverse andere organen dienen te bestaan waaraan ook diverse bevoegdheden kunnen worden toebedeeld. Op deze wijze wordt de macht van het bestuur ingeperkt. Naast het bestuur kan een directie worden opgezet. Afhankelijk van de toebedeelde taken en bevoegdheden heeft dit over het algemeen tot gevolg dat het bestuur de algemene beleidsbepaling op zich neemt en de directie zich richt op de dagelijkse gang van zaken. Tevens kan er sprake zijn van een raad van commissarissen, ook wel raad van toezicht genoemd. Zoals ook bij de overige genoemde ondernemingsvormen het geval is, heeft de raad van commissarissen als voornaamste taak het toezicht houden op het bestuur en de directie.

Begrippenlijst

Aanbesteden/aanbestedingen

Procedure waarbij een opdrachtgever bedrijven of andere aanbieders van diensten of zaken vraagt met een offerte op de opdracht in te schrijven om zo de beste leveranciers te selecteren op basis van prijs, kwaliteit, ervaring, service en dienstverlening.

Aandeelhouder

Bezitter van een bewijs van deelname in het kapitaal van een onderneming.

AMORE-doelen

Doelen die ambitieus, motiverend, onderscheidend, relevant en echt zijn geformuleerd.

Balans

De weergave van de bezittingen en de financiering van deze bezittingen van een onderneming door het financieringsplan en de investeringsbegroting naast elkaar te leggen.

Begroting

De financiële vertaling van het voorgenomen beleid van een organisatie in een bepaalde beleidsperiode.

Belanghebbende(n)

Een persoon, groep en/of organisatie die invloed ondervindt (positief of negatief) van een organisatie of zelf invloed kan uitoefenen op (het aanbod van) een organisatie.

Beleid

Het streven naar bepaalde doeleinden met bepaalde middelen en bepaalde tijdskeuzes. Het draait vooral om de vraag: doen we de goede dingen?

Benchlearning

In je zoektocht naar innovatiekansen ga je vooral kijken bij en leren van goede voorbeelden ofwel organisaties die een succesvol product hebben ontwikkeld of een succesvolle werkwijze hanteren. Het betekent niet dat je per se zoekt naar vergelijkbare organisaties. Juist het kijken naar minder vergelijkbare partners uit andere sectoren kan heel vruchtbaar zijn: leren van inspirerende voorbeelden.

Beslisdocument

Zie Resultaatverslag.

Besloten vennootschap (bv)

Een ondernemingsvorm met rechtspersoonlijkheid. Het kapitaal van de bv is opgedeeld in aandelen op naam, wat betekent dat de aandelen niet vrij overdraagbaar zijn. De bv wordt belast in de vennootschapsbelasting.

Blended hulp- en dienstverlening

In combinatie met face-to-facecontact online middelen inzetten om je doelgroep te helpen/van dienst te zijn.

Breaking rules

Zie Marktvolger.

Budget

De maximale kosten die gemaakt mogen worden ter uitvoering en voltooiing van de activiteit of het project. Een budget is onderdeel van een begroting.

Camelnose

Zodra een kleine investering is verstrekt voor een pilot krijgt de innovatie zo'n weerklank dat het voor de beslissers – gelet op de politieke en maatschappelijke reacties – niet meer mogelijk is om de (grootschalige) invoering tegen te houden.

Cocreëren/cocreatie

Datgene wat gebeurt wanneer individuen, groepen of organisaties die betrokken zijn bij een als complex ervaren uitdaging samen op zoek gaan naar spannende en duurzame verbintenissen. Het gaat om vragen stellen, verbindingen maken, verbeelden en problemen herzien om zo inventieve projecten en ideeën te realiseren. Doel is vooral het lerend en vernieuwend vermogen van organisaties en mensen te stimuleren.

Comfortzone

Iedereen heeft een persoonlijke comfortzone. Dat is het gebied waarin zaken voor ons bekend, vertrouwd, voorspelbaar en veelal aangenaam zijn. Wij bevinden ons graag in deze comfortzone. Het geeft ons een gevoel van veiligheid. De meeste mensen hebben van nature de neiging om zichzelf in de comfortzone op te houden. Het verlaten van de comfortzone betekent immers verlies aan controle en de bijbehorende onzekerheid en dat levert emotionele spanning op.

Concurrent

Een organisatie die zich op dezelfde klanten richt met een min of meer vergelijkbaar aanbod.

Confrontatiematrix

Hiermee kun je analyseren welk effect de kansen en bedreigingen hebben op de sterkten en zwakten (zie ook SWOT-analyse). Je gaat bepalen wat de belangrijkste sterkten en de meest kritische zwakten zijn in het licht van de zich ontwikkelende trends en gegeven de doelen van de organisatie. Doel hiervan is te achterhalen in hoeverre je innovatie en de organisatie zijn afgestemd op de omgeving en waar de echte knelpunten en uitdagingen zitten.

Creativiteit

Het genereren van nieuwe en bruikbare ideeën.

Crowdfunding

Hiervan is sprake wanneer een groep mensen gezamenlijk geld inlegt om een bijzonder initiatief te financieren. Deze financieringsvorm wint terrein.

Decentralisatie

Wanneer een 'lagere' overheid taken overneemt van een 'hogere' overheid is er sprake van decentralisatie.

DESTEP-model

Met behulp van dit model worden de maatschappelijke ontwikkelingen gecategoriseerd aan de hand van de demografische, economische, sociaal-culturele, technologische/wetenschappelijke, ecologische en politieke/juridische factoren.

Detachering

Detachering wordt veelal gebruikt wanneer een organisatie een medewerker met specialistische kennis voor een korte termijn nodig heeft. Bij detachering leent partij A een werknemer uit aan partij B, die A daarvoor betaalt. Het voornaamste punt van detachering is dat de werknemer zijn dienstbetrekking bij partij A behoudt.

Diensten

Producten waarvan de specifieke kenmerken vooral immaterieel (niet-tastbaar) van aard zijn.

Diversificatie

Groeistrategie waarbij nieuwe producten op nieuwe markten worden geïntroduceerd.

Duurzaam ondernemen

Zie Maatschappelijk verantwoord ondernemen.

Eenmanszaak

Deze wordt beheerd en geleid door de oprichter van de onderneming. Dit betekent niet dat er altijd slechts één persoon werkzaam is: de eenmanszaak kan diverse werknemers in dienst hebben. De eenmanszaak wordt belast in de inkomstenbelasting.

Effectiviteit

Effectiviteit is de verhouding tussen de doelstelling en het bereikte resultaat. Effectief is doeltreffend: het beoogde resultaat wordt bereikt.

Efficiëntie

Efficiëntie is de verhouding tussen de geleverde diensten en producten (output) en de ingezette middelen (input) of gemaakte kosten. Efficiënt is doelmatig.

Elevatorpitch

Dit is een van de puurste en krachtigste vormen van presentatie. Het is een korte en bondige presentatie die net zo lang duurt als een 'ritje' met de lift (elevator) van de begane grond via enkele stops naar de achtste verdieping: maximaal drie minuten. Het verhaal hierachter is dat je altijd (in de lift) de ideale investeerder of je directeur kunt tegenkomen, die vanwege een overvolle agenda eigenlijk nooit tijd heeft om naar je verhaal te luisteren. Als je in die drie minuten heel overtuigend bent, krijg je zijn visitekaartje en/of goedkeuring zodat je een afspraak kunt maken.

Entrepreneur
Een zelfstandige ondernemer met een eigen bedrijf.

Exploitatie(begroting)
Zie Omzetvoorspelling.

Financieel plan
Het financieel plan is een onderdeel van het businessplan en informeert diverse partijen. Het wordt gevormd door het financieringsplan, de investeringsbegroting, de openingsbalans, de liquiditeitsbegroting en winst/omzetvoorspelling.

Financieringsplan
In het financieringsplan geef je aan waar je het benodigde geld vandaan denkt te halen.

Franchise
De franchisegever is eigenaar van een concept, over het algemeen een zorg-concept of een winkelconcept. Dit concept bestaat uit een combinatie van diverse factoren die uiteenlopen van kleurcombinatie en logo tot producten of diensten die geleverd worden. De franchisegever geeft de franchisenemer toestemming om zijn concept te gebruiken.

Fusie
Er is sprake van een fusie wanneer beide samenwerkingspartners ophouden te bestaan en opgaan in één nieuwe onderneming.

Gedeelde waardecreatie
Gedeelde of meervoudige waardecreatie houdt in dat een ondernemer met zijn of haar onderneming niet alleen economische waarde (omzet en winst) wilt bereiken maar ook sociale en/of ecologische waarde.

Gereguleerde marktwerking
Zie Marktwerking.

Idee
Een (al dan niet oorspronkelijke) gedachte over hoe een innovatiekans kan worden ontwikkeld en gerealiseerd.

Impact
Impact betreft de maatschappelijke ontwikkelingen op de lange termijn. Hoe hebben de output en de outcome van nu – het product en het resultaat – invloed op de maatschappij over een langere periode? Impact binnen de sociale sector betreft de sociale waarde van een product.

Implementeren
Het testen, introduceren, invoeren en in gebruik nemen van een nieuw systeem, een nieuwe werkwijze of nieuw beleid.

Inclusief ondernemerschap
Aanduiding voor een onderneming met een medewerkersbestand waar ook plaats is voor mensen die minder gemakkelijk aan een baan komen. Dit wordt ook wel 'social return' genoemd.

Incrementele innovatie
Een kleinschalige vernieuwing die geringe verandering teweegbrengt.

Innovatie

Iedere bewust uitgevoerde waardetoevoeging gericht op resultaatverbetering.

Innovatiekans

Een bestaande situatie die in de ogen van de ondernemer/ondernemende professional mogelijkheden biedt om een bepaalde waarde te realiseren. Aangezien het klantperspectief uitgangspunt is van innoveren, richt je je in principe op mogelijkheden om waarde te realiseren voor de klant. Wordt ook wel 'opportunity' genoemd.

Inside-out-innovatie

Deze innovatie van binnen naar buiten doet zich voor wanneer organisaties zelf ontwikkelde kennis en/of eigen activiteiten gaan commercialiseren. Elk tussenproduct in het innovatieproces kan als een economisch goed worden gezien dat te gelde kan worden gemaakt door het beschikbaar te stellen voor externe partijen.

Intrapreneur

Ondernemende professional die in dienst is van een organisatie.

Investeringsbegroting

In je investeringsbegroting zie je weergegeven welke zaken je nodig hebt om je project te kunnen uitvoeren.

Jaarverslag

De meeste organisaties publiceren een schriftelijk jaarverslag, al dan niet met een financiële verantwoording in de vorm van een jaarrekening. Het jaarverslag is een beschrijving van de gang van zaken in het boekjaar, met informatie over onder andere de werkmethoden, het soort klanten en de personeelsformatie. De jaarrekening is het financiële gedeelte, met in elk geval de balans en de winst-en-verliesrekening met een toelichting.

Joint venture

Hiervan is sprake wanneer meerdere partijen samen een nieuwe onderneming opzetten ter volbrenging van een gemeenschappelijk doel. De joint venture is een verregaande vorm van een strategische alliantie (zie aldaar).

Kengetal

Een kengetal van een onderneming geeft een beeld van de organisatie en hoe deze er financieel gezien voor staat.

Kernwaarden

De kernwaarden vormen het ethisch kompas van de organisatie. Zij geven de waarden en normen weer van de organisatie: dit is waar we in geloven.

Ketensamenwerking

Samenwerkingsverband van verschillende organisaties. De samenwerking is gebaseerd op gelijkwaardigheid en erkenning van onderlinge afhankelijkheid bij het verbeteren van de zorg-, hulp- en/of dienstverlening aan de klant.

Klant

Het begrip klant duidt doorgaans degene aan die gebruikmaakt van het aanbod. Het is echter goed om het volgende onderscheid steeds in gedachten te houden. Meestal is degene die een organisatie een opdracht geeft om een product te leveren en ervoor betaalt ook degene die het product 'gebruikt'. Opdrachtgever en klant zijn dan dezelfde. In de zorg- en welzijnssector komt het echter geregeld voor dat opdrachtgever en 'gebruiker' niet dezelfde zijn, met name als het gaat om door de overheid gesubsidieerde organisaties.

Klantfrictie

In je zoektocht naar mogelijke innovaties stel je jezelf steeds de vraag: welke taak of welk probleem moet de klant aanpakken en hoe kun je als organisatie dan wel professional hem daarbij helpen? De klant kan of heeft iets (nog) niet en daar wil je wat aan doen.

Kostprijs

Het geldbedrag dat het product (de dienst) gekost heeft.

Liquiditeit

Liquiditeit is een kengetal van de onderneming en betreft de schulden op de korte termijn.

Liquiditeitsbegroting

Een weergave van de liquiditeitsstromen binnen een organisatie gedurende een jaar.

Liquiditeitsstromen

Geldstromen.

Lobbyen

Lobbyen is het beïnvloeden van formele besluitvorming bij stakeholders ten gunste van de innovatie en de organisatie die je vertegenwoordigt.

Maatschap

Een maatschap is een ondernemingsvorm waarbij sprake is van onderlinge samenwerking tussen vennoten, zonder dat deze samenwerking voor de buitenwereld duidelijk hoeft te zijn.

Maatschappelijk betrokken ondernemen (MBO)

Hieronder vallen alle activiteiten die door het bedrijfsleven worden ondernomen om de kwaliteit van de (lokale) leefomgeving te verbeteren. Maatschappelijk verantwoord ondernemen (zie aldaar) en MBO zijn onlosmakelijk met elkaar verbonden. MBO is het deel van MVO dat betrekking heeft op het versterken van de relatie van een organisatie met haar omgeving. Het wordt gezien als de praktische, concrete, lokale invulling van MVO. Het gaat daarbij vooral om inzet van mensen, middelen, massa, media en munten.

Maatschappelijk verantwoord ondernemen (MVO)

MVO houdt in dat een organisatie bij al haar activiteiten en bedrijfsprocessen afweegt welke verantwoordelijkheden daarbij een rol spelen met betrekking tot het welzijn van alle betrokken stakeholders. Op basis daarvan wordt concreet beleid ontwikkeld. Het welzijn van de diverse stakeholders wordt meestal gerubriceerd in drie gebieden: People, Planet en Profit. Het gaat erom een balans te vinden tussen deze drie P's.

Maatschappelijke innovatie

Een vernieuwing die de hele samenleving aangaat.

MAGIE-doelen

Doelen die meetbaar, acceptabel, gecommuniceerd, inspirerend en engagerend zijn.

Making rules

Zie Marktleider.

Marketing

Het realiseren van de doelstellingen van een organisatie via het bevredigen van de behoeften van de afnemers. In essentie komt marketing dus neer op 'goede vragen stellen en luisteren'.

Markt

Een plaats waar aanbieders en afnemers van producten (goederen en diensten) elkaar ontmoeten en waar zij onderhandelen.

Marktinnovatie

Het openen van een nieuwe markt, ofwel een markt waarin een organisatie of een bepaalde bedrijfstak in een land nog niet actief was, ongeacht of deze markt al bestond.

Marktleider

Een marktleider heeft in een bestaande markt het grootste marktaandeel en bepaalt hoe het spel gespeeld wordt: de manier van werken en zakendoen. De marktleider bepaalt vaak ook de prijszetting van de markt: hij zet de toon (making rules).

Marktontwikkeling

Groeistrategie waarbij bestaande producten op nieuwe markten worden aangeboden.

Marktpenetratie

Groeistrategie waarbij bestaande producten op bestaande markten worden aangeboden.

Marktvolger

Een marktvolger bekleedt op een bestaande markt een marktpositie die net op die van de marktleider (zie aldaar) volgt. Marktvolgers zijn onder te verdelen in navolgers (taking rules) en uitdagers (breaking rules). De navolgers spelen het bestaande marktspel mee. De uitdagers streven een strategische vernieuwing na: zij willen een ander marktspel spelen, met andere spelregels.

Marktwerking

Het verloop van vraag en aanbod (van goederen en diensten) en wat daarop van toepassing is; de werking van de markt. Als de overheid nog wel een vinger aan de pols houdt door juridische en financiële regels of bepalingen vast te stellen waarbinnen op de markt wordt onderhandeld, is er sprake van gereguleerde marktwerking.

Member-get-membermarketingmethode

De member-get-membermarketingmethode houdt in dat (vaste) klanten wordt gevraagd om kennissen, familieleden et cetera over te halen een soortgelijk product af te nemen, dus om ook klant te worden.

Missie

De organisatie geeft in haar missie weer waarvoor zij staat: het bestaansrecht, de identiteit van de organisatie.

Naamloze vennootschap (nv)

Een ondernemingsvorm met rechtspersoonlijkheid. Het kapitaal van de nv is opgedeeld in aandelen aan toonder, wat betekent dat ze vrij overdraagbaar zijn. De nv wordt belast in de vennootschapsbelasting.

Not-for-profitorganisaties

Organisaties die producten aanbieden zonder winstoogmerk. Zij hebben primair het profijt voor de samenleving voor ogen in plaats van het behalen van winst.

Nulmeting

Een nulmeting is het resultaat van een eerste meting, die gebruikt wordt als uitgangspunt bij de start van bijvoorbeeld een pilot. Hiermee worden de vervolgmetingen vergeleken.

Omzetvoorspelling

Een overzicht waarin duidelijk wordt hoeveel omzet een onderneming verwacht te behalen gedurende een langere periode. Meestal wordt dit per maand weergegeven om zo inzicht te krijgen in het verloop van de verwachte omzet gedurende een jaar. Een omzetvoorspelling wordt gemaakt door een vermenigvuldiging van het verwachte aantal verkopen maal de prijs waartegen het product verkocht zal worden.

Ondernemen

Een proces van het (extern) signaleren en (intern) realiseren van kansen.

Ondernemendheid

Een continu doelgericht en systematisch zoeken naar en analyseren van veranderingen in de markt (externe omgeving) en de organisatie (interne omgeving) en daarop met de juiste middelen weten in te spelen.

Openingsbalans

Zie Balans.

Opportunityzone

Persoonlijke ontwikkeling en groei vinden plaats buiten je comfortzone (zie aldaar). Als je uit je comfortzone stapt treed je in je opportunityzone. Dit is je persoonlijke ontwikkelzone. Hierdoor kan je gevoel van oncomfortabel zijn eerst tijdelijk toenemen voordat je een toename van zelfvertrouwen ervaart. Vanuit je opportunityzone zie je sneller nieuwe kansen en mogelijkheden.

Organisatie-innovatie

Het realiseren van nieuwe manieren waarop intern aan de organisatiedoelen wordt gewerkt ofwel: het werk wordt op een andere wijze georganiseerd.

Outcome

Outcome is het resultaat van de output van de organisatie en betreft de vraag of je product gewenst wordt door de klant en of de klant tevreden is met de manier waarop het product op de markt gebracht wordt. Tevens houd je bij de meting van de outcome rekening met het imago dat het product de organisatie geeft.

Outcomedoelstellingen

Doelstellingen op het gebied van de maatschappelijke effecten die je wilt bereiken met je innovatie. Lastig daarbij is dat het moeilijk te meten is of het effect alleen door innovatie/jouw inspanningen is bereikt. Er spelen altijd heel veel andere factoren mee.

Output

Het geleverde product of de geleverde goederen of dienst(en) en de interne bedrijfsvoering die daarmee samenhangt.

Outputdoelstellingen

Doelstellingen op het gebied van de prestaties ofwel inspanningen die je met je innovatie wilt leveren.

Outside-in-innovatie

Bij deze innovatie van buiten naar binnen weet je waar je goed in bent en haal je wat buiten je eigen competenties ligt in de organisatie of realiseer je het in samenwerking met anderen.

Outsourcing

Ook wel uitbesteding genoemd. Hierbij wordt door de onderneming een activiteit uitbesteed vanwege de specialistische kennis die daarmee gemoeid is. Deze uitbesteding is dan het gevolg van een strategisch besluit om deze activiteiten niet langer zelf uit te voeren maar door een externe partij te laten uitvoeren.

Overname

Bij een overname houdt een van beide ondernemingen op te bestaan; de overgenomen partij zal deel gaan uitmaken van de overnemende onderneming.

Participatiesamenleving

In een participatiesamenleving krijgt (en neemt) iedere burger meer verantwoordelijkheid om zelf vorm te geven aan zijn of haar eigen leven en omgeving. In zo'n samenleving worden burgers geactiveerd een bijdrage te leveren aan maatschappelijke processen.

PDCA-cirkel

De PDCA-cirkel wordt ook wel de verbetercirkel genoemd. PDCA is een afkorting die staat voor de stappen Plan (plannen), Do (uitvoeren), Check (controleren) en Act (bijstellen). Deze invalshoek zie je bij ondernemen en innoveren terug, omdat het uitgangspunt is dat bij het benutten van nieuwe kansen je altijd uitgaat van 'een verbetering' ten opzichte van de bestaande situatie en dat deze verbetering steeds geëvalueerd en weer bijgesteld moet worden.

Privatisering

Overheidsdiensten door het particuliere bedrijfsleven laten verrichten of overheidsbedrijven (ten dele) in handen van particulieren geven.

Procesinnovatie

Hiervan is sprake als de organisatie besluit het aanbod op een andere manier te produceren.

Productinnovatie

Hiervan is sprake als de organisatie besluit het aanbod uit te breiden met nieuwe producten of bestaande producten te verbeteren.

Productontwikkeling

Groeistrategie waarbij nieuwe producten op bestaande markten worden aangeboden.

Profitorganisatie

Een organisatie die producten verkoopt met het doel winst te maken. Dit wordt ook wel een commerciële organisatie genoemd.

Project

Een tijdelijke werkorganisatie, gebaseerd op de flexibele inzet van mensen en middelen en met het doel om een concreet resultaat te bereiken binnen scherpe afspraken over tijd, geld en kwaliteit.

Projectsamenwerking

Bij de samenwerking binnen een project kan het gaan om een samenwerking van teams binnen een onderneming of een samenwerking van teams van verschillende ondernemingen. De voornaamste kenmerken van de samenwerking aan een project zijn de afgebakende tijdsduur en de afbakening van de mate waarin samengewerkt wordt.

Prosumptie

Dit begrip is een samentrekking van 'productie' en 'consumptie', waarmee wordt aangegeven dat de klant/consument steeds meer betrokken is bij de productie.

Publiek-private samenwerking (pps)

Bij deze vorm van samenwerking is er sprake van een samenwerking tussen een overheid en een private partij. Deze vorm van samenwerking wordt gehanteerd wanneer de overheid dient zorg te dragen voor een bepaalde uitkomst, maar niet over de wijze van uitvoering wil beslissen.

Radicale innovatie

Een vernieuwing die breekt met de heersende standaard en een geheel nieuwe oplossing biedt voor een probleem. Het gaat om nieuwe producten, concepten of benaderingswijzen.

Recombinatie/recombineren

Diverse functies worden zodanig gecombineerd dat zij elkaar versterken. Het levert meerwaarde op voor alle partijen. Ook het versterken van lopende initiatieven en projecten met nieuwe visies, kennis en kunde behoort tot recombineren.

Rentabiliteit

De rentabiliteit van een organisatie geeft aan hoeveel winst er gemaakt wordt met de middelen die erin gestoken worden. Rentabiliteit is een kengetal van de onderneming.

Resultaatverslag

Na elke fase van het innovatieproces schrijf je een resultaatverslag. Hierin kijk je terug en vooruit: voldoe ik aan het vooraf gestelde doel? Is het antwoord 'ja', dan kun je ofwel aan de volgende fase (stage) beginnen (go) ofwel besluiten het proces nu niet verder te doorlopen, maar tijdelijk stop te zetten (stop). Voldoe je (nog) niet aan de criteria, dan zul je verbeteringen moeten aanbrengen (retry) of moeten besluiten het idee in de prullenbak te gooien (kill). Omdat op basis van het resultaatverslag een beslissing wordt genomen over doorgaan of niet, wordt dit verslag ook wel een beslisdocument genoemd.

Risicoanalyse

Een risicoanalyse is een analyse van alle mogelijke risico's die het projectresultaat kunnen beïnvloeden, waarbij voor elk risico wordt aangegeven wat het gevolg zou zijn als het zich voordoet, welke maatregelen getroffen kunnen worden ter beheersing en wie deze maatregelen het best kan nemen.

Rugbyaanpak

Het innovatieteam bestaat uit een vaste groep mensen. Hun rol en inbreng wisselen echter gedurende het innovatieproces. Naarmate men het doel dichter nadert, nemen de voorhoedespelers (productie en marketing) de bal van de achterhoede (onderzoekers en ontwerpers) over.

Shareholders

Zie Aandeelhouders.

SMART-doelen

Doelen die specifiek, meetbaar, acceptabel, realistisch en tijdgebonden zijn geformuleerd.

Sociaal ondernemen

Bij sociaal ondernemen gaat het erom dat naast economische waarde (omzet en winst) ook sociale waarde wordt bereikt. Een sociaal onderneming is expliciet opgericht om verschillende doelen te bereiken. Dus niet alleen producten op de markt brengen maar ook concreet bijdragen aan de oplossing van een sociaal en/of ecologisch probleem. Dat wordt ook wel genoemd: meervoudige of gedeelde waardecreatie.

Social return

Het creëren van werkgelegenheid voor mensen met een afstand tot de arbeidsmarkt. Dit wordt ook wel inclusief ondernemen genoemd.

Social Return On Investment (SROI-analyse)

De Social Return On Investment-analyse maakt het rendement van maatschappelijke investeringen in economische en sociale zin meetbaar en zichtbaar. SROI is in principe bedoeld voor investeerders en managers van projecten en bedrijven met een financiële en maatschappelijke doelstelling.

Sociale innovatie

1 Organisatie-innovatie. Nieuwe manieren waarop er intern aan organisatie-doelen gewerkt wordt. Het werk wordt op een slimmere manier georgani-seerd.

2 Een nieuwe methode of de inzet van een nieuwe combinatie van mensen of partijen om maatschappelijke problemen op te lossen.

Sociale technologie

Sociale technologie is de verzamelterm van alle technologische hulpmiddelen die binnen het sociaal domein kunnen worden ingezet. Doel van die inzet is ondersteuning te bieden in de sociale en psychologische situatie van (kwetsba-re) mensen en daarmee hun participatie in de maatschappij te bevorderen en hun kwaliteit van leven te verbeteren of in stand te houden.

Solvabiliteit

Solvabiliteit vormt een kengetal van de onderneming en geeft weer in welke mate de onderneming in staat is haar schulden af te betalen op de langere ter-mijn.

Spirituele innovatie

Vernieuwen waarbij 'rekening houden met anderen' en 'respect voor anderen' de uitgangspunten zijn.

Stage-gate-innovatiemodel

Zie Resultaatverslag.

Stakeholders

Interne stakeholders zijn belanghebbenden binnen de organisatie. Externe stakeholders zijn belanghebbenden buiten de organisatie.

Statuten

De statuten vormen de grondregels van de onderneming en maken duidelijk hoe de onderneming is opgebouwd, wat het startkapitaal is en wat de basis-regels zijn waaraan iedereen die verbonden is aan de onderneming zich moet houden. De statuten dienen vastgelegd te worden bij de notaris en kunnen niet zomaar worden gewijzigd.

Stichting

De stichting heeft geen leden en heeft dan ook een autoritair karakter. Op grond van de wettelijke bepalingen bestaat een stichting in principe enkel uit het bestuur. Een stichting dient te worden opgericht met een in de statuten vastgelegd doel. Dit doel dient de stichting te verwezenlijken met een daartoe bestemd vermogen.

Strategie

Een strategie gaat in essentie over de vraag hoe je met je innovatie extern waarde kunt toevoegen en hoe je dat intern, dus binnen de organisatie, mogelijk maakt.

Strategische alliantie

Bij een strategische alliantie ontstaat een nauwe samenwerking op lange ter-mijn die van beide kanten komt, maar waarbij beide partijen hun eigen identi-teit en bevoegdheden behouden.

swot-analyse

Een instrument om (interne) sterkten (strengths: S) en zwakten (weaknesses: W) te relateren aan (externe) kansen (opportunities: O) en bedreigingen (threats: T). Een swot-analyse kan worden gemaakt van een persoon, een product of een organisatie. Doel van de swot-analyse in het innovatieproces is na te gaan hoe kansrijk de basisconcepten zijn. Je kunt hiermee de positie in de markt ten opzichte van de concurrenten helder krijgen. Het gaat er daarbij om de belangrijkste uitdagingen en knelpunten te definiëren. Op basis van deze analyse kunnen de doelstellingen voor je innovatie geformuleerd worden, evenals de mogelijke strategieën. De swot-analyse is dus in feite de verbindende schakel tussen de externe en interne analyses en de uiteindelijke strategiekeuze. Daarmee is deze analyse een essentieel onderdeel van het innovatieproces.

Taking rules

Zie Marktvolger.

usp / unique selling point

De unieke en onderscheidende eigenschappen van een product voor de consument of klant, waardoor deze zeer bruikbaar zijn als verkoopargument of reclamethema.

Vennootschap onder firma (vof)

De vof kun je het best vergelijken met een gecombineerde eenmanszaak. Het gaat hier om meerdere ondernemers die samen een vennootschap oprichten en gezamenlijk naar buiten toe optreden. Voor het oprichten van een vof bestaan geen vormvereisten.

Verbetercirkel

Zie pdca-cirkel.

Vereniging

De vereniging heeft een duaal, democratisch, karakter. Dit houdt in dat er op grond van de wet altijd twee organen binnen een vereniging dienen te bestaan, te weten een ledenvergadering en een bestuur.

Verzorgingsstaat

Democratische, kapitalistische staatsvorm met collectieve garanties voor bestaanszekerheden en waarin de overheid haar burgers beschermt tegen de krachten van de vrije markt.

Visie

Een organisatie geeft in haar visie weer waarvoor zij gaat: deze geeft een ambitieus beeld van de toekomst.

Voor-wat-hoort-watprincipe

In het welzijnswerk wordt steeds vaker uitgegaan van dit wederkerigheidsprincipe: van buurtbewoners die hulp of ondersteuning krijgen, mag best wat teruggevraagd worden.

Wederkerigheidsprincipe

Zie Voor-wat-hoort-watprincipe.

Wet maatschappelijke ondersteuning (Wmo)

Een wet die beoogt dat alle burgers participeren in de samenleving en zo lang mogelijk zelfstandig kunnen wonen. Mensen met een beperking krijgen de steun en middelen die ze nodig hebben om zelfstandig te kunnen participeren in de maatschappij. Daartoe regelt de wet een samenhangend aanbod van zorg- en welzijnsvoorzieningen die gemeenten verstrekken aan mensen die zorg nodig hebben, bijvoorbeeld huishoudelijke verzorging, woningaanpassingen of vervoer naar dagactiviteiten. Gemeenten hebben enige vrijheid om de uitvoering van de wet zelf vorm te geven.

Wet van de remmende voorsprong

Pioniers zijn de eerste aanbieders op een nieuwe markt en kunnen de regels van het spel bepalen. Ze hebben daarmee een voorsprong op aanbieders die zich later op de markt begeven. Als pioniers komen ze echter ook als eersten allerlei belemmeringen en obstakels tegen waarvoor ze een oplossing moeten bedenken. Nieuwe aanbieders die de pioniers volgen kunnen van deze oplossingen en van eventuele fouten van de pioniers profiteren. Ze halen voordeel uit de innovatie-inspanningen van de pioniers en hun 'klaarstomen' van de markt.

Winst

Het verschil tussen de kosten (de kostprijs) en de opbrengsten van een product (verkoopprijs).

Winstvoorspelling

De winstvoorspelling vloeit voort uit de omzetvoorspelling en wordt berekend door de omzetvoorspelling te verminderen met het verwachte aantal verkopen maal de kostprijs van het product.

Wmo

Wet maatschappelijke ondersteuning (zie aldaar).

Zelfstandige zonder personeel (zzp'er)

Zzp'er is geen aanduiding van een ondernemingsvorm, maar slechts de definitie van een werkvorm. Een zzp'er is niet in loondienst werkzaam, maar opereert zelfstandig.

Geraadpleegde bronnen

Literatuur

Berlo, D. van (2011). *Overheid heeft innovatie nodig om kwaliteit te garanderen.* http://overheid.vkbanen.nl/banen/artikel/Overheid-heeft-innovatie-nodig-om-kwaliteit-te-garanderen/579894.html. Gepubliceerd op 10 augustus 2011. Geraadpleegd op 5 maart 2012.

Biene, M. van (2008). *De standaardvraag voorbij. Narratief onderzoek naar vraagpatronen.* Onderzoeksrapport Lectoraat Lokale Dienstverlening vanuit Klantperspectief. Nijmegen: Hogeschool van Arnhem en Nijmegen, Faculteit Gezondheid, Gedrag en Maatschappij.

Bijl, D. (2007). *Het nieuwe werken. Op weg naar een productieve kenniseconomie.* Schoonhoven: Academic Service.

Boogaard, A., Muijs, E. & Ommen, T. van (2010). Horen, zien en zwijgen, een innovatief afstudeerproject. *WerkZSaam, tijdschrift van het Instituut Sociale Studies van de HAN, 1,* 14-15.

Bos, J. & Haring, E. (2006). *Projectmatig creëren.* Schiedam: Scriptum.

Broekman, H. (2005). *Innoveren in de sociale sector.* Baarn: Nelissen.

Brugh, M. aan de (2011). Te veel innovatie kan mens niet aan. *NRC Weekend,* 22 oktober, Slim & Schoon, 13.

Bruin, D. de, Meijsen, E. & Lammersen, G. (2011a). *Onderneem 't zelf. Ingrediënten voor een ondernemende organisatie.* Utrecht: Movisie.

Bruin, D. de, Meijsen, E. & Lammersen, G. (2011b). *Onderneem 't zelf. Werkbladen bij werkvormen.* Utrecht: Movisie.

Brummel, A. & Linssen, B. (2011). *Projectplan Gewoon Meedoen in Dukenburg.* Nijmegen: Tandem Welzijnsorganisatie Nijmegen.

Buijs, J. & Valkenburg, R. (1996). *Integrale productontwikkeling.* Utrecht: Lemma.

Burgers, R. (2011). Industrieel erfgoed krijgt herbestemming. *Werkplaats, 13* (9), 7.

Byttebier, I. (2004). *Creativiteit Hoe? Zo!* Tielt: Lannoo.

Chesbrough, H. (2003). *Open Innovation. The New Imparative for Creating and Profiting from Technology.* Boston: Harvard Business School Press.

Dagevos, M., Kiers, J., Kors, J. & Verhagen, P. (2015). *Voor een goede zaak. Sociaal ondernemen in theorie en praktijk.* Bussum: Coutinho.

Dekkers, C. (2011). Crowdfunding voor verantwoorde vis. *Werkplaats, 13* (9), 30.

Delden, P. van (2007). Nukkige netwerken. Samenwerking vraagt engelengeduld. *Management en Consulting, 1,* 6-49.

D'havé, C. (2010). Sociale innovatie in de zorg. Werkgevers zien noodzaak tot vernieuwing. *Zeggenschap, 21* (september), 44-46.

Doelen, A. & Weber, A. (2006). *Organiseren & managen. Het 7S-model toegepast.* Groningen/Houten: Wolters-Noordhoff.

Drucker, P.F. (1985). *Innovation and Entrepreneurship. Practice and Principles.* New York: Harper & Row.

Es, G. van (2011). Reclame maken met het vuil van de stad. NRC *Weekend*, 1 oktober, Slim & Schoon, 11.

Frank, M. & Paulides, H. (2009). *We doen het zelf. Talenthouse, methodiekbeschrijving jongerenwerk in IJsselmonde.* Rotterdam: Deelgemeente IJsselmonde in samenwerking met Radar Advies.

Gaspersz, J. (2009). *Dagelijks innoveren. Praktische adviezen voor een kansgerichte organisatie.* Amsterdam: Pearson.

Gerzon, M. (2006). *Leading Through Conflict. How Successful Leaders Transform Differences into Opportunities.* Harvard: Harvard Business School Press.

GGzE (2011). Spelen met licht. Pilot 'ambiance room' bij spoedeisende psychiatrie. *GGzE magazine*, 6(3).

Gilthay Veth, D. (2009). *Het rendement van zalmgedrag. De projectencarrousel ontleed.* Den Haag: Nicis Institute.

Gommers, T., Kuijpers, J., Linden, K. van der & Petrovic, M. (2008). *Ondernemingsplan Joli.* Nijmegen: Hogeschool van Arnhem en Nijmegen, Faculteit Gezondheid, Gedrag en Maatschappij.

Groen, A. & Kooger, E. (2006). *Delen is winst. Naar een coöperatieve samenwerking.* PON-publicatie 06-18. Tilburg: PON.

Groot, N. de & Mateman, H. (2014). *Zicht op effect. Een overzicht van instrumenten om zelf het effect van je aanpak te meten.* Utrecht: Movisie.

Haijtema, D. (2011). Er zijn geen managers nodig. Waarom het einde van leiderschap ook goed is voor uw organisatie. *Ode.nl*, bijlage bij NRC *Handelsblad*, 17 maart.

Heath, D. & Heath, C. (2008). *De plakfactor. Waarom sommige ideeën aanslaan en andere niet.* Amsterdam: Pearson Education.

Heuvel, J. (2005). *Dienstenmarketing.* Groningen/Houten: Wolters-Noordhoff.

Hoff, R. van den (2011). *Society 3.0. A smart, sustainable & sharing society.* Stichting Society 3.0 & Ronald van den Hoff. www.society30.com.

Hoften, R.M.H. van (2002). *Marketing Zakboek.* Doetinchem: Elsevier Bedrijfsinformatie.

Huinink, M. (2011). Spel voor verbetering teamgeest, efficiëntie en patiëntveiligheid. *World of management*, 2(1) (maart), 18-20.

Iersel, S. van (2011). *Aangestoken! De reiservaringen van het innovatieteam GGD Next.* Breda: GGD West-Brabant.

Jacobs, D. (2007). *Adding values. The cultural side of innovation.* Arnhem: ArtEZ-Press; Rotterdam: Veenman Publishers.

Jacobs, D. (2008). Productieve creativiteit. De maakbaarheid van innovatie. *M&O, 3/4*, 191-203.

Jacobs, D. & Snijders, H. (2008). *Innovatieroutine. Hoe managers herhaalde innovatie kunnen stimuleren.* Assen: Van Gorcum.

Jong, J. de, Bodewes, W. & Harkema, S. (2007). *Winst door innovatie. Hoe ondernemers kansen zien en pakken.* Den Haag: Sdu/Academic Service.

Kanter, R.M. (1988). When a thousand flowers bloom. Structural, collective and social conditions for innovation in organizations. *Research in Organizational behavior, 10,* 169-211.

Keuning, D. & Lange, R. de (2011). *Grondslagen van het management.* Groningen/Houten: Noordhoff Uitgevers.

Kinni, T. (2011). How to Bring Innovations to Market. *Strategy + Business,* January 14.

Kolb, D. (1984). *Experiental Learning. Experience as a Source of Learning and Development.* Englewood Cliffs, NJ: Prentice Hall.

Koninklijke Nederlandsche Heidemaatschappij (2014). Nieuwsbrief *13* (2) (juli).

Krijgsman, J., Bie, J. de, Burghouts, A., Jong, J. de, Cath, G.-J., Gennip, L. van & Friele, R. (2013). *eHealth, verder dan je denkt. eHealth monitor 2013.* Den Haag: Nictiz & het NIVEL.

Kune, H. & Erkel, F. van (2003). *Rapid Prototyping. Een verkenning naar toepassingsmogelijkheden bij de overheid.* Gedownload via www.beleidsimpuls.nl.

Lambert, P., Roest, S., Dubbeldam, S. & Verweijen, M. (2006). *Implementeren. Het speelveld in de praktijk.* Utrecht: Lemma.

Lans, J. van der (2010). *Erop af! De nieuwe start van het sociaal werk.* Amsterdam: Augustus.

Leeuwen, S. van (2005). *Innovatie in de zorg. Welke investering loont?* Gedownload via www.managementkennisbank.nl.

Leijten, J. (2012). Collectes op internet. *NRC Weekend,* 7 januari, Werk & Geld, 12.

Mastenbroek, W. (2006). *Vaardiger onderhandelen.* Heemstede: Holland Business Publications.

Metz, T. (2012). Vertrouwde vreemden vinden elkaar in mobiele stad. *NRC Handelsblad,* 27 februari, Media, 32.

Ministerie van Volksgezondheid, Welzijn en Sport, i.s.m. MO Groep+ en Vereniging van Nederlandse Gemeenten (2011). *Welzijn Nieuwe Stijl.* Den Haag: Ministerie van VWS.

Morgan, C. & Murgatroyd, S.P. (1994). *Total Quality Management in the Public Sector. An International Perspective.* Buckingham (UK): Open University Press.

Nagel, F. (2011). Hoe schuldig bent u aan het bestaan van kinderarbeid? *World of management, 2*(1), 12-15.

Nandram, S. (2011). *Ondernemen, a way of life. Ondernemerschap, ondernemendheid en spirituele innovatie.* Arnhem: HAN University Press.

Nieuwenhuis, R. (2011). eBook te koop in boekhandel. *NRC Handelsblad,* 26 oktober, 19.

Nonaka, I. & Takeuchi, H. (1995). *The knowledge creating company. How Japanese companies create the dynamics of innovation.* New York: Oxford University Press.

Nouws Keij, L. (2011a). Buitenlandse successen van maatschappelijk ondernemers. Tassen en slangen. *Werkplaats, 13, 9* (november) 14.

Nouws Keij, L. (2011b). Het talent van autisten. *Werkplaats, 13* (9), 14.

Osterwalder, A. & Pigneur, Y. (2010). *Business Model Generatie. Een handboek voor visionairs, game changers en uitdagers.* Deventer: Kluwer.

Post, W. (2011). Drie x Drie = hardnekkig! *Werkplaats, 13* (9), 20.

Rogers, E.M. (1995). *Diffusion of Innovations*. New York: The Free Press.

Ruivenkamp, G. (2014, april). Technologie-ontwikkeling vanuit welk paradigma. Key-notelezing op de conferentie *Verkeerd Verbonden: sociale technologie als bindmiddel*, Nijmegen. Opgevraagd van www.scienceguide.nl/201404/sociale-technologie-als-bindmiddel.aspx.

Ruler, B. van (1998). *Strategisch management van communicatie. Introductie van het communicatiekruispunt*. Houten: Bohn Stafleu van Lochum.

Schmalenbach, M. (2001). *A New Model For Workplace Innovation*. Bristor: Bristol University Thesis.

Schneider, J. & Hall, J. (2011). Why Most Product Launches Fail. *Harvard Business Review, 89* (4). Opgevraagd van http://hbr.org/2011/04/why-most-product-launches-fail/ar/1.

Spek, J. van der (2011a). Geld verdienen aan groen niet langer taboe. *Werkplaats, 13* (9), 28.

Spek, J. van der (2011b). Maatschappelijk ondernemen. Hoe zit dat over 10 jaar? *Werkplaats, 13* (9), 26/27.

Verhagen, P. (2011). *Kwaliteit met beleid. Basisboek voor sociale studies*. Bussum: Coutinho.

Vlaanderen, M. (2010). Aarzelend op weg. Marketing binnen zorginstellingen. *Tijdschrift voor marketing, 44,* 30 juni, 52-57.

Voormolen, S. (2012). Een pak om je oud te voelen. NRC *Handelsblad*, 5 januari, Wetenschap, 19.

Winkler, P. (2009). *Praktijkboek maatschappelijk verantwoord ondernemen. Naar een succesvol MVO-beleid*. Bussum: Coutinho.

Wulfen, G. van (2012). *Nieuwe producten bedenken*. Versie 3.0. Amsterdam: Pearson Education Benelux bv.

Xanten, H. van, J. Schonewille, Engelen, J. & Maat, J.W. van de (2011). *Sterke verhalen. Burgerinitiatieven voor voorzieningen in kleine dorpen*. Rotterdam: SEV, te downloaden via www.sev.nl.

Interviews

- Judith Arts, sociaal werker Welzijnsorganisatie Perspectief Zutphen (21 juni 2011)
- Sandra Ballij, mede-eigenaar Ctaste en Ctalents (17 september 2013)
- Bernd Barneveld, eigenaar Challenge by Choice (6 november 2014)
- Martha van Biene, lector Lokale Dienstverlening vanuit Klantperspectief, HAN (4 april 2011)
- Annica Brummel, medewerker Tandem Welzijnsorganisatie Nijmegen (30 januari 2012)
- Marianne Dagevos, eigenaar Marcada (13 november 2014)
- Ad den Dekker, docent HAN (26 januari 2012)
- Jolanda van Gerwe, eigenaar Joli (6 mei 2011)

- Huub Gulikers, onderzoeker en docent HAN (4 november 2014)
- Annemarie Hulst, begeleider Bedrijventraject Irene Dekkerswald, Pluryn (19 november 2010)
- Wendy Kemper, innovator HAN Masteropleidingen (1 april 2011)
- Wendy Kuiper, projectleider bij De Kok Partners (31 augustus en 7 december 2011)
- Rob Kuiper, zelfstandig ondernemer, Loco-motion (30 september 2011)
- Maarten Kwakernaak, onderzoeker Kenniscentrum HAN SOCIAAL, HAN (6 november 2014)
- Bertina Mank, medewerker GGZ Oost-Brabant (16 december 2011)
- Liza Meinderstma, beleidsmedewerker Lefier (13 juli 2011)
- Evelien Muijs, lid Team Voorlichting COC Nijmegen (13 mei 2011)
- Frank Oldenboom, manager Welzijnsorganisatie Perspectief Zutphen (21 juni 2011)
- Nils Roemen, zelfstandig ondernemer, Waarmakerij/Durftevragen (3 februari 2012)
- Sacha Stoffelen, projectmanager dagbesteding Pluryn (6 april 2011)
- Arthur Tolsma, zelfstandig ondernemer (3 januari 2012)
- Chris Willemsen, innovatieadviseur Syntens (11 januari 2012)

Websites*

www.4hetleven.nl

www.ademhouten.nl

www.autismeplein.nl

www.autitalent.nl

www.battleofconcepts.nl

www.beaumont.nu

www.belastingdienst.nl

www.beleidsimpuls.nl

www.beursvloer.com

www.bigsocietycapital.com

www.boei.nl

www.broodfonds.nl

www.buurtzorgnederland.com

www.careyn.nl

www.challengebychoice.nl

www.cocreatie.net

www.dagjeweg.nl

www.dekledingbibliotheek.nl

www.denormaalstezaak.nl

www.deweekkrant.nl

www.dezorgverandertmee.nl

www.driekant.nl

www.dromenoverdukenburg.nl

durftevragen.com

effectencalculator.nl

www.eo.nl

www.epr.eu

www.femaleeconomy.nl

www.fier4grunn.nl

www.g1000.org

www.g1000uden.nl

www.gemeentenvandetoekomst.nl

www.gertjanschop.com

www.ggze.nl

goedopgelost.overheid.nl

www.grannysfinest.com

www.greengraffiti.nl

www.hetccv.nl

www.hovonederland.nl

www.humanitas.nl

www.intodmentia.nl

www.izovator-healthgames.nl

www.josvdlans.nl

www.knhm.nl

konnektplay.nl

kruiskamponderneemt.socenti.nl

www.learningtoday.nl

www.leerwiki.nl

www.lena-library.com
www.leokannerhuis.nl
www.lovefortheelderly.org
www.maexchange.nl
www.managementkennisbank.nl
www.managementsite.nl
www.metronieuws.nl
www.mobilesforgood.nl
www.movisie.nl
www.mvonederland.nl
www.neweconomics.org
www.nobelhorst.nl
www.oceantree.nl
www.oneplanetcrowd.nl
www.oranjefonds.nl
overhetnieuwewerken.nl
www.parkneerbosch.nl
paulinevandongen.nl
www.perspectiefzutphen.nl
www.pluryn.nl
www.repaircafe.nl
www.restovanharte.nl
www.returntosender.nl
www.reverse-graffiti.nl
rikmaes.nl
www.schenkaandacht.nu
www.scienceguide.nl
www.sellaband.nl
www.seniorweb.nl

www.sinzer.org
www.sociaalondernemen.nu
social-enterprise.nl
www.socialenterprise.org.uk
www.socialcitiesoftomorrow.nl
www.sofienet.fi
www.specialisterne.com
www.sroinetwerk.nl
www.sroinetwork.org
www.startfoundation.nl
www.sterksel.nu
www.stichtingdemens.org
www.super-woman.nl
www.swon.nl
www.technologiemarketing.be
www.theatergroepmooiweer.nl
themobilecity.nl
www.thuisafgehaald.nl
www.transitiontowns.nl
www.transvorm.org
www.tuindelageoorsprong.nl
www.umcg.nl
www.visavis.nl
www.wijkatelierlindenholt.nl
www.zorgboerderijparadijs.nl
www.zzp-nederland.nl

* Laatste controle op 9 januari 2015

Register

Over de auteurs

Petra Verhagen is socioloog en docent bij de opleiding Culturele en Maatschappelijke Vorming (CMV) van de Hogeschool van Arnhem en Nijmegen. Zij ontwikkelt en verzorgt onder meer het onderwijs op het gebied van kwaliteit en beleid, innovatie, ondernemerschap en diversiteit. Daarnaast runt zij haar bed and breakfast in de Achterhoek en is zij jurylid/begeleider bij Kern met Pit, een wedstrijd die burgers uitdaagt met een project verbeteringen aan te brengen in hun eigen buurt, wijk of dorp. Zij schreef voor Uitgeverij Toerboek *Zo zijn onze manieren*, en is medeauteur van *Recreatie: Van plannen tot praktijk*, *Over milieu en zekerheid* en *Met een groep op reis*. Bij Uitgeverij Coutinho verscheen in 2010 haar boek *Kwaliteit met beleid. Basisboek voor sociale studies*. Zij is medeauteur van *Voor een goede zaak. Sociaal ondernemen in theorie en praktijk* (2015), dat eveneens is verschenen bij Uitgeverij Coutinho.

Charlotte Haarsma-den Dekker is fiscaal jurist. In 2010 en 2011 was zij als docent werkzaam bij de opleiding Culturele en Maatschappelijke Vorming (CMV) van de Hogeschool van Arnhem en Nijmegen. Hier heeft zij onder meer het onderwijs verzorgd op het gebied van ondernemerschap, innovatie en financiën. Daarnaast is zij actief betrokken geweest bij culturele en maatschappelijke activiteiten door haar werkzaamheden voor de commissie Economische, Sociale en Culturele Zaken (ESZ) van de gemeenteraad Maastricht. Hier heeft zij zich ingezet voor een lokale politieke partij. Sinds 1 maart 2012 is zij werkzaam in Luxemburg, eerst bij EY Luxemburg en nu bij Loyens & Loeff Luxemburg.